· 教育家成长丛书 ·

张桂蕊
与语文拓展式教学

ZHANGGUIRUI YU YUWEN TUOZHANSHI JIAOXUE

中国教育报刊社·人民教育家研究院 组编

张桂蕊 著

北京师范大学出版集团
BEIJING NORMAL UNIVERSITY PUBLISHING GROUP
北京师范大学出版社

图书在版编目（CIP）数据

张桂蕊与语文拓展式教学/张桂蕊著；中国教育报刊社人民
教育家研究院组编. —北京：北京师范大学出版社，2015.10
（教育家成长丛书）
ISBN 978-7-303-19139-0

Ⅰ. ①张… Ⅱ. ①张… ②中… Ⅲ. ①语文课—教学
研究—中小学 Ⅳ. G633.302

中国版本图书馆 CIP 数据核字（2015）第 134906 号

营 销 中 心 电 话	010-58802181 58802123
北师大出版社高等教育教材网	http://gaojiao.bnup.com
电 子 信 箱	gaojiao@bnupg.com

出版发行：北京师范大学出版社　www.bnup.com
　　　　　北京市海淀区新街口外大街 19 号
　　　　　邮政编码：100875

印　　　刷：	大厂回族自治县正兴印务有限公司
经　　　销：	全国新华书店
开　　　本：	787 mm×1092 mm　1/16
印　　　张：	20.75
字　　　数：	290 千字
版　　　次：	2015 年 10 月第 1 版
印　　　次：	2015 年 10 月第 1 次印刷
定　　　价：	43.00 元

策划编辑：倪　花	责任编辑：陈佳宵
美术编辑：焦　丽	装帧设计：焦　丽
责任校对：陈　民	责任印制：陈　涛

教育家成长丛书

编委会

总 序

　　教育是国家发展的基石，教师是基石的奠基者。古人云："国将兴，必贵师重傅。"兴国必先强教，强教必先重师。党中央、国务院高度重视教师队伍建设。2013年教师节，习近平总书记在给全国广大教师的慰问信中指出："百年大计，教育为本。教师是立教之本、兴教之源，承担着让每个孩子健康成长、办好人民满意教育的重任。"2014年，在第30个教师节前夕，习总书记到北京师范大学视察并发表重要讲话，指出："一个人遇到好老师是人生的幸运，一个学校拥有好老师是学校的光荣，一个民族源源不断涌现出一批又一批好老师则是民族的希望。"《国家中长期教育改革和发展规划纲要（2010－2020年）》也明确提出，"有好的教师，才有好的教育"，要"努力造就一支师德高尚、业务精湛、结构合理、充满活力的高素质专业化教师队伍"。"倡导教育家办学"，要创造有利条件，鼓励教师和校长在实践中大胆探索，创新教育思想、教育模式和教育方法，形成教学特色和办学风格，造就一批教育家。"两个一百年"奋斗目标的实现、中华民族伟大复兴中国梦的实现，归根到底靠人才、靠教育，而支撑起教育光荣梦想的，是千百万的教师。

　　时代呼唤好老师。有一流的教师，才有一流的教育；有一流的教育，才有一流的国家。出名师、育英才、成伟业，是时代赋予我们教育战线的神圣使命。"大学者，非有大楼之谓也，有大师之谓也。"好学校、好教育的最重要标准，就是要有好老师。一所学校、一个地区乃至一个国家，如果教师有理想、有爱心、有学识、有高超的教育艺术，那么硬件设施即使有些简陋，家长、学生也会心向往之。教师是中国梦的奠基者。教师的重要使命，就是为每个孩子播种梦想、点燃梦想，并帮助他们实现梦想。每一间平凡的教室，每一节朴实的课堂，都不仅是知识的传递，更是人类文明精神的接续、人生梦想的起航。正是有亿万个孩子梦想的放飞、绽放，中国梦才更加光彩夺目。如果说中国梦最坚实的土壤是在学校，那么教师就是最伟大的"筑梦师"，他们用默默无闻、孜孜不倦的智慧劳动，让每一颗年轻的心灵都与中国梦激情相拥。

倡导教育家办学，造就一批好老师，首先要尊重、珍惜我们的本土智慧、本土创造。教育家不是凭空产生的，而是扎根于自己的民族文化土壤，同时吸收一切人类文明成果，从而创造出独特而生动的教育实践、教育智慧和教育文明。五千年源远流长的中华文明，不但形成了有我们民族特色的教育理论话语体系，而且涌现出了千千万万优秀的教育家，有被推崇为"大成至圣先师""万世师表"的孔子，有"匹夫而为百世师，一言而为天下法"的韩愈，有"捧着一颗心来，不带半根草去"的人民教育家陶行知，等等。改革开放30多年来，随着教育改革的不断深入，教育战线涌现出了一大批杰出教师。他们痴情教育事业，坚守理想信念和教育良知，在三尺讲台上默默耕耘、刻苦钻研，同时以敢为天下先的精神大胆创新，不断进取、不断超越，形成了各具特色的教育思想和教学风格。正是他们的成功探索和实践，创造了具有中国风格的教育经验，丰富了具有中国特色的教育理论宝库。原由教育部师范教育司组织编写，现由中国教育报刊社人民教育家研究院具体组织编写的《教育家成长丛书》，就是要向这些可贵的本土创造性的教育经验致敬。

当前，教育领域综合改革正在深入推进，考试招生制度改革的大幕已经拉开，立德树人、培育和践行社会主义核心价值观成为大中小学教育的头等任务。可以预见，中国教育将发生深刻的变革，将从"中国制造"向"中国创造"转变。"没有革命的理论，就没有革命的运动。"没有适合中国土壤、具有中国智慧的教育理论，就不可能为未来的中国教育改革提供有效的指导。我们的教育要向"中国创造"飞跃，

必然要首先创造属于我们自己的教育理论，而不是"言必称希腊"或者老是贩卖欧美的教育理论。170多年前，美国思想家、诗人爱默生发表了著名演说《美国学者》，号召美国知识界："我们依赖旁人的日子，我们师从他国的长期学徒期时代即将结束。在我们周围，有成百上千万的青年正在走向生活，他们不能老是依赖外国学识的残余来获得营养。"由此，美国迈入精神立国阶段。

如今，我们也面临与爱默生同样的情形。随着我国GDP已从世界第二向第一迈进，我们的经济崛起已成为事实，但在道德文明、文化精神等方面，我们还需急起直追。没有文明的崛起，经济崛起就难以持续。当务之急，是我们需要化解内心深处的文化自卑情结、摆脱对他国文明的精神依附，自觉养成强烈的"中国意识"、独立的中国文化品格，并由此去俯视世界，去改造本土实践，去创造属于我们自己的精神养料——这在教育界显得尤为紧迫。《教育家成长丛书》，就旨在把我们本土教育实践中蕴含的中国智慧提炼出来，从而形成具有时代意义的中国特色的教育话语体系，再以此去关照、引领、改造中国的教育实践，为伟大的教育改革提供经验、理论支持，也为未来的教育家提供丰富、可资借鉴的精神养料。

让我们为中国教育的伟大未来一起努力吧！

郑成进

2015年3月9日

前　言

　　见证着中国基础教育半个世纪的春华秋实，代表着中国基础教育教学成果最高成就的"首届基础教育国家级教学成果奖"中，闪耀着李吉林、窦桂梅、吴正宪、张思明、洪宗礼、唐江澎、邱学华、于永正、孙双金、薄俊生、龚春燕等一大批优秀教师的名字，而上述这些中小学教师的杰出代表恰恰都是《人民教育》"名师人生"栏目中最受读者喜爱的名师，都是《教育家成长丛书》的作者。

　　《教育家成长丛书》（以下简称《丛书》），是在第 20 个教师节前夕，"为了研究、总结、宣传和推广我国众多优秀中小学教师的先进教育思想和鲜活的宝贵的教育教学经验，培养造就一大批德才兼备的优秀教师和杰出的教育家，促进教师队伍整体素质的提高，根据教育部党组安排，由师范教育司组织编写"的一套凝聚着一大批教育家成长智慧的大型教育丛书。

　　《丛书》自 2006 年问世以来，不但得到国务院和教育部领导同志的高度重视，而且先后印刷多次尚不能满足广大读者的需求。这其中的奥秘何在？

　　当你翻开《丛书》，每一部著作都讲述着一位教育家成长的故事。这些著作主要从"成长历程""思想概述""课堂实录"和"社会反响"等方面全景式反映其教育思想、教育智慧、专业精神和专业人格的形成过程和教学实践过程，这是教育家成长的基本素质所在。

　　当你沿着教育家成长的足迹走近他们的时候，你会融进这些带有"草根色彩"，扎根中华教育实践大地，充满田野芳香的真实感人的教育故事中。

当你从《丛书》中，这些当年和自己一样的普通教师，成长为今天受人尊敬的教育家的成长过程中受到启迪，当你触摸着自己的爱心，把学生的成长和祖国的未来紧紧连在一起的时候，你会真切地感受到教育家离我们并不遥远。

当你用整个身心蘸着自己的生活积累去品味《丛书》中的每一部著作的"成长历程"时，在其浓缩着一位位名师在不断学习、不断超越自我、不断超越学科教学的求索足迹中，你会读懂"教育是事业，其意义在于奉献"的丰富内涵。

当你研读《丛书》中的每一部著作的"思想概述"，和每一位名师展开心灵对话的时候，都会深深地感受到，一个教师对教育独立的理解与执著的追求有多么重要。从思想成就一位普通的教师成长为受人尊敬的教育家的过程中，你会读懂"教育是科学，其价值在于求真"的深刻含义。透过《丛书》，你会看到一代代教师用爱与智慧塑造民族未来的教育理想。

随着我们从"知识核心时代"走向"核心素养时代"，教师教育教学活动的视野已拓展到人的生存与发展的方方面面。作为一名教师，要结合自己的教学实践去感悟"教育理念是指导教育行为的思想观念和精神追求"，应该把爱化为自己的教育行为，让爱充盈课堂、触摸到一个个灵动的生命，让爱产生智慧，让爱与智慧在学生心中留下岁月抹不去的美好回忆，让教育者和受教育者都感受到教育的幸福，这是《丛书》给我们的启示，也应是每位教师应有的胸怀和视野。

时代呼唤教育家。为了进一步把我们本土教育实践中蕴含的中国智慧提炼出来，从而形成具有时代意义的中国特色的教育话语体系，以此去关照、引领、创新中国的教育实践并在更大范围加以推广，《教育家成长丛书》将由中国教育报刊社人民教育家研究院继续组织编写，希望能够在更广大教师的心田中播种教育家成长的智慧，从而出更多的名师、育更多的英才、成就中华民族复兴的伟业，这是时代赋予广大教育工作者的神圣使命。如果广大教师能在每位教育家成长、探索教育智慧的过程中受到启迪，形成自己的教育智慧，则是我们编辑这套丛书的初衷。

《教育家成长丛书》
编委会
2015 年 3 月

目 录
CONTENTS
张桂蕊与语文拓展式教学

我的成长之路

我的教育观

走进课堂

我的教育小故事

[社会反响]

[附　录]

参考文献

我的成长之路

一、忆　鹏

家，是我从教的第一课堂。

——题记

相传，我祖籍安徽亳州，先祖为汉相张良。唐贞观二十三年，先辈因适官迁居山西曲沃。在这块肥沃的土地上，千百年来，家族兴旺，文脉馥郁，适官不断，从教不断。距今六百余年的老宅门额上悬挂的"进士第"、"旧稼声"匾额似仍历历在目，且被传为美谈。及至曾祖父、祖父、伯父、父亲亦均为当地名师。1953 年，我就出生在这样一个名门之后的教育世家里。

我出生前父亲曾做一梦。对这一梦父亲在他的笔记中写道："是夜得梦，见夜深人静，皓月当空，忽见一大鹏从先祖坟茔跃然而出，翱翔天空。体甚健，眼闪亮，毛漆黑，翅长六尺许，俯视祖茔，连连啼鸣，后绕之旋转四五周，直向南飞。虽飞远而能闻其鸣，虽夜黑却能观其形，似告诉人们，此翔甚远，将鹏程万里也！"我出生后父亲联想此梦，给我起乳名为"忆鹏"，其寓意不言自明，是激励我奋进，希望我将来能像大鹏那样展翅高翔。

我出生时家有五口人：父母、堂姐、两个哥哥。奶奶在父亲 7 岁时就撒手人寰，爷爷在父亲 19 岁时离开了人间，堂姐大我 13 岁，是伯父去世后我的父母将她接到我家抚养的。我的降生，无疑给这个小家庭带来了欢乐。后来，我先后又有了三个弟弟。五男一女，我自然成了父母的掌上明珠。

父母宠爱我，但从不溺爱我，我是在良好的家庭教育中成长的。

母亲屈淑芝，生长在一个不太富裕的乡村农家，没有高深的文化，只读过私塾性质的小学一二年级，但颇有大家闺秀之风范。贤良方正，聪颖灵秀，中华民族女性所有的传统美德都在母亲身上体现得淋漓尽致。母亲勤劳，全家人的吃饭、穿戴，全凭她一人张罗；母亲善良，凡是遇到讨饭的上门，一定要给个囫囵馍，还要给倒碗热汤，碰见穿得单薄者，还会送件衣服，她经常教育我们要善待好人、善待穷人；母亲节俭，做饭有谱，下米有量，从不舍得丢弃一粮一饭；她爱惜一什一物，"家有寸槐不可烧柴"，衣服经常拆旧翻新，再拆旧再翻新，实在无价值的破衣烂袄也要洗净打成骨胚再利用。花钱开支更是算着用，一分钱都要用在刀刃上；母亲手巧，她做得一手好针线活，缝纫、裁剪、刺绣、剪纸、样样在行。衣服只要见个样子就能摸索着做出来，中式偏襟立领琵琶扣圆摆上衣、西式齐膝百褶裙、欧式童帽、中山正装、西式马裤、法式手提包等都缝制得极好；母亲刺绣，做工精细，配色艳丽，针法有创意，像鱼儿戏莲、富贵牡丹、莲生贵子、状元及第、石榴如意、琴棋书画等都栩栩如生；剪纸更是母亲的拿手好戏，"喜鹊登梅"、"大地闹春"等都剪得惟妙惟肖。谁家有红白喜事，都少不了母亲，母亲总是当成自家事似地热情帮忙。

　　母亲还是个循循善诱教育子女的高手。每个孩子从懂事起，她就从具体的事情入手，教诲我们怎样接人待物，怎样认识生活，怎样明辨事理，怎样面对困难。甚至于什么东西应该放在哪儿应该怎么放，怎样同伙伴交流，怎样与长者说话都交代得很具体，一点一滴，润物无声！母亲对我们关爱无微不至但从不娇惯，她教育我和哥哥弟弟们从小热爱劳动，扫地、洗碗、挑水、拾麦、挖野菜、推碾子磨面，等等，我们从小就乐意干。母亲的言传身教，潜移默化影响着我和哥哥弟弟们，这在我们的成长过程中起到了不可估量的作用。

　　父亲张宗仁，自幼生活在以农为主、教医合一、家况较丰、书香气息浓厚的传统门第中。祖父有较深的国学根基，后又就学于位于省会的国民师范，曾任曲沃最早新学的校长、校董。因此，父亲自三四岁起，在祖父的严格教导下，学习四书五经，遍读古籍，有着很扎实的古文化功底。后父亲又就读新学，十四岁时考入省立师范学校，接受了近现代正规师范教育，这一经历又给他奠定了清晰的新青年意识和较好的现代知识基础。省立师范学校毕业后，父亲任教高小。父亲新中国成立前就参加了革命工作，解放初期是全县唯一会使用手风琴的教师。那时全县搞宣传、培训音乐教师，靠的都是父亲的两只脚、一副好嗓子和一架破脚踏琴。父亲在学校任教七年，先后任一高教导主任和校长，后调至县委工作，再后县市合并到市委工作。因工作颇有开拓，成绩显

3岁的我与母亲、大哥、二哥、三弟合影

赫，1952 年到北京出席全国会议，两进中南海怀仁堂。

　　他事业有成，教子更有方。他从不打骂我们，我们犯了错，总是动之以情，晓之以理。在我们眼里，他首先是一位和蔼可亲的长者，同时又是一位很擅长引导我们学习、生活的心灵导师。夏夜里，全家人躺在院子里纳凉，仰望满天的繁星或皎洁的月亮，父亲给我们讲天文知识，讲牛郎和织女的故事，并要我们每人续讲一个故事。那时，我感到父亲无所不知，他的知识是多么的渊博啊！从那时起，在我幼小的心里就萌发了这样一个想法：我将来也要成为像父亲那样知识渊博的人。

　　从很小的时候起，父亲就有意识地培养我们的语文能力。每次出差回来，他很少给我们买好吃的，总是买一些适合我们看的连环画、故事书或其他普及性读物，像《孔融让梨》、《司马光砸缸救人》、《皮球哪里去了》、《天方夜谭》、《十万个为什么》、《成语故事》、《东周列国志》、《三国演义》以及像鲁迅等那样大家的著作。这些书，父亲买回来后，我们几个总是抢着看，轮流看，反复看，看完后又讲给周围小朋友听。可以这么说，我是周围同龄人中接触文学作品最早的，也是最多的一个人。父亲很喜欢带我们看电影，在当时传媒条件差的情况下，父亲把看电影作为我们长见识的重要途径。像《在西双版纳的密林中》、《白毛女》、《林海雪原》、《瓦特与蒸汽机》、《气候是怎样形成》等电影，我们当时都看过，有的还看过很多遍。看完电影，父亲总要让我们用最简练的语言概括电影内容。我和哥哥弟弟们争着讲。讲的时候，父亲还要求我们注意语言表达，每句话要说明白、完整，尽量减少语病。由于从小受到家庭良好的教育，四岁的我就拿着粉笔把墙、地、门做黑板，学着父亲的样子，教那些比我大的小伙伴们识字、写字。现在想想，父亲当时用这种方法培养我们的思维能力和语言表达能力，其用心是多么的良苦啊！现在，我和哥哥、弟弟们的语文水平都不错，这不能不归功于家庭的熏陶和父亲对我们从小的培养、教育。

　　父亲特别重视利用文史作品教育我们怎样做人。及至我们稍稍年长之时，父亲就开始引导我们读《论语》、《古文观止》、《史记》、《鲁迅杂文选》等经典中的某些篇章，给我们讲其中的道理。他让我们体会《留侯论》中圯上老人故事的意义，让我们理解《过秦论》、《六国论》中秦之亡与六国破灭的原因，让我们懂得"岁寒，然后知松柏之后凋也"的道理，让我们学习鲁迅先生"横眉冷对千夫指，俯首甘为孺子牛"的品格。自我记事起一直到现在，每年春节时父亲总要贴上祖辈必贴的春联——"在家常早起，忧国愿年丰"，并且还要念给我们讲给我们，要求我们做一个有社会责任心的人，做一个对社会有用而且有担当的人。

父亲非常注意培养我们的动手能力，在我的记忆里，每年春节前炸麻花、包饺子，是我家最欢乐的时候。那时，有限的白面只敢用在春节时款待亲朋好友。按当时的乡俗，各家各户搓麻花是要请老乡中的高手来做的。父亲劝说母亲，让我们学着做。在母亲的带动下，我和父亲、哥哥、弟弟们个个动手，人人参与。不会干，母亲就手把手地教我们。大面案四周趴满了孩子，比赛谁麻花搓得好，看谁饺子捏得快。父母亲高兴地指导着，孩子们大的教小的，会的教不会的，做得好的教不好的，一派全家老少齐上阵、你追我赶、互帮互学的场面。

父亲还经常邀我们参与家庭大事的讨论，鼓励我们建言献策，要我们各抒己见。我们从小慢慢学会了遇事三思、辩证思考问题的思维方法。这些，都为我后来搞教学研究、处理工作奠定了良好的基础。

二、悄然播下的种子

要是我长大能做一个像他那样的老师，那该是多么美好啊！

——题记

我 5 岁开始上小学。

离开学还有十多天，我已经激动不已了。我每天总要把妈妈为我缝制的新书包背在肩上，在院子里、巷子里跑来跑去，蹦来蹦去，仿佛小燕子马上就要离开巢穴飞到天空似的；我每天总要多次把爸爸给我准备的石板、石笔、铅笔、本子，从书包里掏出来装进去，摸一遍看一遍，再摸一遍再看一遍，仿佛怕它们飞走了似的。情急之时我还曾逼着哥哥领我到学校先看一看，猜想我们班会在哪个教室，我会坐在哪个位子上，老师又怎样满面春风地给我们上课。那时，盼望早一天开学成了我幼小心灵的全部！

5 岁的我已经是一年级的学生

终于开学了！上学的第一天，我不要妈妈送，也不要哥哥领，大清早一个人背着书包，一蹦一跳地来到学校。我站在校长房间外大声喊道："报告！我来上学了"；看见学生很多了，我就跑到老师办公室门外大声喊："报告，我们班学生齐了，请老师上课！"

第一节课，老师询问每个同学的姓名，好多同学羞羞答答不敢吱声，我却大胆地站起来，向老师报告："我叫张桂蕊。弓长张的张，桂花的桂，蕊是一个草头三个心。"上课中遇到老师提问，同学们随意地你抢我答，我却一声不响地举起了小手，同学们都睁大眼睛惊奇地看着我，我一脸的自豪，似乎在告诉大家：别看我小，我比你们知道得多！算术课上，我总是最早做完题，端着石板（当时写字用石板）走到老师跟前，让老师批改。题做得快，做得对，每每赢得老师的奖励——一根石笔。久而久之，我的石笔太多了，就自豪地随意发给同学们。我的表现引起了老师的兴趣，但因为我年龄小、个子低，老师说让我试着当一回组长，但谁也没想到我们的组员配合得极好。不久，我们组多次在班级在全校受到表扬。高年级的哥哥姐姐们经常堵住我问："你的组长是怎么当的？搞得那样好，有什么妙招？"于是，我就不厌其烦地给他们"传经送宝"。

"六一"儿童节到了，我是班里第一批入队的队员。入队仪式上，大哥哥大姐姐们给我系好了红领巾，我与新队员们站在庄严的队旗下，唱起了嘹亮的队歌："时刻准备着！时刻准备着！……"还举起握紧的小拳头，郑重宣誓："我们是中国少年儿童团，是红旗的一角，时刻准备着为共产主义奋斗终生！"那时，我忽然觉得自己一下子长大了——我不仅是父母的儿女，而且还是祖国的一员。似乎觉得肩膀宽大起来，要一头挑着做儿女的担子，另一头挑着做祖国有用人才的担子。从那时起，我告诫自己：要更加努力地学习，时刻准备听从祖国母亲的召唤！

有了理想就有了动力，我学习更加刻苦了，也更加努力了。

在这期间，学校给我们班换了一位班主任，正是这位老师，第一次将"当老师"这一理想的种子播撒在我幼小的心田里。

清楚地记得，这位老师在课堂上第一次和同学们见面时，他这样自我介绍："同学们！我是你们的新老师，姓'驴'，啊呃——啊呃——"他学了几声驴叫，接着他又说："不是马驴的'驴'，是两个口字摞在一起的'吕'字。"他在黑板上写了一个大大的"吕"字。又说："我的名字好记，单字'力'。"他转身又在黑板上写了个'力'字，"以后你们就叫我吕老师好了。"老师第一次和同学见面就如此亲切风趣，

在父母的怀抱中茁壮成长

同学们毫无拘束，东倒西歪地开怀大笑。笑声拉近了师生的距离，融洽了师生的感情，老师赢得了孩子们的心。

吕老师作为班主任本来是教我们算术课的，后因语文老师请产假，他索性连语文课也一起教了。吕老师写一手好字，画一手好画。粉笔在他手中像支"魔棒"，随手写几下就是一行工整秀丽的楷书，随便画几下就是一幅美丽的图画。课堂上，我们常常忍不住惊讶而连连感叹。他讲课总是深入浅出、幽默风趣，听他课就像听故事一样，不知不觉就学会了，同学们都渴望每节课都由吕老师来上。背课文，对好多同学来说，是不容易的事，可他讲课从不要求学生死记硬背，他领着同学们读上几遍，整篇课文就背下来了。他教我们学珠算，只教一遍学生们就会了。他让我们进行手指训练，在算盘上先拨上 123456789，然后连续加七次 123456789，最后在末尾上加 9，结果得 987654321，同学们都感到非常神奇，就在这样的神奇驱使下，同学们都轻松地掌握了"珠算"这一古老而又新颖的学习工具。

"六一"儿童节快到了，他自编自导，因人而异给学生们分角色，组织我们赶排节目。吕老师又是踏风琴，又是拉二胡，吹笛子。一会儿教我们唱，一会儿教我们跳，还装扮成老大爷和我们同台演出，同学们高兴极了。

那段时间，学习对我来说，简直就是最愉快的事！我一节课能背三篇课文，没讲过的课，只要把生字这个"拦路虎"扫掉，念几遍就能准确的背下来。那年冬天的一个黎明，我看错了钟表，把 4：30 看成了 6：20，提前两小时就到了学校，校门不开，我就站在校门外背课文，从第一课背到最后一课，又从最后一课背回到第一课。早操时，校长在全体师生的面前表扬我。下操后，几个住校的老师问我："你天不亮在校门外是念书还是背书？老师不要求背的课文你也能背下来？"一位老师夸赞我说："你一个字也没错把全书背了两遍！"算术课我学得很好，老师任意出道题我能马上说出这是书中第几面第几道题，或是第几章第几个例题的翻版、延伸或拓展。

从吕老师身上，我感到了老师是那么的神秘，又是那样的伟大！那时我就想：

要是我长大能当上和吕老师一样的老师，该是多么美好啊！

　　9岁那年，我以全县第一的成绩考入完小（当时小学分初级部和高级部，初级部是一至四年级，高级部是五、六年级，高级部单独设点，称完全小学，简称完小）。期间，又遇到了两位让我一生敬仰和铭记的恩师。一位是我的班主任、语文老师周振民，另一位是数学老师卫岗。这两位老师学识渊博、见解独到、讲起课来生动形象，每一节课总像磁石一样强烈地吸引同学，尤其是两位老师潇洒的风度和雅致气质，抑扬顿挫、精确凝练的语言表达，深深地感染着我。听两位老师讲课真是一种享受，尤其是周老师的作文课，听完后心里往往要产生一种想写作文的冲动。那时，我总是喜欢淘气地模仿老师教学时的神情，讲课的语调，甚至是老师走路的样子。直到现在，熟悉两位老师的人还会说，我讲课的神态和走路姿势，与我的老师是如何的相像。

　　他们使我对语文、数学产生了浓厚兴趣。自此以后，我心中对教师这个职业更是充满敬仰和向往。时至今日，由三位老师引发的思考在我心中总是不断地涌动——身为师长，如何才能参修成让学生钦佩的人格？如何才能升华出令学生愿拜其门的教学魅力？一位老师，如果能做到让学生享受课堂，在陶醉中获得知识与能力，在欢快中提升情操与人格，那是多么伟大的事业啊！

　　这三位恩师成为我从教的引路人。

三、碎了一地的梦

> 经过严寒的人，最知道春的温暖；失去机会的人，最知道机会的宝贵。
>
> ——题记

　　正当我沉浸在学习的欢乐之中时，"十年浩劫"开始了，我的家庭因富农成份而连受打击。父亲在外工作，体弱多病的母亲就被当了"替罪的羔羊"，她不时被叫去参加学习，被迫"坦白"、"改造"。母亲出生在下中农家庭，是在解放军解放县城的过程中嫁到县城我家的。但造反派不容母亲申诉，硬是把母亲作为"专政"对象，与"黑五类分子"几乎同等对待。当时家中有六个未成年孩子，生活十分窘迫，母亲长年累月养儿育女、操持家务已是不堪重负了，谁可曾想那狂热而冷酷的"运动"

又凌然而至，无休止的"改造"使秉性刚强的母亲备受精神折磨，终于积劳成疾，患上了当时难以治愈的大病——肺结核。她终日萎靡，咳嗽发烧，头晕目黑，腰支不起，腿迈不动，走路都要靠扶着墙壁。就是在这样的情况下，她还得拖着病体，参加学习，进行"改造"，还得坚持给我们几个孩子洗衣做饭。

这时，很多亲戚朋友们都劝父母："让忆鹏停学吧，一个女孩子学习再好，长大了还不是围着锅台转。"母亲坚决不答应，她不让一个孩子因她而失去学习的机会。

但母亲的身体实在是太糟糕，她连饭也做不了了。为了照顾母亲，又不耽误我的学习，父亲和学校商量了一个"两全其美"的办法，就是允许我迟到早退，兼顾做些力所能及的家务。

那段时间，我几乎天天迟到，响响迟到。放学了我跑步回家帮母亲干活，吃完饭就赶紧往学校跑。迟到时为了不打断老师的讲课，我往往站在教室窗户外听讲。很多次，都是校长和其他老师帮我推开教室门，将我送进教室去的。这些可亲可敬的师长，我永远忘不了，是你们在我最困难的时候支持了我，帮助了我。一个微笑、一个抚摸，都曾给予我继续学习的力量，给予我克服一切困难的勇气！

母亲的病越来越重，无休止的咳嗽，喝什么药也不退的低烧，咳出的痰总伴着血，微弱的身体时刻有被风吹倒的危险。我迟到早退的时候越来越多，但我只要进了教室，就会抓紧分分秒秒时间，精力高度集中地去刻苦学习。

一天上午放学后，我捧着满分的数学试卷和奖状，高高兴兴地跑回家向母亲报喜。一进家门，我愣住了——满院子都是人，却没有一个人说话。从每个人严肃的表情上，我预感到了一丝不祥。"妈——"我大声呼喊着，眼泪夺眶而出，扔掉手中的奖状和卷子，冲向母亲的房间。周围的人拦住了我，有一人还急步上前紧紧捂住我的嘴，急促地说："不敢哭！不敢哭！哭，会把你妈哭死的！"我立刻止住了哭，用衣袖狠狠地擦干眼泪，快步跑进里屋。

只见母亲蹲靠在炕沿下，头无力地歪斜在一边，脸色苍白，嘴角鲜红的血迹和身边的一大摊血格外显眼。她似乎瞟见了我，但没作任何反应。我拉出邻居悄悄问："通知我爸和我舅舅了吗？"邻居告诉我"通知的人已经走了。"我又对医生说："赶快住院！"医生低声说："现在不敢动，一动就吐血。"

目睹这一幕，我心里害怕极了，只怕有一天放学回家就再也见不到我那勤劳善良的母亲了！

当时，父亲还在离家 30 多里地远的市委工作，堂姐也结婚生子随军到了河北，姥姥虽尽所能，但毕竟 80 多岁了。我是家中 6 个孩子中唯一的女孩，照顾母亲和弟弟的任务自然就落在了我的肩上。我当机立断：为了母亲，不再上学！

我停学了。

停学不到一个月，老师先后三次来我家看望生病的母亲，有时，还给我补课。老师的行为感动着母亲，她病情稍有好转就催我赶紧上学。就这样，我前后多次退学回家照顾母亲，等母亲病情好转，又赶紧去上学了。

我勤劳善良的姥姥

为我上学的事，父亲一次次到学校找校长、老师商量解决的办法。学校为我大开绿灯，允许我只上课不上自习，不参加学校的劳动。学一天算一天，学一节是一节，两年学不完学三年。就这样，我上上停停，停停上上，原本只需两年的学业，我花费了三年时间才完成。

我永远忘不了当年的班主任周老师家访时的眼神，那种眼神满含着责任，满含着希望，他是那么真切地希望自己的学生完成学业，成就理想。透过老师的眼神，我看到了恩师那颗伟大的心！在以后的教学生涯中，恩师的完美形象一直引领着我，激励着我，使我用一颗爱心去对待事业，去理解、关心每一个学生，去认真地做好每次家访，用自己的无私行为去成就学生的宏伟理想。

老师，我向您致敬！

发放初中录取通知书的那天，母亲病情突然加重，吐血不止，医院让家人准备后事，当时，全县四名肺结核患者已有三名死亡。在父亲的再三央求下，医院才答应让母亲继续住院治疗。母亲脱离危险期那天，我捧着录取通知书给父亲，父亲扫了一眼，含着泪对我说："好女儿，为了你妈，你就停学吧！"

完校毕业照，
那年我 12 岁

看着满含泪水的父亲，想着这几年父亲独自养家的艰难，听到父亲迫不得已说出的这句话，我转身趴在炕上失声痛哭起来。哭了好一阵子，我抬起头，擦干眼泪，毅然撕碎了通知书，将纸片撒了一地。看着满地的碎纸片，我的心猛地揪了一下——那碎了的是我的求学梦！是我童真的蓄志和理想！

从此，我挑起了照料母亲和操持家务的重担。

那年，我 12 岁。

四、直与天地争春回

苦难是生活的教科书，它可能摧毁一个人的身体，但更可以砥砺一个人的精神。磨砺和对知识的渴望，令我面对现实考验奋进不屈。

——题记

我人离开了学校，心却还在教室里。看见哥哥弟弟们，还有同龄人都背着书包，高高兴兴地上学，我羡慕极了。我也想背起书包上学！我也渴望读书！看见哥哥弟弟们写作业，我就想拿起笔写字；他们发新书了，我赶忙小心翼翼地帮他们给新书包书皮。我拿着包好书皮的新课本，一遍一遍地抚摸，情不自禁地把书紧紧地抱在胸前。

书，太吸引我了！学校，实在令我眷恋！可目前的家境，年幼的我只能有眼前这唯一的选择，这难道就是大人们常说的命吗？如果这真是命，我这一辈子可就完了！学到的这点东西能算知识吗？我不能这样虚度一生，我的一生不能碌碌无为！我还要再上学，再学知识。我要做强者，我不能被命运压倒，我要和父亲哥哥弟弟医生们一齐从死神手中夺回母亲！

我做好了各种思想准备，要用我单薄的肩膀，让母亲卸下担子静心养病，母亲康复，全家幸福，我就能重返校园。我在心中默默地对自己说，即使压得趴下也要顽强地重新站起来。为了母亲，为了整个家庭，也为了我自己。

我医术高超的舅舅

我们全家和身为医生的舅舅坐在一起商量如何救治母亲的病，最后决定长期住院治疗，不管花多少钱，借多少款，都要把母亲的病治好。

舅舅给我们讲肺结核病的常识及治疗、护理注意事项，父亲告诉我们，母亲不能再劳累了，也不能生气，还得增加营养。当时，正是国家经济困难时期，父亲的工资尽管是同行中最高的，给母亲治病，再加上家中子女多，已经是债台高垒了。无奈，全家紧缩一切开支，节省每一口白馍细面，

尽量给母亲增加营养。两个哥哥对母亲说："我们都大了，忆鹏也停了学，照顾弟弟和料理家务的事就交给我们吧！"三个弟弟也表了态，一定要听哥哥姐姐的话，不淘气，不让母亲操心。我大哥当时刚刚 16 岁，最小的弟弟也只有两岁。年过八旬的姥姥也擦着老花眼镜说话了，全家大大小小的衣服由她来缝。就这样，全家老少齐上阵，一场救治母亲的战役打响了。

两个哥哥，三个弟弟，我是父母掌上明珠。我 11 岁时全家合影

那两年，母亲有一多半时间在住院。我每天要做的事就是做饭、煎药、喂猪、照顾弟弟、给碗筷消毒和晒被子。

每天清早，我起床后的第一件事就是捅火做饭。个子小，捅火够不着，就爬上炉火台站在上面捅。不会照看炉火，经常近乎熄灭，急忙添加柴火，满屋子是烟，熏得眼睛睁不开，呛得一个劲儿地咳嗽。哥哥弟弟早晨放学时间不一致，我先给哥哥们熬粥，再准备弟弟们的饭。那时看到粥"咕嘟"一下，我就赶紧端锅了。长大后，才知道那时做的好多都是夹生饭。个子矮够不着案板，就踩个板凳，立在板凳上切菜、和面；把握不住水、面的比例，水倒多了加面，面硬了再倒水，最后和了一大堆面；不会擀面，擀得面上满是窟窿，绕在擀面杖上没法展开。不会切菜，拿着刀在手指前比划多次才敢切下一刀，切出的菜薄的薄、厚的厚、粗的粗、细的细，切到手指上更是常有的事。

有一次切萝卜，萝卜一滚，身体一摇，板凳被踩翻了，我摔在地上，菜刀掉在脚上，鲜血顺着刀口往外涌，疼得我眼泪直流，嘴里却喊着："不疼，不疼！坚强，再坚强！"

蒸玉米面馍更不易，玉米面酥得揉不到一起，没办法，只好将就着捏到一块儿就上蒸笼了。有一次，母亲从医院回到家，手拿着我蒸的玉米面馍直掉眼泪，心疼地对我说："娃，这馍没蒸熟，吃了会得病的。以后多蒸一会儿，出锅的馍按下去没有坑，吃在嘴里不黏，才算蒸熟了。"

当时，机关工作人员一周才能回家一次。星期天，父亲从市委回来要先去医院，看望母亲后才能到家。我们一家人在一起，大家争相汇报一星期的进步或趣闻，爸爸一一肯定和鼓励。我这一天的主要任务是给爸爸蒸好下周要带的玉米面馍，切好一个星期的咸菜。为了节省开支给母亲看病，父亲几年没在市委食堂吃过一顿饭，总是自带干粮，喝口食堂的热水。

不会做饭不要紧，我可以学，做得不好也不要紧，做多了就好了，最头疼的是小弟弟哭。

两岁的小弟弟，本该在母亲的怀抱中吃奶撒娇。母亲病后因怕传染，他也与母亲隔离了。由于营养跟不上，他每次睡觉前总是哭，哭累了自己睡，醒来又哭，越哭越上劲。哥哥弟弟都上学去了，我怎么也哄他不下，无奈只好训斥他"再哭我就走了"，他还是哭，于是我走到门外，把门一闭，大声学老虎叫，"呜呜——呜呜——"，弟弟胆小，吓得赶紧吆喝："姐姐，我怕，我不哭了"。我推门进来，抱着在我怀中颤抖的弟弟，泪流满面。

直到现在，我经常回想起那一幕，当时很得意，总算想到治弟弟哭的办法了。现在越想越后悔，弟弟当时哭应该是因为饿了，我为啥不知道喂他吃点东西？更让我后悔的是，我不应该吓唬幼小的弟弟，使他幼小的心灵受到创伤。那时，每每到医院看望母亲时，母亲问起小弟弟的情况，我总是对他说："不哭，不哭，很听话！"

尽管我很努力地去做好家务，但误事的时候也是常有的。一天午饭后，小弟弟睡着了，我按捺不住内心渴望，决定到中学看一看。刚到校门口，就遇到一队被红卫兵押着、剃着阴阳头的老教师排成纵队担着大粪出来了，其中一位年近六旬的女老师头发被剪得乱七八糟，阴一块阳一块，纤弱的身体被肩上的担子压得摇摇晃晃。

在我心目中，他们都是非常好的老师，我只怕她摔到，小心地跟在她身后，不时地帮她提起几乎要碰地的粪桶，从学校跟到农场，又从农场跟到学校。他们回到学校，在红卫兵的呵斥下，一字儿坐在校园台阶上，齐声一遍又一遍地唱着："我是牛鬼蛇神，我是牛鬼蛇神，我有罪，我有罪，我向人民低头认罪……"

我蹲在老师们面前，一肚子的发愁和不解，怜悯又同情地问道："你们喝水吗？我给你们找去？"他们摇摇头。有人问我是几年级的学生，这时我才突然想起：我已经不是学生了，我的阵地在家庭，我的任务是做饭、领弟弟！

弟弟呢？我拔腿就往回跑，还没到家门口就听见弟弟的哭声，弟弟站在被我锁住的门内，摇着门，嘶哑地号啕大哭。我迅速抱起了弟弟，内疚的眼泪刷刷地流。

还有一次，我翻到了哥哥放在被子下的《林海雪原》，便捧着书看起来。书中足智多谋的参谋长少剑波，机智勇敢的战斗英雄杨子荣，天真无邪、满怀理想的小白鸽，深深地吸引着我。我读啊读，看啊看，直到被"砰砰"的敲门声惊动，开门一看三弟、四弟已经放学回家了。我赶快下厨做饭，却发现炉火因我忘记添煤已经熄灭了。

还有一年的冬天，哥哥下午放学后特意嘱咐我，晚自习后学校组织看电影，回家会晚些，要我关好门等他们回来再睡觉。夜晚来临，我按哥哥的话，关好门等着，等着等着却睡着了。猛然间听到敲门声，我一边大声答应一边跑去开门，一开门吃了一惊——门外站着好多邻居。哥哥生气地数落我。他们敲不开门，以为出了什么意外，正准备翻墙进院。我应声了，他们才放下心。多好的邻居啊！爸妈虽然不在家，周围这么多邻里都关心着我们，直到现在，我都从心里感谢他们！

在债台高筑，万般无奈的情况下，母亲最后只好从医院转回家中治疗。我精心照料着母亲，并在母亲的指导下学做针线活，拆洗被褥，缝补衣服，拾掇鞋底，学习裁剪，偶尔也代表家长，参加生产队的一些会议和活动。

期间，我看见小伙伴们都带着红卫兵袖章，不论是呼口号，还是走在路上，都显得神气十足。我找到管事的人，说自己也想当红卫兵。得到的答复却是"地主富农不能加入红卫兵"。我说自己不是地主富农，顶多只是富农子弟的子弟，他们说："老子英雄儿好汉，老子反动儿混蛋！"当时，我觉得很不平，但也很无奈，只能

"打碎门牙往肚里咽。"

姥姥去世的那天，父母亲领着哥哥弟弟们回村里姥姥家去了，留我一人在家看门。早饭后，一伙戴着红袖章的人闯入家中，不容分辨，翻箱倒柜、挖地拆墙。我问他们找什么，对方回答说："破四旧"。最后，拿走了父亲给二哥串联准备的 50 斤全国粮票、80 元钱、几块布料和每天给母亲打针的针头、针管。临走，他们赶我出门，给大门贴了封条，把我送到了一间没有窗户的黑屋子里。等适应了屋子里的漆黑环境，我才辨认出来，里面全是老年人，是我们生产队当时所定的"地、富、反、坏、右"等"黑五类"分子。

被关进黑屋子后，没有人问，也没有人理，大家谁也不和谁说话。我环顾四周，心想：幸亏母亲今天不在家，否则，弱不禁风的病身还得再次遭受摧残。当我被父亲找出来的时候，外面的天已经和黑屋里一样黑了。

这次事件后，父亲就我家的成份定性问题向县革委会提出了申诉，最后得出的结论是：张宗仁系新中国成立前参加革命工作的，家庭成份应按革命干部对待。经过这件事之后，我更加体会到母亲多年所承受的委屈、冤枉，以及她的无奈和埋藏在心底的愤怒，也更加精心地照顾着母亲。

苦难，是生活的教科书，它可能摧毁一个人的身体，但也可以砥砺一个人的精神。如果说这几年我停学在家，失去了系统学习文化知识的可能，但这些经历，在我以后的成长中，起到了至关重要的作用，因为我从生活中学到了许多书本上没有的东西：坚强、忍耐，坚定信心，奋进不屈，踏踏实实做人，默默无闻地干事。在我以后的学习和工作中，不管遇到什么困难，我都能够承受，并能想办法克服。

也许，是上苍为之感动，母亲竟然奇迹般地活下来了！

母亲健康状况好转后，17 岁的我此时才得以走出家门，和同龄人一起到农田参加生产劳动。

到田间的路要经过一所学校，我最爱趴在墙头往学校里看。看老师走进教室，走出教室；看上课铃一响，学生们从四面八方跑进教室，下课铃响过后又蜂拥而出；活动时间，看学生在操场上的矫健身影，学生们笑，我跟着笑；学生们跳，我的心跟着跳；学生们跑，我的心跟着跑。我多么想和他们一样无忧无虑地坐在学校里学习啊！但是，不可能！因为母亲的病还未痊愈，给母亲看病欠的债还远远没有还清。

五、向苍天呼喊

> 苍天哪！你张开双眼看看！张桂蕊到底做错了什么？你这样地惩罚我！
>
> ——题记

能走出家门，和同龄人一起参加生产劳动，我已感到很满足了。加上纯真稚嫩的我因为家庭的成份被认定为革命干部这件事，觉得以后不会再有造反派找上门来，不会再遭人白眼了，由衷地感谢党感谢社会主义，因此，我总是抱着一颗感恩的心去参加生产队劳动，浑身有使不完的劲儿。

每天，出工的铃声一响，我就早早地站在了集结点了。下工了，我还要抢着多干几下，总是最后一个走出农田。我跟着大伯、大叔、大婶们用心学做每一项农活：施肥、播种、锄草、间苗、收割、脱粒。跟着大哥哥大姐姐学抢镐使镢、捆绑装卸、踩麦踩集。

用小平车往田里拉粪肥是一件力气活，通常只有壮小伙子才能胜任，但我总是不服气，往往要自告奋勇地加入其中。满满的一车粪肥拉进地里，不用任何工具一个人要把它卸得干干净净，更是既靠力气又要靠技巧，好多人多少年学不会。我仔细观察叔叔、哥哥们运劲的方法，然后认真练习，很快就成功了，大伯大叔为我竖起了拇指。大哥哥们经常进行用小平车往刚收过庄稼的农田攀粪肥的比赛，谁上得多上得快谁就是模范，就是"老大"，因为这是最能考验持续爆发力的农活。我也想尝试一下，大哥哥们说我年龄小，没有力气，小心累出病。但是，我偏不服气。一天，大家又要进行比赛了，赛到最后，我要求试一试。我拉起满满的一车粪肥，踏进松软的耕地，伏下身，憋足气，两臂向后紧紧攀住车辕杆，脚掌用力蹬地，低头猛拉。小平车在我的攀拉下一点点向前滚动，松软的土地上碾出了两行深深的车印，车印中间是两行深深的脚印。我终于把这车粪肥送到了地里，大家为我喝彩，我也为自己的成功高兴。

父母亲看到我们一天天长大，听到社员们对我们的夸奖很是高兴。母亲对我说："小孩子正是长力气的时候，干活要实在，人前人后要一个样，不要偷懒，不要吝惜自己的气力，气力使完了，就又来了。"父亲给我们买了"农村是个广阔的天地，在那里是可以大有作为的。"语录胸章戴在我们胸前，鼓励我们"天高任鸟飞，海阔凭鱼跃，去经风雨见世面吧！"并要求我们干活要有始有终，养成好习惯。我听从父母亲的教诲，不论队长分配我干什么活，我都要认真地、脚踏实地地，有板有眼地去做好。

这些从小养成的习惯，为我后来从事工作奠定了好基础。凡是我负责的工作，从来都是有头有尾，有板有眼，只许成功，不许失败。

大家都愿和我一起共事，是因为我的实在。年终，社员们把女劳力的最高工分评给了我。我不仅赢得了社员们的称赞，还光荣地加入了共产主义青年团。我在农村这个大有作为的广阔的天地里愉快地、茁壮地成长着。上工的路上，我喜欢唱："风烟滚滚唱英雄……"，歌声飘过云雾，萦绕在田野；收工的路上，大家谈笑风生，我高兴地唱"日落西山红霞飞，战士打靶把营归……"喊着"一！二！三！四！"的口号，口号声划破长空，久久在回家的路上回荡！

一次偶然的机会，我被调到了大队修配厂，在那里工作了近五年。

在此期间，我尝试过各种岗位：在农副产品加工车间压面条、开榨油机；在铸工车间做铸工，翻沙造型，做木模，与男工一起抬300多斤重的钢包，冒着1200度炽热钢水的炙烤浇铸工件；在机工车间开车床加工零件，在机电车间组装电动机、修理各种农机。出色的工作得到了大家的高度评价，被推选为修配厂团支部宣传委员，抬钢水的工作照作为女中英模的代表被放大展览。

在大队修配厂期间和好友月爱合影（图右为本文作者）

后来，我的两个哥哥先后结婚，尤其是二嫂的到来，大大地减轻了我的家庭负担。1970年，国家将一度停止高校招生改为推荐优秀工农兵上大学，不论什么样的学历，只要能被推荐上，就能深造读书。我上学读书的念头又一次被拨动起来了。

第一年，以推荐名义上了大学的是大队贫协主任的女儿。我们从生产队到修配厂都是非常要好的朋友，送走了她，更加坚定了我上大学的决心。我更加严格要求自己，工作时，专拣重活、

脏活干，无论干什么干多长时从不知累，浑身充满了力量。由于我出色的表现，这一年，我被推选为大队团总支宣传委员。团的工作，我更是拼命地干。"五四"青年节到了，我独自设计了近50平方米的壁报。从撰稿到书写，都是我一个人在夜里完成，办壁报的所有开支都是我向父母亲借的。壁报被评为全县特等奖，我也由团总支宣传委员提拔为副书记，分管组织工作。我一方面作好日常组织工作，一方面连续在全体团员中开展了一系列活动。每项活动我都开展得有声有色。我大队团总支也一跃成为全县先进团总支，我被评为全县模范团干部。期间，公社团委、公社武装部也不时叫我为他们起草文件，写工作总结，修改典型材料，县团委在忙时也抽调我去帮忙。

　　1971年，推荐优秀工农兵学员上大学的工作又开始了，我再次报名申请。大家对大队符合条件的青年一一筛选分析，都这样认为："张桂蕊最优秀，今年非她莫属"。我也胸有成竹，憧憬着未来的大学生活。

　　几天后，推荐结果出来了，被推荐上大学的是一位大队领导在外做临时工的亲戚。

　　这个结果出乎所有人的预料，许多人为我愤愤不平，在我面前公开指责当时大队领导，鼓励我向他们讨个说法。我找到大队分管这项工作的负责人，问他：群众有意见，大队会重新推荐吗？他告

和师傅师弟在翻沙车间门外合影（前排左一是本文作者）

诉我不会，已经报上去了。我说，这次推荐太不符合政策了，有损党的形象，我要到北京向中央反映这件事。他告诉我，不是党员，是没有资格到中央反映问题的，去了也没人接待。

　　宁可不上学，也要制止这种不轨行为。我年轻气盛，立即提笔给大队主要领导写了一封信：

　　　　书记：

　　　　我是一位和广大青年一样非常渴望上大学继续深造，学到更多知识为人民服务的热血青年。我没有想利用上大学跳出农村。我向全大队的社员保证：不

论在何地上何学校，最后，一定返回大队为西南街服务一辈子！

我是因母亲患肺结核耽误了上学，我只想进大学学知识，学到更多知识更好地为人民服务。毫不夸张地说：我是一名优秀的青年，是完全符合推荐上大学条件的。这点，贫下中农承认，全大队社员承认，你也不敢不承认。毛主席对大学招生制度进行革命，就是要废除学而优则仕，就是要从实践中选拔推荐优秀工农兵学员上学，为国家培养人才，更好的建设社会主义。

你身为党支部书记，理应为党负责，应该不折不扣地严格执行党的政策，你做到了吗？你敢拍着胸脯对全大队社员说句话，你为大学推荐的是优秀工农兵学员吗？符合文件规定吗？文件要求必须在农村实践两年，你推荐的人在农村实践了几天？

你身为党的书记，故意不执行党的政策，故意败坏党的名声，你是党的败类！人民的败类！

我非常渴望上大学，但是，在提笔给你写这封信的时候，就不准备在你手中推荐上大学了！写这封信的目的就是想唤起你的良知，唤起你的党性，要你对党负责，对人民负责，对国家负责！

一个热爱大学但永远失去升学机会的优秀青年

张桂蕊

这封信一气呵成，写完信就寄出去了，我也如释重负。五天后，路遇这位书记，他第一句话就说："你写的信我收到了，明年送你上大学。"我也不客气地说："对不起，我没有准备在你任职期间上大学！"后来，大队贫协主任将此事告诉了我的父亲，父亲得知此事，狠狠地批评了我一顿。但我从心里认为自己没错。现在想来，当时真是初生牛犊不畏虎啊！

第二年春天，大队党支部书记换了。又到了每年推荐上大学的时候了，我再一次申请报了名。爸爸和哥哥担心假如这次再推荐不上，其结果会令我再次受到刺激，极力劝阻不要再报名了，我对他们说："只要有万分之一的希望，我都会尽万分之万的努力！"

那时，我的心中只有一个念头，就是想上大学，想学知识！想用学到的知识为我们西南街大队服务。新书记一改以前的做法，报名青年要由生产队推荐，社员代

表评议，再经贫下中农代表评议，最后上
大队革委会研究决定。我认为这样很好，
权利不会操纵在个别人手中，民主参与多
了点，公平公正的概率多了点，我上学的
希望也就多了点。

和父母在一起

从基层到贫下中农代表评议，我一路
领先，深受好评，外界舆论对我也极其有
利，我再次憧憬着未来大学生活，考虑着
离家时的告别语。

一天，大队革委会开会要研究了，我盼时如年，想象着结果出来大家为我欢呼
雀跃的情形。终于散会了，我一打听，定了两个，我不在其中。我百思不得其解，
便去找新任书记要问个究竟。一见到他，我就看到了他眼里的泪水："桂蕊，大学门
不为你开，谁让你出身在那个富农家庭里呀！"

我听到这话，很是气愤。马上回到家，拿出刊登有关精神的报纸，再次一个字
一个字地扣着领会，"不能不论成份，也不能唯成份论，一定要把优秀的工农兵学员
推荐到大学。"看着报纸上的白纸黑字，想着这些年自己的努力以及贫下中农对自己
的期望，我控制不住自己的感情，眼泪刷刷刷地直流，越是这样，我越是不服气，
当即决定要再次向上面讨个说法。

我找到公社分管此项工作的领导，将大队的推荐情况向他做了汇报，并提出了
自己的观点：即使不把我按革命干部家庭对待，即使以富农成份论，我也是富农子
弟的子弟。我是优秀青年，基层的推荐，贫下中农的评议可以证明。文件明确规定，
不能不论成份，也不能唯成份论，一定要把优秀青年选送到大学，大队决定不公正，
应根据政策重新研究。后来，又有些赞同推荐我上大学的社员找到公社。在各种压
力下，大队决定重新研究。我虽然满肚子的怨气，但想起了孟子的话"天将降大任
于斯人也，必先劳其筋骨，饿其体肤，空乏其身，"心存一丝安慰，也许是老天有意
在磨练自己吧！

重新研究的结果出来了，换掉了一个，但换上去的仍不是我。我愕然了，一句
话也不说，老在一个地方久坐着发愣。此时的我，心中似江海波涛汹涌，脸上却似
湖水般平静。我的反常表现，令关心我的人都非常担心，他们纷纷打听我落选的真

正原因，时不时地把听到的情况传递给我。

有三位参会的领导当面告诉我，在几次推荐会上坚决不通过我的不是别人，正是很了解我的表现，也是我最信任、眼巴巴指望他能说句公道话，且觉得他和我家关系非常好的贫协领导。理由很简单：新中国成立前，他家亲戚逃难到山西，在我家打过短工。不同意我上学的另外一位，是去年推荐了自家亲戚，我提出批评的那位领导。

我想起了很多往事。这几年，我一次次拒绝前来提亲的地主富农家庭，其中还包括一个同班同学。他应该是我理想中的人选，他的家庭，不论教养还是整体素养，都和我家相似，但几次三番上门提亲，我都考虑到他的地主成份而婉言拒绝。两个哥哥的联姻，对方都是贫农和下中农。我的家庭成员努力向贫下中农靠拢，向贫下中农学习，我更是重活脏活抢着干，不计报酬，不讲价钱，我极力向贫下中农看齐，力争成为优秀青年。

想着这几年的奋斗经历和眼前情景，忧愤而寒心：不管你多优秀，和本阶级划的界限有多清，到头来，还照样脱不掉地主富农孝子贤孙的帽子，照样不推荐上大学，照样把你从革命队伍推出去，照样不能享受国家公民最起码的待遇，我忍无可忍，紧握着拳头，重重地砸在了桌子上！"苍天哪！你张开双眼看看！张桂蕊到底做错了什么？你这样地惩罚我！"

六、山大压不住泉水

> 从身边学起，从实践中学起。我在学习中等待，在等待中学习。
>
> ——题记

上大学的希望彻底破灭了，我陷入绝望之中，躺在床上，两天两夜滴水不进，一语不发。父亲在我床头放了个纸条，我打开一看，上面写着："世上没有绝望的处境，只有对处境绝望的人！挫折能毁灭人生也能成就人生！成功就是从挫折中奋起！"二哥在我床头放了一本书，并有意替我翻开扉页，大大的几行字映入我的眼帘："勇敢直面人生的一切磨难，果敢地扼住命运的咽喉，把今天的挫折变成明天人生的财富！"我随手翻看着这本书，利斯·布朗曾说："生活有时会把你击倒在地，

但是你必须拥有信仰，以便经受打击，以便使自己知道未来不会和过去一样。还有更伟大的事在等待你。而你必须用信仰战胜挑战性的时刻。即使你被打倒了，你也要用背着地，因为你能向上看，你就能站起来!"

我冷静思考着这些话语，突然想起一句名言："如果你想歌颂黎明，那么就请你先拥抱黑夜吧!"是的，人在谷底的时候，只要不绝望就是希望，只要有信心，人永远不会挫败。大学，你们有权利不让我上，学习，你们有权力不让我学吗？你们可以不让我坐到大学的教室里去学习，你们能剥夺我在大学门外学习的权利吗？山大压不住泉水!我要学习，我要倍加努力地学习，我不相信，不进大学就不能学到知识。从此，我踏上了自学的道路!

从身边学起。那时，我的工作岗位在大队修配厂机电车间，工作之余，我学习师傅送给我的《电工基础》。

在实践中学起。我拆电机，缠线圈，接线头，使用仪表测量直流电、交流电，用仪表排查问题。

向师傅们学习。我想改变电机接法，但专业知识不够，就向师傅学习，师傅们就把他们学过的物理教材借给我，并认真地辅导我学习。一位师傅还把他的初高中化学课本也带到了车间，休息时间讲给我听。我走进锻工车间，向师傅学习锻压技术，学习《锻压原理》。走进木工车间，向师傅学习《木工技术》。

向师哥师弟学习。师哥中有老三届学生，不会的知识，我先向他们请教。

我向所有能帮助我提高的人学习。我不时被抽调到计财处帮忙，就向会计学习，学习如何做统计工作，如何制作会计凭证，如何建账，如何记账，如何平衡会计科目。

二哥辅导我学俄语，四弟辅导我学数学。我把哥哥、弟弟学过的语文、政治、历史、地理等课本都翻出来，认真地看，认真地学。

已经快超过谈婚论嫁的黄金年龄了，同学们、伙伴们，周围比我大、比我小的，都已结婚生子，父母亲、哥嫂们、师傅们和好多关心我的人都暗地里为我张罗着。到车间里偷看我的人不断，但不管谁提亲，也不管对方条件再好，我都一个态度：不提这档子事。

我不谈恋爱，不讲穿戴，不讲吃喝，不断地告诫自己：你既然不甘心如此安排自己的一生，你只能边劳动边学习!

　　我按照自己制订的自学计划，按部就班地利用干活之余挤时间学习。清晨，我捧起书本朗读背诵；深夜，我伏案研题一丝不苟；盛夏的晚上，汗流浃背我无所顾忌；严冬深夜，刺骨寒冷我在所不惜，就连大年初一我也不放过，吃过早饭就静下心开始学习。一年365天，我一天也没有放弃学习。

　　"苦心人，天不负。"我在学习中等待，在等待中学习。终于等到了有一天——县办师范招生。

师范二班的男女运动员们（前排右二为本文作者）

师范二班的女运动员们（前排左二为本文作者）

　　当时，县上为了尽快解决教师短缺问题和提高教学质量，在曲村高中办了80人规模的两个师范班。能进入这个当时算是"正规"学校，我感到很幸运。

　　离开校园九年后再次踏进校门，我倍加珍惜这来之不易的学习机会，如饥似渴地汲取营养，我恨不得将失去的青春和落下的知识全都补上。

　　每天全校第一个起床的是我。我摸黑起床，怕打扰熟睡的同学，静悄悄地走出宿舍，寻找能借光学习的地方，路灯不着，老师们也在熟睡中，我就走到烧锅炉的马师傅宿舍外背书，马师傅喜欢爱学习的学生，一听到读书声就亮起了灯，于是，我每天黎明站在马师傅窗外读书。大家都在午休时，我还在教室学习。每天最晚入睡的也是我。晚上教室熄灯后，我就在路灯下学习，借老师窗外的灯光学习。灯全熄灭后，我就钻进被窝打着手电筒做题，经常是难题在梦中得到了解决。星期天，同学们都回家了，我一个人坐在教室里学习，忘了时间，忘了饥饿。

　　我随时把自己解决不了的问题记下来，等到同学们来了就问。同学们回答不了

的，就去向老师请教。

　　我不懂不装懂。一个星期天，我在做化学题，中间有问题难住了我，怎么也做不出来，没有同学可问，只能去问化学老师张宏毅。听完老师的讲解，我恍然大悟，在继续做的过程中又因同样的问题被难住了，百思不得其解，便又去请教老师。老师一讲马上懂了，可在继续做题的过程中又被类似问题绊住，我不好意思再问老师了，于是自己钻研，但还是百思不得其解。我思前想后，不能因为怕老师笑话就不懂装懂，于是第三次走进了老师的办公室。一星期后化学考试，老师出了这道题，两个班就我一人答对了。老师拿着我的卷子让两个班学生看，表扬我不懂不装懂。

和同学与烧锅炉的马师傅合影（前排左二为本文作者）

　　我很有幸，一生虽然在学校读书的时间不长，但优秀的老师屡屡让我遇着。也许因为这是县办师范，县里把最好的校长派到了学校，把最好的老师派到了学校。校长王廷玺，副校长陈金山、李一，物理老师董国琛，化学老师张宏毅，语文教师侯重阳、韩春华、尚毓英，数学老师武忠甫，音乐老师张俊德，体育老师南旭，就连农技老师都是全县顶呱呱的阎景亨。老师们功底扎实，执教严谨，尤其是讲课时那深入浅出、幽默风趣的教学艺术深深地感染和影响着我们，使我们受益匪浅。

在一年多的时间里，我不仅较好地修完了师范课程，还把初中除英语以外的所有科目系统地学了一遍。

七、教田里的思考者

> 我把课堂搬进了田野，带孩子们一同欣赏春天里悄悄钻出田野的嫩绿。等到我们累了，就一起坐下来，打开语文课本开始学习《春》这一课。
>
> ——题记

毕业时才得知，省里对我们这批学生没备案，不予分配，毕业后只能当民办教师。民办也罢，反正我没上够学，不能到大学就读，就到中小学去，边教书边学习吧！

1974 年 1 月，我兴高采烈、迫不及待地踏上了任教的历程。从此，我的历史将翻开新的一页。

我任教的学校是西南街七年制学校，这是一所村办学校。领导安排我任三年级班主任，并教语文、数学和自然三门课程。怎样当好这个班主任？怎样教好这几门学科？引领学生们向何处去？我认真地思考着。

苏霍姆林斯基说："教育技巧的全部奥秘也就在于如何爱护儿童！""一个深思熟虑的教师和班主任，总是力求在集体中创造一种共同热爱科学和渴求知识的气氛，使智力兴趣成为一些线索，以其真挚的、复杂的关系——即思信的相互关系把一个个的学生连接在一起。"

陶行知说："你的教鞭下有瓦特，你的冷眼里有牛顿，你的讥笑中有爱迪生。"

两位大师的话，使我从教之初就给自己定下目标：视教育为生命，视学校为家庭，视学生为弟弟妹妹，用自己宽广的胸怀、一身的正气，拒绝平庸，追求卓越，凭借三尺讲台，一方空间，修炼高尚人格，开发生命智慧，创造出师生共进，教学相长，智慧与人格同长的境界！

也许是从小耳濡目染的缘故，任教第一天起，我就深深地爱上了我的工作，爱

上了我的学生。

　　初上课堂，我没有丝毫畏惧。我年轻，和孩子们容易沟通；我有精力，用心备课教学、适时拓展课堂；我爱孩子们，把他们看作是我的弟弟妹妹，我总想着法子让孩子们在不知不觉中学，在快乐中学到知识。

为巩固所学知识，我领着学生到校外测量塔高

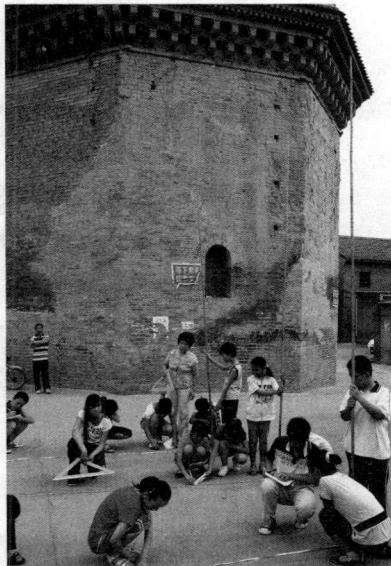

辅导学生测量塔高

　　我把课堂搬到了校外，启发学生发现问题，自己动手解决问题。我带领他们观察当地名胜西寺古塔，讲解塔的构造，猜想塔的建筑方法，估量塔的高度，讨论测量塔高的方法。在发现孩子们求知兴奋点时引出课题，进行讲解，并让同学们自己动手立标杆、看影长、算比例、求答案。为了巩固知识，我让孩子们测算周围树木、麦垛的高度，来拓宽学生的视野，培养学生的智力，巩固知识。每每看到孩子们学会用知识解决问题，我由衷喜悦，觉得十分幸福。

　　春天来了，我把课堂搬进田野，带孩子们一同欣赏明媚的春光，体验春的生命和力量。悄悄钻出田野的嫩绿，遍布土块下、石头旁；小草伸长脖子使劲生长的样子，杏花、桃花、梨花竞相开放的景色，小蜜蜂忙碌的身影和花蝴蝶欢快的舞姿给学生带来无尽欢乐！大家都累了，我们就一起坐下来，打开课本学习《春》这一课。孩子们自信而喜悦的面庞散射着美丽，清脆的朗诵声回荡在田野，无比美妙。

　　我把课堂搬进了老红军的家，让红军老爷爷给同学们讲战争故事，让同学们亲手抚摸他在战争中留下的伤痕和残障的肢体，体会和平幸福生活的来之不易。

玩累了，我和学生们蹲坐在草地上读起了朱自清的《春》

我用讲故事的方法拓展学生思维

　　我把课堂搬进游戏里、故事中。我和学生一块玩"词语游戏"，你说"田野"他对"山川"，你说"蓝天"他对"白云"。在游戏中丰富学生的词汇，理解同义词、近义词、反义词概念；我和学生一块玩"齐心协力"游戏。我告诉学生：生活中，有许多事往往靠个人的力量和智慧是不够的，要靠大家协作才能完成。给每5位同学发一张报纸，报纸依次折叠，看哪一组折叠次数多，站上去的人次多，让同学们体验团结的力量。

和学生一起做游戏

　　我用讲故事的方法，让学生学会一边倾听一边思考，提高学生的逻辑思维水平和判断能力，培养学生通过讨论的方式集思广益。我把《当场破案》故事讲给大家：一天下午五点半，侦察员老张正准备去吃晚饭，忽见一人气喘吁吁地跑来报案："我是一个单身汉，一个月前我因公出差，今天才回来。到家一看，房门的锁被撬开了。"侦察员老张急忙与助手小王赶到案发现场，只见门锁是新近被撬的，屋里箱子、柜子的衣物虽然扔了一地，但没有发现有附着的灰尘，墙上的一个旧式机械挂钟还在正常地走着。老张问："你到家时是否进去过？"报案者答："没有！我一发现门被撬，就马上来向你报案了。"侦察员老张立即断定报案者在撒谎，至于作案动机还有待查清。

课堂上，给学生设疑，启发学生思考

讲完故事，我问同学们：你们知道侦察员是根据现场的哪一点破绽，断定报案人是在撒谎吗？同学们开始开动脑筋，争相发言，互相讨论，我对他们的思考一一加以分析，最后再将正确答案告诉大家：墙上的机械挂钟要经常上发条，报案人说出差一个月，挂钟应该停了，可是侦察员老张在现场看到挂钟还在走着，所以断定报案人是撒谎。同学们很惊讶，似乎在说："啊！知识的海洋如此奥妙，学会运用它可以破解一切！"

我把课堂搬进活动里、劳动中。秋天来了，我带着学生们捡落叶做标本。冬天，站在漫天飞雪的旷野上，我给他们朗读《沁园春·雪》，讲解雨、雪的形成，让同学们用小手接住飘落的雪花，观察雪花各式各样的形状，欣赏雪花装点的壮美景色，感受诗人的博大情怀，写下自己的感受。

小麦收割了，我领着学生去拾麦，拾累了，大家坐在地里休息，我借机让学生们讨论测量该地面积的办法，并以小组为单位比赛测量、计算。学生们通过动手实践，巩固了知识，体验了知识来源于生活应用于生活。

在教学过程中，我平等对待和尊重每个学生，出现问题讲道理讲实例耐心引导，一定要使他们心悦诚服。我十分注意发现一些进步慢的学生的闪光点，引领他走向自信。我相信我能教好每一个学生，也相信每一个学生都能学好。我和学生们"打"成一片，他们亲切地称呼我"姐姐老师"。

有一次，有两个学生向我报告，放在教室的书包不见了。我仔细观察后，把全班学生分成六个小组，给他们讲了两个侦探故事和如何察看要领，让他们人人参与观察和分析。小组之间都争相比赛，看谁能先找到蛛丝马迹，最后大家从窗台的脚印上推断是两个穿布鞋且鞋上有泥巴的男生所为。拿书包的学生已经坐不住了，此情此景，我也为我没有教育好所有学生十分愧疚。至此，我告诉大家，书包不久就会回到原来的地方。同学们诧异地问，谁是小偷？我笑着告诉大家，没有小偷，是两位同学配合老师给大家做了一次学做警察的游戏。

缺乏尊重和智慧的爱是苍白的。要尊重学生的差异，尊重孩子们出错的权力，更要用智慧使孩子们曾经的错误变成未来的财富。此后，我耐心细致地引导这两位学生，让他们深刻意识到自己的错误，并鼓励他们好好学习。几十年过去了，这两位同学见到我总是在很远的地方就亲切地喊老师，他们堂堂正正做人，踏踏实实地做事，生活得很幸福。

刚接任班主任时，许多老师向我反映，班里有三个闻名全校的"调皮鬼"，逃学、打架，在同学中影响很不好，对老师的批评不仅不接受，反而欺负老师的孩子，以示报复，前任班主任为此伤透了脑筋。了解情况后，我首先对这三名学生进行了家访，当着孩子的面，把他们的进步和闪光点告诉家长，让家长看到希望，让孩子感受信任，期求家长配合，共同完成教育孩子的任务。

接着，我通过班会的形式让全班同学给这三名学生找优点，果然找到了很多，这三名学生听了很激动。在全班同学和家长的不断鼓励下，这三名学生发生了很大转变。

冬天，教室里的炉火经常会灭，这几个学生天不亮就到校生火，等同学们都来到学校时，教室里已经暖和了。就这件事，我在全班热情地反复表扬他们，他们异常高兴，很受鼓舞。

不久，我在指导学生做蜡烛燃烧小实验时，特意给他们做了细致的辅导，结果他们做得又快又好。我由此在全班再次表扬他们，夸奖他们聪明、肯动脑筋、会思考，鼓励他们树立学习的自信心。下课时，我布置了课后拓展作业，发给学生蜡烛、缝衣针、玻璃杯，要求以此做材料完成"蜡烛跷跷板"的制作与实验。

结果，这几个学生在全班最先拿出了成功作品。我对全班学生讲，这几名学生动手操作能力在全班最强，没有谁能比得过。他们又一次在同学面前"扬眉吐气"，从此爱上了实验，爱上了学习，逐渐地不再逃学、打架了。见到老师知道问好了，与同学相处也融洽了许多，步入到了正常成长与发展轨道。

选择好的教育角度，既是一种智慧，也是一种创造。从这件事，我自己感悟到：面对行为习惯不良的学生，要力戒斥责，应当充满爱心和期待，"少用食指，多用拇指"，正面引导，用心激励。教育心理学告诉我们：要使学生接受批评，必须首先要使学生建立"同体观"，让学生知道，你所做的一切都是为他好。这样，师生双方的心理距离拉近了，学生在老师面前不会感到有压力，从而真正接受批评。

作为一名教师，当你真正理解了学生的视角、学生的情感、学生的心理，你才能真正走进学生，认识学生，发现学生。藏在他们心底、影响其整个人生的梦想和追求，是一个学生成长的动力，小心翼翼地呵护它是师爱的根！

学生的世界里没有虚伪，你付出了真诚，便能收获更多的回报。在小学任教的几年里，我所带的班，不论是集体活动、各种比赛，还是期中期末考试，总是能取得很好的成绩。我也被评选为"模范教师"、"优秀班主任"，联校把我的典型材料印成小册子发到各校供大家学习。

1976年，我们这批民办教师转正了，我也因工作出色被调到初中部任语文教师和班主任，同时还被选举为学校团支部书记。

在我的就学经历中，我没有读过初中，现在却要我出任初中老师，这无疑是对我的艰巨考验！为适应工作，我把同伴用来娱乐、谈恋爱、聊天、打扮、逛街的时间全部用在了自学提高和教学研究上。

每天晚上，我都要在办公室学习到深夜。我细细钻研初中的全部课程，按学科特点和知识类别进行系统的归纳、分类，然后按顺序逐一深钻细研。涉及综合性知识点时，我先攻其一点，然后再交叉领会。遇到自己实在弄不懂的问题一定会请教他人，直到自己完全掌握。

那时，教师手中只有教材，没有参考资料，更没有大纲，对一篇课文的教学目标、重点难点、主题思想、写作方法，甚至课文的分段都需要自己把握。我丝毫不敢含糊，经常拿出自己的意见，然后会同校内外同科教师一起"论证"。

在学习研究过程中，我决不人云亦云，也不惧怕权威。如果大家的与我认定的结论有分歧，我一定要再次钻研得出结论。再次得出相同结论时，即使别人不认同，我也要坚持一试——这是我那时的教学个性。

　　为了明确一个问题，我下功夫找依据，县图书馆成了我常去的地方。时间久了，图书管理员也与我熟悉起来，他们给我好多方便，允许我不使用借书证，允许我把书带回家里。有时，在图书馆读书已超过下班时间，他们不提醒，不打扰，一直守候着，直到我猛然警觉向他们道歉。

　　我没有上过初中，这是我的缺憾，但恰恰是这种缺憾，使我以初学者的角色和学生们一起探究，一起完成学习任务，一起成长。现在想来，恰恰是这种迫于无奈的方法，一方面夯实了我的学科知识，另一方面使我适应了学生学习规律和特点，适应了学生身心发展的规律，从而收到了良好效果。

　　一次阅览时，我看到了一则有趣的科学实验故事：两个美国科学家，在两个玻璃瓶里分别装进5只苍蝇和5只蜜蜂，然后将玻璃瓶的底部对着有亮光的一方，而将开口朝向暗的一方。几个小时后，科学家发现，5只苍蝇全都在玻璃瓶后端找到了出路飞走了，而那5只蜜蜂则全部撞死。蜜蜂为什么找不到出口？通过观察科学家发现，一是蜜蜂的经验认定：有光源的地方才是出口；二是它们每次朝光源飞的时候都是用尽了全部力量；三是它们被撞后不知"反思"爬起来后继续撞；四是同伴的牺牲并未能唤醒它们。作者感慨道：蜜蜂们在寻找出口时既不研究新的战略方针也不作任何尝试与探索。而苍蝇为什么找到了出口呢？如果说蜜蜂的行为具有教条性、理论性，那么，苍蝇的行为则具有探索性、实践性。苍蝇的智慧，就是从来不会认为只有有光的地方才是出口；它们撞的时候也不是用上全部的力量，而是每次都有所保留；最重要的一点是，它们在被撞后知道回头，知道另想办法，甚至不惜向后看；它们能从同伴身上获得灵感和启示。反思、研究与探索的精神让它们共同获救。所以，最终它们是胜利者。

　　这则科学实验故事给了我很大的启示：反思、研究、尝试、探索是成就一切的必由之路。

　　从此，我开始注重培养自己的教育教学反思意识和反思能力。反思自己的教育，哪些是成功的，哪些是失败的，什么地方再加注意就能取得更大成功，什么地方再加注意就会避免失败；反思自己的教学，哪些是经验，哪些是教训，带着自己的教学问题进行学习，向同事学，向书本学。学业务，学理论，用学来的理论指导教学，用学来的业务印证理论；借鉴别人的教学经验，别人某一点做得很好，我做到了吗？为什么做不到？怎样才能做到？别人教学中存在一些问题，这些问题我教学中存在吗？怎样才能避免？

为了找到更多的反思参照对象，我尝试着联络本学校、外学校同学科教师在一起搞研究。从研究每篇课文到研究每一单元，再后来研究每个学段的教学目标与要求。我经常主动上门听本校教师、外校教师的课，还请他们听我的课，帮助我在业务上成长。经过一段时间的锻炼，虽然我年纪最小，缺乏经验，但大家还是给了我很高的评价，并一致推荐我担任了学校语文教研组长。

在一次次的教研、观摩课和公开课实践中，我的教学业务水平渐渐提高起来。我认识到：当老师们坐在一起研究教学中遇到的问题时，当老师们坐在一起讨论学情时，当老师们把学情、教情捆在一起进行综合分析时，当大家从同事中和其他外部优秀经验中获得启迪、进一步改进自己教学实践时，他们实际就已经处在一个知识创新的过程中了。

至此，我从反思起步，开始着手进行课堂教学环节与结构的探索。

我认识到一堂好课源于诸多环节，科学地、艺术地设计教学环节十分重要。

首先我尝试着采取灵活多样的方法和多方面取材的思路，精心设计导语，力争从一开讲就把学生牢牢吸引在教学内容上。

教育心理学原理告诉我们，经常运用已有的知识，既利于对旧知识的唤醒和巩固，又利于新知识的获得和强化。在教朱德的《回忆我的母亲》一文时，我先引导学生回忆初一年级学过的《草地晚餐》所歌颂的朱德那些高贵品质和精神，待学生回答后，我这样引入新课：朱德的这些高贵品质固然是他接受马克思主义教育、参加革命实践的结果，但也同他母亲对他的教育和影响分不开。那么，朱德的母亲是怎样的一位女性，对朱德产生过什么样的影响呢？请同学们阅读课文并归纳、回答这一问题。

心理学研究表明：初中生的形象思维占主导地位，他们对形象的、生动的、具体的事物感兴趣，而一些抽象的、概念的东西则不容易被接受。教学中如何顺应学生这一心理特征呢？我认为把形象化的语言与趣味浓烈的内容结合起来呈现给学生，是发挥初中学生形象思维优势的重要方法。因此，我常常用与课文有密切关系的、富有趣味的小故事导入新课。如讲《死海不死》一课，我先给学生们讲了这样的一则故事：

很久很久以前，在约旦和以色列交界的海岸边住着一户人家。他们十分善良，

有来往的商旅经过，他们总是要热情招待。可是，老两口已经五十多岁了还没有生儿育女，老两口很是犯愁。一天，这家的男主人对妻子说："再过十几年我们就没有力气了，到那时该怎么生活，有商旅路过又有谁去关照呀！"说着边伤心地哭了起来。哭声惊动了商旅的一匹高大的骆驼，骆驼说："来来往往几十年，你们喂了我多少草料多少水，是我该报答你们的时候了。"说完便化作沙尘飞走了。老两口很是惊奇，不久他们就生了一双漂亮儿女。那时，由于约旦河西岸地区整日的暴晒，河谷干涸，风沙拼命地刮啊刮！不料，有一天竟然把那一双漂亮的儿女刮到了海里很远的地方去了。老两口痛苦号啕，昏死了过去。不知过了多久，突然间他们被一匹骆驼扯醒，老两口一看，还是那匹骆驼。骆驼说："善良的人啊别伤心，我到海里去救孩子！"老两口死命地拉住骆驼，说："您为了给我们一双儿女已经牺牲过一次了，怎么可以再让您牺牲呢？"骆驼没有听从老两口的阻拦，昂起头奋力地冲向海里。老两口很为骆驼的生命担忧。可是谁也没想到，两天之后，骆驼居然驮着两个孩子安全地回来了。老两口询问骆驼的经历，骆驼说"可能是上苍被感动了吧，那海一直在托着我们呢！"

同学们，这个美丽的传说就发生在死海，死海真的能托住骆驼和孩子吗？死海会是"死"的吗？今天我们就学习关于死海的科学探索文章——《死海不死》。

好奇是学生探索、求知的天然动力，恰到好处的设置悬念会使学生在好奇中自发地开动脑筋获取新知。如讲学《我的叔叔于勒》一文时，我设置了这样一个悬念：于勒是"我"的亲叔叔，我们一家人左盼右盼希望他回来团聚，可是当我们全家人在同一艘渔船上相遇时，却出现了一个谁也没想到的场面，什么样的场面？让我们一起来学习课文。

我的探索得到了同学们的欢迎，也得到了同行的赞许。1978年，县教育局开展自下而上的教学能手评赛活动，经过层层赛讲，我以设计新颖、教法独特、语言富有启发性被评为全县语文教学能手。全县近两千名教师，县级"能手"仅有4名，而我是其中最年轻的。

荣誉是前进的鞭子。此时，我给自己提出了更高的要求：课要上出自己的特色，要走别人不曾走过的路，让别人从你的探索中获得启迪。人无我有，人有我新，人新我精，携着年轻人永不言败的闯劲，我又踏上了不断超越、不断创新的教学之路。

浓烈的探索兴趣使我无法停住探索的脚步，甚至把闲谈的内容也不由自主地网络进自己探索的行囊。一个星期天，我们兄妹几个在一起闲聊，谈到人的良好素质先天后天影响时，四弟告诉我，他最近看了一本好书，书中描写第二次世界大战期间，德国同英、美为争夺大西洋制海权而进行的战争史上时间最长、最复杂的持久海战。海战起源于英国商船队途径大西洋时屡遭德国海军袭击，英国许多年轻海员葬身海底。后来英国创办了一所海上学校，进行海上生存能力和船触礁后

1978年我已是初中语文教研组组长，和好友世蓉留影（图中左为本文作者）

的生存技巧的外展训练，也叫户外体验式训练，使船员们的身体、意志和技巧都得到了锻炼，大大提高了海员海上作战素质，最后一举歼灭了德军。四弟说，这本书写得好，说明了后天因素的作用，甚至说明了阶段性的后天因素都可能引起质的飞跃。他建议我好好看看这本书，或许对我的教学有帮助。

我认真地读完了弟弟推荐的这本书，书中提到的外展训练，也可以叫素质拓展训练给我留下了极其深刻的印象。正是这本书使我在教学探索中从感性的实践进入了理性的实验。

我把素质拓展训练引进了课堂活动中。那时我是初三班主任，各科教师都很敬业，抢占课间10分钟是常有的事，下课铃声响了，还在继续辅导，经常把课上到又一节上课铃响，才不情愿地离开教室。每每遇到我的课，看见学生们一脸的无奈，我就说"还给大家10分钟，出去放松一下"；有时看见学生很困倦，我就说"大家趴在桌子上休息一会儿吧！"看过那本书，我心中有了拓展训练模式和目标之后，我一改过去这样简单机械的处理方法，而是在调整教学内容的同时改变课型，以活动方式、比赛的形式，轻松地互动地展开课堂教学。比如将后几课或单元的生字词找出来，比赛看谁字典查得快、读得准、解释得清楚，看谁找的同义词、近义词、反义词多；又比如，为了让同学们掌握汉语词汇在语境中的准意性特点，加深对词语理解，让同学们打破学科界限，抢答解释类似政治运动、体育运动、分子运动、机械运动中"运动"一词的不同含义。甚至我还和学生们一起玩"倍数报关"游戏，玩词语接龙游戏。本着素质拓展训练的目的，我从大语文观和发挥语文课育人功能

的角度，把一切有利于培养学生语言能力和有利提升学生素养的内容和方法引入课堂，受到了学生的热烈欢迎，他们在快乐的活动中，巩固了知识，驱赶了疲劳，不知不觉地增强了团队意识，积极进取的人生态度也得到了锻炼和培养。

学生在写拓展式文章

　　我把素质拓展训练用在劳动中。由于条件限制和安全考虑，我不能把学生带到崇山峻岭、湖海大川去进行外展训练，但是把学生放到学校实验田中去进行拓展训练，条件还是允许的。于是，我选择了秋收时节掰玉米、摘棉花、清理秸秆等系列劳动。我告诉学生们，我们是要通过劳动开展一次素质提升拓展小活动，活动的目的是希望大家能通过团队合作共同完成劳动任务。在劳动前大家要主动思考共同决策，如何在最短时间里完成同样的劳动任务。活动的模式是"团队合作＋集体思考＋竞赛"，大家分组进行，比赛结束后，各组要选出代表汇报活动的过程、结果以及经验教训。同学们热情很高，他们在任务面前，学会了思考，学会了组织，懂得了合作，锻炼了意志，体验了生活。学生们很累，却极其高兴。

　　经过多次这样的活动以后，我们的班风学风越来越好，学生似乎也更加聪明，我尝到拓展训练的甜头。

　　那么，我的主战场是课堂，怎样把拓展训练运用到课堂上呢？

　　在我看来，一节课的结束，并不意味着一个教学过程的终结，而是新的学习的起点；将已获得的知识和能力应用于后续学习乃至应用于生活，有意识地使其不断内化、延伸、发展，这就是教学意义上的拓展。

心理学关于迁移现象的研究表明，如果人们能对学过的知识、技能和概念掌握牢固，且通过分析思辨，完成了本质性的概括和内化，那么，所学技能和概念会对另一种技能和概念产生有益的影响和推进，这叫学习迁移。

拓展的直接意义在于使学生们已有知识和技能得以巩固进而实现迁移。作为教师要掌握迁移的一般规律，把握实现迁移的重要因素，熟悉迁移的影响条件，以拓展为抓手给学生创设实现知识和能力迁移的条件和机遇，从而从根本上提高学生的学习和发展能力。

基于这样的认识，我开始围绕课堂，从认知规律的角度进行拓展的新探索。

第一次基于认知规律进行的拓展探索，是从《求雨》这篇课文开始的。

《求雨》是人教版初二年级语文教材中的一篇小说体裁课文。赵树理先生以"求雨"为基本线索，讲述了金斗坪村民新中国成立前"求雨"、新中国成立后党支部领导广大村民抗旱引水过程中部分村民"求雨"和放弃"求雨"的故事。故事歌颂了党支部组织村民开渠引水抗旱的感人事迹，反映了部分村民在引水抗旱中对"求雨"的态度转变，揭示了在封建土地制废除后，阻碍农民健康成长的封建意识等复杂因素还需要认真面对和解决。村民于天佑这个人物贯穿于故事始终，在土改时，他直言地揭露新中国成立前地主组织"求雨"的虚伪嘴脸和险恶用心；新中国成立后抗旱引水，他却热衷"求雨"；等到引水成功，他向龙王磕头说"请原谅，我房背后的二亩谷子也赶紧得浇一浇水了"，便起身跟着几个老头走了。于天佑对"求雨"的态度从揭露，到热衷，到放弃，应该有着深刻复杂的心理过程，但赵树理先生以平铺直叙的记事手法完成了这个跌宕起伏的故事，对于天佑的心路历程毫无交代，尤其是故事的结尾，于天佑当时剧烈而富有戏剧性的心理变化，文章毫无涉猎便戛然止笔。于天佑是文章的中心人物，是故事跌宕起伏的"载体"。因此，深刻而准确地把握于天佑的心路历程便成为理解作者所欲揭示深刻主题和本文艺术特色的关键。按照教学的常规"套路"，教师需要对暗伏在文中的于天佑心理过程给予揭示，从而让学生实现对本文主题和艺术特色的理解。这种教学方法有助于学生理解但不利于学生发展。基于对迁移理论的理解，我采取了课后拓展的方法。第一课时，在解决生词字的基础上，重点让学生熟悉故事情节，理清于天佑"求雨"态度的三个过程（揭露、

热衷、放弃）。给学生留的课后作业是：（1）试着当一回于天佑或者赵树理，根据文中已给的情节，猜想一下于天佑离开龙王庙后想了些什么。（2）以你的这个猜想作基础，再想想他在揭露阶段是怎么想的，在开渠引水过程中他为什么热衷求雨？

经过学生课后的认真准备，第二课时，学生们将各自的猜想告知大家，大家你抢我争进行"论证"，归纳出了符合故事情节发展的于天佑的三阶段心理活动，得出了作者所欲揭示的主题。在这个基础上，我又引导学生思考下一个问题："于天佑的心路历程作者并未告诉你们，那你们是怎样知道的呢？"学生回答说："是在分析故事情节时发现的。"我说："这就是本文的艺术特色！这样的叙事方法看似简洁，但由于作者给读者开启或者留下了思考的空间，因而又是很深刻的。"

这堂课，我以课后作业为拓展内容，以过去对学生进行的续写故事能力训练为基础，引导学生运用这个能力，以类似续写故事的形式完成了对课文中心人物的心理猜想与分析，推动了学生从低级能力（续写）向高级能力（猜想与分析）的迁移。最后，用"反观"的策略得出了作者所欲揭示的主题。与此同时，我又以学生对于天佑的心理变化"是在分析故事情节时发现的"为实践基础，让学生发现本文的艺术特色，学生在一定层次上完成了从体验到顿悟的过程。完成顿悟，概括也就在其中了。

这堂课学生普遍感到他们学得轻松而深刻，他们学会了思考，学会了用已获得的能力解决遇到的新问题。课后有学生问我："老师，你每堂课讲的那些认识也是用这个方法得来的吗？"

以认知规律作指导进行拓展探索，使我摆脱了以教材教教材的困扰，我的教学特别是课堂教学有了广阔的天地。

在讲《爱莲说》时，我抓住本文借物言志、以物拟人的写作特点，让学生以《……说》为题，用现代汉语摹写一篇作文；我抓住本文"出淤泥而不染"这个主题，向学生推荐阅读《莲文化的魅力》一书，并组织学生到本县莲藕之乡考察，丰富莲文化知识，以物质的"莲"的生长过程启发学生体验作者赞叹莲"出淤泥而不染"的深刻含义。

在讲苏轼随笔式散文《记承天寺夜游》时，为使学生能够更好地体会这种以生活片断为对象，以极简练而又仿佛不经意地手法渲染出一种情调或一片心境的艺术特色，我以让学生反复诵读本文为基础，提供了多篇类似的文章，以丰富学生的积累、拓宽学生的视野。

《挖荠菜》是著名作家张洁的一篇散文，文章讲述了主人翁新中国成立前穷困，饥饿，受迫害，以挖荠菜充饥和新中国成立后邀请孩子挖荠菜的故事。我的家乡也是荠菜的盛产地，至今人们仍然保留把荠菜作为野菜食用的习俗。讲这一课的过程中，我利用星期天时间，带领学生学着文中主人翁的样子"迈着轻捷的步子，向广阔无垠的田野奔去"，感受荠菜"在微风中挥动它们绿色的手掌，招呼我，欢迎我"，体验不再有凶神恶煞追赶，可以从容地"抬头看天上吱吱喳喳飞过去的小鸟，树上绽开的花儿和蓝天上白色的云朵"，体验自由、平等和对幸福的向往，使学生们更好地理解了作者通过对荠菜特殊感情的表达所揭示的主题。

我边尝试，边思考，边学习。这期间我读了《西方教学模式》、《教学论》、《教育与发展》、《给教师的建议》、《教学原理》、《当代教育心理学》等教育理论书籍。特别是建构主义学习理论再次给了我深刻的启示，再次给了我打开拓展探索之门的钥匙。

建构主义认为学习过程是学习者主动建构知识的过程，学习活动不是由教师单纯向学生传递知识，也不是学生被动接受信息的过程，而是学习者凭借原有的知识和经验，通过与外界的互动，主动生成信息的过程。

和学生一起探究科学实验

学习这一理论，回顾自己拓展探索的实践，我认识到：由教师引导下的被动拓展，发展为学生主动拓展，才是拓展的根本，才是教学的要义。

基于这样的思考，我进行了大胆试验，在反复实践的基础上，归纳总结了如下的拓展路径：

1. 比较式拓展。在授课过程中，以教材为核心，把相关知识放在一起进行比较，注重新旧知识和相关知识的链接，增强学生对知识的准确理解和把握。如教《三峡》一文时，作者抓住景物的特点来描写山的姿态，用"重岩叠嶂、隐天蔽日"来突出山势的高大和峻峭，我引导学生回忆学过的描写大山的字词句，很多学生很快说出诸如群山连绵、崇山峻岭、孤峰突起、悬崖峭壁等词语。那么，以前学过的相关词语跟课文中的"重岩叠嶂、隐天蔽日"有什么区别呢？直立像屏障的山峰称"嶂"，且岩嶂重重叠叠，这与"连绵"不同，与"孤峰"不同，写的更不是"崖"或"壁"，作者抓住"岩、嶂"这一具象，突出了它"重、叠"的特征；"隐天蔽日"不是直写山，而是写山的客观效果，且有夸张的意味，这与过去学过的描写大山的手法有根本的不同。通过这样的比较，学生很快领略到了三峡风光的特别之处和作者行文的良苦用心，既巩固了旧知识，又掌握了新知识，而且在比较中对字词句的敏感度明显提升，学会了用比较、辨析的方法准确、深刻地理解字词句。

2. 鉴赏式拓展。拓宽学生阅读视野，辅导学生鉴赏文学作品，并把同一作者的作品或不同作者的同类或相关作品提供给学生，通过外延式拓展，实现"课内长骨，课外长肉"的目标追求。如从巴金的《子夜》《风·雷·电》到《家·春·秋》，由鲁迅的《从百草园到三味书屋》《朝花夕拾》到《阿Q正转》《呐喊》，从冰心的《小桔灯》《春水》到《繁星》和《纸船》，从曹操的《观沧海》《龟虽寿》到毛泽东的《浪淘沙·北戴河》，学习作者如何用不同手法、不同体裁表现不同主题，并结合作者所处的时代，引导学生领悟其丰富多彩的人生，启发学生对人生展开思考。在强化学生语文素养的同时，使其自身综合素质获得提高。

3. 主题式拓展。引导学生对出自不同作者之手、产生于不同时代的同一主题作品展开搜集学习。如同样是写离别的，在学习《送杜少府之任蜀州》时，抓住"海内存知己，天涯若比邻""无为在歧路，儿女共沾巾"所流露的感情联系，对比同题材的其他作品：《别董大》中的"莫愁前路无知己，天下谁人不识君"的豪放，王维

和教师们在谈语文拓展式教学

的《送元二使西安》中的"劝君更进一杯酒，西出阳关无故人"的伤感。在教学时，有意识地将某些有着相似主题的课文进行对照分析，以更好帮助学生理解并深化文章的主题思想，培养学生的发散式思维。

4. 体验式拓展。根据课文特点，设计一些较易操作的活动，对学生进行感悟和认知能力拓展。如组织学生排演《皇帝的新装》课本剧。在学生排练饰演过程中极大程度地调动学生的主动性与创造性，激发学生对人物形象、性格及心理的体会及揣摩。在学习《斑羚飞渡》一课时，我组织学生分成两列，背对背站立。一列学生倒下，另一列则支撑住倒下的同学，并在逐次的演练中，让学生获得"不同信任程度，出现不同结果"的真实感受。通过这种参与式活动，学生自觉加强了信任与合作。

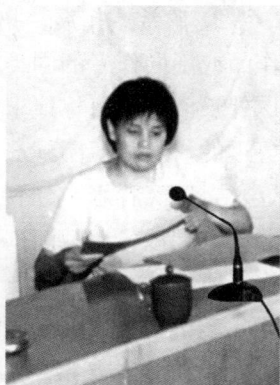

向全县教师介绍语文拓展式教学经验

5. 思辨式拓展。辩论历来被视为智者的较量，容易激发学生探索欲。在研析教材的基础上，我选择了紧扣主题、又具有可辩性的话题供学生辩论，促使学生明晰对文章的

认识，加深对主题的理解。《与朱元思书》一文中，吴均为朱元思描绘了美丽的山水世外生活。学习结束后，我提出一个问题：朱元思最终是不为吴均笔下的山水感染继续做他的官呢，还是到世外桃源去纵情山水呢？这样的辩题一出，学生立即形成了两种态度，一是选择积极入世，另一则为选择抛弃功名隐居世外，追求个性的自由与张扬。我因势利导，继续组织学生说明自己的理由，使学生在对主题理解不断深化、上升的同时，培养其口头表达和思辨能力。

6. 续补式拓展。为引导学生更好地理解文章，人为的对文章的某个片断进行补充、细化或再创造。《鲁迅自传》是极简约的纪实文体，但简约文字背后往往有很深的内涵。怎样使学生在简约中体会内涵，并学会简练表达而又不失内涵呢？我根据自传中"我寄住在一个亲戚家里，有时还被称为乞食者"这句话，让学生写一篇"小小的鲁迅在亲戚家的遭遇和他当时心境"的小作文。学生在思考和写作过程中感同身受，体会到了小小鲁迅的艰辛和屈辱，理解了作者以简约语言表达的深刻内涵。在学习杜甫《茅屋为秋风所破歌》一诗时，我设计要求学生写出杜甫这位老者在南村孩童抱茅而去、独立秋风中的情景和心情，以"反衬"的方式引导学生认识"安得广厦千万间，大庇天下寒士俱欢颜"和"吾庐独破受冻死已足"的崇高境界。

7. 发散式拓展。要求学生在较好地理解文章的基础上，用打破文章所提示的故事逻辑来进行拓展。学习《我的叔叔于勒》一文时，我设计过《我见到了发财的于勒叔叔》的拓展题，这样学生根据文章中菲力浦夫妇及周围人对待于勒的各种表现所展露的性格，勾勒出这些人围着发财后的于勒的种种丑态。通过完成拓展题目，加深学生对人物性格、文章主题的理解。我将《驿路梨花》一文的拓展设计为"如果你是小茅屋现在的'主人'，你会怎样'照料'这小茅屋呢？"，把学生引向思考"国家倡导加快边远山区和少数民族地区的建设，因地制宜发展旅游业和特产农业"一类话题。这样的拓展强化了和生活的联系，学生思维真正从课内走向课外，开始关注生活。

8. 信件式拓展。此种拓展模式，要求学生在学完文章后能够找到自己感触最深的，或者是最易发表个人见解的地方进行拓展。写信的对象可以是作者，或是文中典型人物，或是自己的朋友，甚至是授课教师。如我教《田忌赛马》，设计了让学生以不同身份给齐威王写信，并把写信、提建议、分析人物性格和续编故事等多项读写活动巧妙地整合，这是一项融观察、分析、想象、推理、判断为一体的多纬度、高效率的思维活动。让学生以不同的身份给齐威王写信，目的在促使学生学会从不同的角度看问题，与历史人物同惊喜、共悲欢，感受个性化体验。学生还可通过信件方式对教师授课情况提出看法和意见，使教师在不断反馈中改进教法，总结经验。

9. 多手段拓展。引导学生运用多种手段，加深对课文内容的理解，培养学生形象思维能力和创造潜能。学习《晓出净慈寺送林子方》这首诗时，我引导学生在理解"接天莲叶无穷碧，映日荷花别样红"之后，将诗的内容绘成图画展示出来。在绘画过程中，学生将诗的语言转换成自己的思维形象，再由思维形象写实到图画中，让学生体验文字语言、思维形象、绘画语言之间的联系和各自的优势，学会用多种手段理解和表达诗的意境。

我的小小实践，收到了意想不到的效果。不仅赢得市县教研部门的高度称赞，一时间，校内外、县内外听课者也络绎不绝。我几乎每周安排一次公开课，慕名求学者也多起来，教室里经常塞满了听课的桌椅；接受县教研室的工作也逐渐多起来，做观摩课，做讲座，进行教改试验，指导他人讲课、命题，我忙碌并快乐着。

1979 年，函授学习应时而生，我立刻报名参加考试。我不放过哪怕是一次半小时的面授机会，竭力从工作和家务事中挤出时间自学。学习的收获令我喜出望外，我所学的知识正好弥补了欠缺。边学边教，边教边学，教学相长，就这样，我一气呵成地完成了专科到本科的学业。

有了理论指引，我的教育思想发生了质的变化，我的教育生涯更多地投向了教育科研。

1979 年正月我才结婚，这是结婚照

八、走在研究的引桥上

　　探索是创新的旅程，无限的风光，令人激动，更令人升华。

——题记

1987 年 6 月 28 日，在依依不舍中，我离开了耕耘 13 年零 6 个月的讲台，离开

了我一生都爱不够的教师岗位，调到曲沃县教育局教研室任中学语文教研员。我的角色发生了重大变化，由引领学生转换到了引领同行，我成为全县语文教师的引跑者。

　　有着十多年一线教育教学工作经验的我，来到教研室后看到那么多理论书籍、业务报刊，如获至宝。我抓紧时间，如饥似渴地阅读，恨不得把所有的书籍都研读一遍。在学习的过程中，我做笔记，写心得，消化理解，运用掌握。实践和理论的结合，就像化学反应得到催化剂一样，我的业务认识水平得到大幅提高，我将思考结果整理成多篇文章，发表在省级有关刊物上。

1987年我在恋恋不舍中离开了我一辈子也爱不够的教学工作，走上了教研员岗位

　　1989年初，我国引进了布鲁姆目标教学法，山西省临汾地区作为全省的试点，率先开展了这项实验。该实验可概括为教学目标、教学活动及学习评价三个环节。为了实施对教学过程的目标管理，为给目标教学实验的师生提供帮助，临汾地区教委决定组织编写《目标教学与检测丛书》。地区教研室把编写初一年级《布鲁姆语文目标教学辅助用书》一书的任务交给了我。

伏案疾书，撰写论文

发表的论文

编写目标教学用书

　　接到这个任务，我非常高兴，但又心存担忧。当时，初二的教辅用书由襄汾县三名老师编写，初三的教辅用书由霍州的四名老师编写，初一教辅用书则由我一人编写，且要求三个月内完成，在当年秋季投入使用。面对全地区17个县市100多万学生，我怎样才能圆满地完成这个任务呢？

　　我在认真学习布鲁姆目标教学基础理论和操作要求的基础上，认真分析研究了历年语文练习用书编写的体例、原则和方向，走访了部分师生，又钻研了教学大纲，大体理清了此书的编写思路。

　　大纲从"教学目的"、"教学内容"、"教学要求"到"各年级基本能力和基础知识教学要求"，由总到分，形成了等级结构的目标控制系统。"教学目的"是方向上

的控制，"教学要求"是实体上的控制，而"各年级基本能力和基本知识教学要求"是具体的控制。大纲在"教学中应重视的问题"中指出："语文教学中，要加强综合，简化头绪，突出重点，注重知识之间、能力之间的联系，重视积累、感悟、熏陶和培育语感，致力于语文素养的整体提高。""重视创设语文学习环境，沟通课本内外、课堂内外、学校内外的联系，拓宽学习渠道，增加学生语文实践的机会。"

学到这里，我喜出望外，因为我所探索的拓展式教学模式正是以教材为基础、以促进学生自主构建为主线，以提高学生知识与能力发展为目标，具有多元多向、综合拓展的特点，与目标教学和大纲要求契合，于是，我决定在编写过程中加入拓展内容，将拓展式教学引进全市语文教学中。

根据临汾语文教学的实际，在编写教辅用书的理论指导上，我把布鲁姆目标教学的识记、领会、运用、分析、综合、评价六个目标层次要求，重新组合为四个，即识记，领会与运用，分析与评价，综合与创新；确立了"明确教学目标，设定达标层次，精选识记习题，突出领会运用，促进分析评价，引导综合创新"的编写指导思想；理出了"少做题，多思考，多读书，拓展所学知识，拓宽学生视野，提高学生能力"的编写思路，力求使学生从课文出发，去阅读更多的作品，探究自己感兴趣的问题，真正使语文学习由书本内向书本外、由课堂内向课堂外、由学校向社会延伸，生动活泼地开展语文学习。

最终，由我负责编写的《布鲁姆目标教学实验初级中学语文辅助用书·初一册》，以如下体例呈现给老师和学生们：

一、引言。初中阶段教育教学目标，初中各年级教育教学目标；本学科初中教育教学目标，本学科各年级教学目标。

二、单元知识要点及学习水平。以双向细目表格的形式，分别列出教学内容、知识要点、学习水平、各知识要点所应达到的层次。

三、每课的教学重点、知识点及目标。

四、形成性练习。识记类，领会与运用类，分析与评价类，综合与拓展类。

五、单元形成性检测与反馈。

六、终结性检测与反馈。

七、参考答案

在具体的内容上，无论是怎样的知识点，无论是怎样的能力等级，我都力争将拓展性内容融入其中，或单独设题，或渗透在整体感知的习题中，或以文笔精华的方式呈现给学生。如在设计《最后一课》课后练习时，我把日本侵华时期，侵略者强行在曲沃推行日语的史料介绍给学生。侵略者逼迫学校进行日语教学，并把日语成绩作为升学的门槛卡学生；对不会用日语"问候"他们的百姓进行辱骂、体罚，甚至枪杀。让学生从自己身边的史料中体验课文的主旨，揭露所有侵略者"灭国必先灭其文化"的残酷本性，理解文化与民族的关系，更加热爱祖国文化，学习祖国文化。在《羚羊木雕》的训练设计中，要求学生改变作品人称，以第三人称叙述故事梗概，从"旁观者"的角度，对"女儿"和"妈妈"的言行和心理活动进行分析和评价。对《皇帝的新装》一课，在拓展阅读中要求学生课外阅读自己喜欢的几篇童话，然后挑选出认为最好的一个，参加全班的讲童话比赛。对《大自然的语言》这一课，要求学生在课外进行观察或随访，举出观察或随访到的物候实例。学习《回声》之后，要求学生掌握本文举例子的说明的方法，领会举例子的作用，平时生活注意收集和积累资料。学完《伊索寓言二则》，在训练中我给学生提供了《豆和豆芽》这一素材：从房檐下滴下几滴雨水，落在囤边的一粒黄豆上，没几天，这粒黄豆全身膨胀，长出了细细的嫩芽，它看着身边沉睡的兄弟，高声喊道："喂！你们睁开眼瞧瞧——我已经长大了。"让学生依据素材中所提供的信息续写一则寓言。

在完成每一单元检测题后，为了激起学生的更多学习兴趣，促进学以致用，我开辟了"趣味园地"，设计了诸如猜字谜、猜对联、猜古诗等小栏目。如猜字谜：画时圆，写时方，寒时短，热时长，打一字；哑，打一成语；猜对联：从前，有位乡下老人进城买菜左手挎着一只大篮子，右手提着一只小篮子。忽然，从对面来了一个秀才，看了看老人，便作诗挖苦起来：大篮是篮，小篮也是篮，小篮放进大蓝里，两篮并一篮。老人略略沉思了一下，也吟了一首，羞得秀才赶紧跑掉了，老人是把棺材和秀才连在一起的，请你把老人吟得的诗写出来；猜古诗：某校队日活动是用沙、石、贝壳、海带根、红海藻等东西，按照学过的古诗制作立体画，第二小队制作了这样的画面：一条石砌小径弯弯爬进深山，深山里隐约可看见茅屋，山坡上有一片用海带根倒插当树干、红海藻做叶的枫林，请写出他们制作的画面是哪首诗？诗句是什么？作者是谁？除此之外，我还开辟了"观察与思考"版块：如，小王是养鸡行家，有次他去买鸡，卖鸡者为了考考他，故意把鸡装起来，只露脚在外边，小王看了看，立即拿了两只鸡，你知道小王的根据是什么吗？再如：向日葵的花盘

随着太阳的起落而转动，如果我们把它放在黑暗的地方，你说它的花盘将向着什么方向？

整个教辅用书，既体现了科学训练、严格训练的原则，又呈现出新颖、活泼、有趣的面貌。

我用了一个多月的时间完成目标教学辅助用书初稿。那时我们基层工作还没有条件使用电脑，从起草到反复修改，一字一句都要完全靠手中的笔写出，工作量异常艰巨。为了利用尽可能多的时间，集中精力高效高质地完成编写工作，我把办公室移到了家里。黎明之前起床给孩子们做罢饭，便立即进入编写；中午，快放学了，急切地给孩子做最简便的饭；晚上孩子们睡觉后，对我来说是编写的"黄金时段"，坐在那里五六个小时，直至困顿之极。为防止来人打扰，我常让爱人将我反锁在家里。酷暑时节，家里没有电风扇，汗水湿透了衣衫，浸湿了椅垫。爱人对我的工作给予了极大的支持，就连年仅八岁的女儿也须洗碗、扫地、抹桌子、洗衣服，并照顾上学的弟弟。在我编写过程中，他们总是蹑手蹑脚，绝不弄出大的声响。

编写完语文目标教学辅助用书后，领着女儿和大儿子出外游玩

经过三个月的努力，书稿终于完成了。那天中午，我乘车到70公里外的临汾地区教委交书稿，没想到在所有的编者中我竟然是第一个交稿者。交稿后我立即往回返，准备回家给孩子们做一顿可口饭。然而，途中公交车却坏了又修，修了又坏，一段路程竟走了几个小时。我心急如焚，爱人在外地开会，孩子们还小，够不着

门锁进不了家。车到县城已是晚上九点多了，周围一片漆黑，我深一脚浅一脚跑步回家，刚进巷口就扯着嗓子急切地一遍又一遍地呼喊孩子的名字。女儿从邻居家跑出来，扑到我的怀里，放声大哭："妈妈，你这么晚不回来，我是担心您出什么事呀！"

独自编写的初中语文目标教学辅助用书临汾使用版

之后，地区教委将书稿递交山西省教材编审委员会审定，一审便顺利通过。审定结论这样写道："本书紧扣教学大纲，目标教学模式的三个环节完整规范，知识点明确，目标层次具体适当，基础知识、基本技能并重，习题设计灵活多样，结构合理，编排新颖，实用性强。"

1989年8月，《初级中学布鲁姆目标教学实验辅助用书语文第一册》面世了。看着师生高兴地使用着自己辛勤劳动的结晶，我心中充满了成功的喜悦。

在使用过程中，各县市也都对我的辛勤劳动给予了很高的评价。他们说：每篇课文最难把握的是教学目标，实验辅助用书明确了教学目标，使我们摆脱了教学中的盲目性、随意性，结合教师用书进行备课教学，大大地减轻了教师的负担；学生根据教学目标及习题进行练习和检测，形成了师生合作共同达标的教学局面，为大面积提高教学质量起到了很好的引领作用。

独自编写的初中语文目标教学辅助用书，全省使用版

一册教辅投入使用后，我又继续编写二册教辅用书，此书在 1990 年 9 月发放到了临汾地区初中一年级教师学生手中。

两年后，目标教学实验在山西省全面铺开，我编写的两本书也在全省发行使用，一直用到了又一次教材改革。

在编写《初级中学布鲁姆目标教学实验辅助用书》的过程中，我的认识也进一步提高，尤其对认知领域的目标教学有了更深的认识和理解。我将体会整理成约 4000 字的文章，以《认知领域的目标教学之管见》为题，发表在《山西教育》1991 年 3、4 期合刊上。

县级教研员身兼多重职能，除自身教研能力建设提高外，了解教情学情、培养骨干教师、指导基层教学、传播教改信息、开展教研活动、掌握教改动态、开展重大课题研究、监测教育教学质量是最基本的任务。一年当中约有三分之二的时间，我都是在基层调研，讲座，听课，评课。我尊重教师本人的独特见解，更注意启发对方去思考。在引导中发现典型，总结经验，培养骨干。

我的角色，从面对学生转换到了引领同行。我认为：一个称职的教研员，不能让自己的大脑成为别人的跑马场，而应成为教师队伍中的引跑者；一个优秀的教研员，首先应该是一个脚踏实地的教育实践者。我以满足学校和教师的实际需要为出发点，以高水平、针对性的研究为基础，变上来教研为下去教研，变检查教研为参与教研，变理论教研为实践教研，更多地与一线教师展开沟通与交流。

省中小学目标教学临汾现场会与会人员合影，后二排左三为本文作者

这个时期，是我专业成长的最重要阶段。时任曲沃教育局局长的亓宗光同志不断送我参加全国的各种学术研讨会、教改交流会、课堂教学观摩会，我有幸多次近距离观摩钱梦龙、魏书生等特级老师的课。他们独特的教学风格、新颖的教学设计、富于启发性的教学语言，令人赞佩，使我备受启发！

山西省教科所杨进发所长

　　在我的业务素质快速提升的过程中，时任山西省教科所所长的杨进发、副所长刘文华两位专家，不断地将先进教育思想介绍给我，我又通过消化理解，不失时机地将其引进到我所在的曲沃县，传播给我的教师们。

　　1993年10月，我被任命为山西省第一个县级教科所所长，成了教育教学理论和实践的双重践行者。我开始用情境教学实验、自然探究研讨法实验、布鲁姆目标教学实验和整体改革等各种实验指导全县教育教学工作。对语文拓展式教学实验坚持以点带面、滚动式推进，并将"拓展"的理念横向发展到中小学不同学科。

　　1995年6月，我被任命为县教研室主任，教师节被评为"全国优秀教师"。《山西教育》以封面人物报道了我。同年12月，我以"三优"成绩顺利晋升为中学高级教师，1996年又被评为特级教师。

　　职务上的提升和各种荣誉嘉奖，使我更觉任重道远，夜晚经常睡不着觉，思考着如何充分发挥教研员的引领作用，培养高素质的教师队伍，提高全县的教育质量。我决定从强化教研队伍和职能入手，在组织教育理论学习、教育科学研究、教育教学管理、教育教学指导、教育改革实验以及教育评价等方面开展工作。

和刘文华主任、亓宗光局长合影

科所成立大会后与杨进发等领导合影

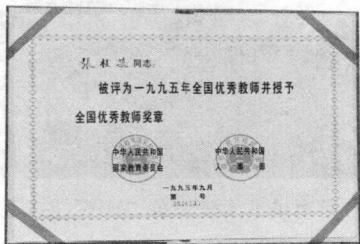

全国优秀教师证书

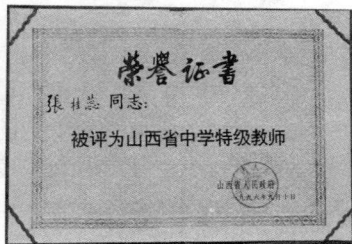

中学特级教师证书

在教研队伍建设上，我将教研室建设延伸至乡镇教办或中心校，出台了《曲沃县乡镇教研室建设及检查验收评估细则》，不定期召集全县 11 所乡镇教研室、4 个直属学校教研室开教研例会。例会对大纲、教材、教法进行研讨，给各教办和兄弟校之间的信息交流提供平台，对教学中的倾向性问题给予把脉，对教学中的难点重点实施攻坚。这些活动，凝聚了人心，锻炼队伍，培养了骨干，形成了浓郁的教研氛围。

在教改实验方面，我引导大家集思广益，采取"集中领导，分校立项，多角度引进和小步幅，强推进，重反馈"的行动策略，展开了大面积的多项教改实验。县、乡、校三级均成立教改实验领导组，由教育局领导、教研员、教办、学校领导和部分优秀教师组成，建立起了教改实验三级网络。与此同时，先后引进了七项教改实验，分别是：小学语文"注音识字，提前读写"实验；小学自然"探究研讨法"实验；中学"JIP"实验；中学数学"自学提纲辅导法"实验；高中"教学—育人—生产"三结合实验；中小学目标教学实验；中小学整体改革实验。这些实验由点到面，滚动发展，覆盖面积达到了学校总数的 65％，70％的学生在实验中获益，80％的教师在实验中得到了锻炼和提升。其中，联合国教科文组织委托亚太地区进行的"JIP"教改实验面积最广，历时最长，程度最深，获益最大。"五项效应"和"十六字教学原则"，深入人心，至今仍发挥着重要作用。

《山西教育》第 11 期封面人物　　向省教科所白鸿胜主任汇报"JIP"实验情况

在推进教改实验过程中，我们要求各级教研员做好"三导"：对缺乏积极性、无明显效果的实验后进学校要进行督导，通过检查、督促推动这类学校开展教改实验。

对有积极性、无明显效果的实验弱校要进行视导，要求教研员蹲点驻校，帮助学校制定可行的办法和措施。对有积极性、有明显效果的实验强校要进行引导，鼓励学校和教师大胆探索，自觉反思，积极总结，提供经验，带动一片，引申发展。

教师是教改实验的主力军。为适应教改实验要求，我组织全县教师开展"五研一提高"：研究教材，明确目标，吃透难点，掌握深度；研究教法，正确处理主导与主体的关系，学习引进新思想、新教法；研究转差，树立新的师生观，尊重学生，注重调动学生情商，促进智力发挥；研究学法，强调自主学习，落实课前预习、课中练习、课后复习的基本要求；研究效率，注重教学环节的科学设计，把握容量与强度，提高课堂45分钟有效性。"一提高"即提高广大教师现代教育基础理论水平。多次组织现代教育理论专题报告会，把专家辅导与教师自我研修相结合，在全县教师中进行了现代教育理论普及性培训。

为了进一步加强实验的过程性管理，在规范教研员、教师教学研究的同时，制定了有关细则，要求实验校做到"四必须"：实验档案必须完善，实验数据必须准确，实验效果必须验证，实验报告必须完整。

为保障教改实验的健康实施，我们不失时机地启动了教育教学评价机制的改革。评价的科学和可信，直接关系到教学导向，关系到新的育人模式的形成和建立。根据当时基础教育的总体要求，我对学生学业成绩和能力发展、教师教学专业成长和教学效果、学校的学科水平建设、学校的发展管理逐一制定出评价方案，通过评价工作的开展，学校和教师的问题意识、参与意识、创新意识、竞争意识和合作意识得到明显提高。

教改之花必将结出丰硕之果。通过教改的引领，愿学、乐学的气氛蔚然成风，学校学生巩固率接近100%，学生学业及格率、优秀率及平均成绩大幅上升，学生整体素质明显提升。曲沃"JIP"等四项教改实验得到了山西省教委的充分肯定，曲沃教委、教研室被山西省教委授予"教改实验先进单位""教育工作先进单位""模范教研室"。

在这期间，我总结撰写的《强化教学改革，加强过程管理》《电化教育应与教学研究工作紧密配合》《语文教学整体改革之我见》等文章，先后刊登在《小学语文教学》《山西教育报》《山西教育》和《山西电教》上；我撰写的《加强教改实验，搞好教育科研》的经验性文章首登在《山西教育》上，后被《中国社会科学文库》《中国世纪发展文论大系》《中国跨世纪改革发展文献》《二十一世纪中国社会发展战略研究文集》等收录。我本人的事迹也被《中国劳模大典》《二十一世纪人才库》《中国教育名人大典》《中国专家人才库》等丛书收录。

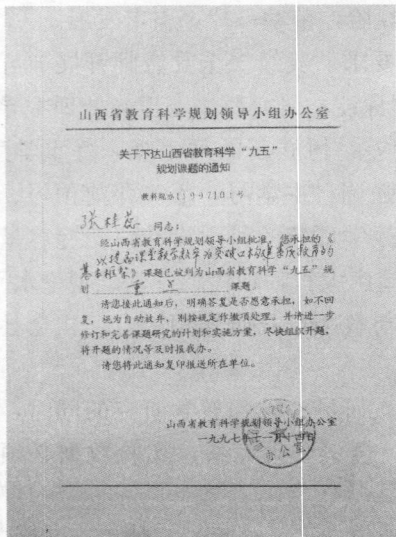

个人申报的重点课题批文

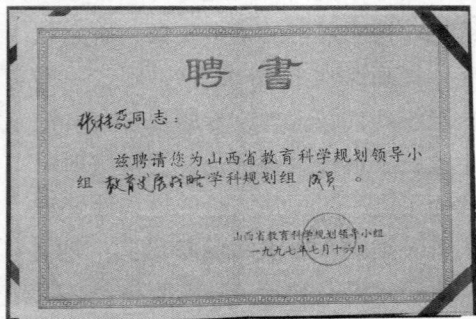

规划组聘书

1997年，我个人申报的《以课堂教学为突破口，构建素质教育的新框架》被定为山西省"九五"规划重点课题，我又被聘为"山西省教育科研规划领导组'教育发展战略'"组成员，参与了山西省教育发展规划的制定工作。当年，我又作为山西省唯一的代表，赴京参加了苏霍姆林斯基诞辰80周年国际学术研讨会。

1998年2月，我被任命为曲沃县教育局副局长，并兼任县教科所所长、教研室主任，负责全县的教科研、基础教育管理和招生工作。之后，我又先后被推选为县政协委员、县人大代表、市党代表。虽说职衔多了，任务重了，但我对语文教学的研究热情一直不减，深入一线开展教研的劲头一直不减，引进各种实验、推进教育教学改革的力度一直不减。

探索是创新的旅程，其间无限的风光，令人激动，更令人升华。多年来，我常常在想：一颗再饱满的种子，在冰天雪地里也不能发芽生根，开花结果，而我，是一颗幸运的种子，在时代的大潮中，在诸位恩师的呵护下，才得以一朝春暖花开！

我要感谢这个波澜壮阔的伟大时代，感谢那些以献身教育为己任的诸位恩师！

参加苏霍姆林斯基诞辰 80 周年国际
学术研讨会

大会休息时与苏霍姆林斯基女儿
（右一）在一起

九、领　跑

　　走前人未走过的路。

——题记

　　曲沃教改实验在一域悄悄进行之际，历史踏入了新的世纪。世纪之交，世界各国在对未来的展望与勾画中无不把教育摆在最具支撑力的位置，国家的新世纪课程改革欣然起步。曲沃教改实验的扎实进行，尤其是这里蕴藏的强烈改革意识和业已形成的改革氛围引起了省市教育部门的重视。2001 年，经过推荐、申报和筛选，曲沃作为中部地区的代表之一进入了国家课程改革首批实验区的行列，我也因自创拓展式语文教学、三十多年从教经历和所处的教学业务负责人职位转而成为全国教育战线的领跑者之一。

　　2001 年 5 月，我作为曲沃县课程改革领导组成员，赴北京参加了国家级基础教育课程改革实验动员大会，聆听了教育部领导的动员报告和国内很多知名专家、教授的讲座，心情格外激动。我为能够亲身参与这场轰轰烈烈的教育革命，以改革先锋者的姿态成为这次改革的探索者、实践者、推广者、受益者、见证者，感到非常的荣幸。我恨不能插上翅膀，飞回曲沃，即刻投身到改革之中。

　　从北京回到家中，冷静思索，这次课程改革，是一次前所未有的全新的教育革命，它没有现成的路可走，要靠各个实验区探索出一条可行的路来。路该怎么走？我彻夜未眠。

曲沃有着悠久历史、灿烂的文化和浓厚的教育底蕴。作为晋国古都曾经创造了一百多年的春秋霸业，作为文脉之源曾有过傅山讲学、顾炎武成书的辉煌历史。作为新时代教育工作者难道不能有以天下为己任的胸怀吗？自己身兼业务副局长、教研室主任、教科所所长三职，虽然不是教育局"一把手"，但责任感、使命感，促使自己下定了"不干则已，要干就干出样子来"的决心。

（一）令出剑指　提供保障

课程改革是个系统工程，从确立新的教育教学理念到课程设置，到教法、学法改革，到评价与招生制度改革，都需要强有力的组织保障、制度保障、人才保障、物质保障和人民群众积极支持、热情参与。改革起步之初，为了使更多人了解改革，尤其是使领导层首先了解改革，在县级分管领导支持下，我主动请缨，向领导汇报国家课程改革实验动员大会的精神，给领导层讲改革的重大意义，讲改革内容和方法，并结合曲沃实际谈面临的困难和问题，积极充当县委、县政府领导改革的参谋和助手。县委、县政府对课程改革给予了积极的支持。在县委、政府的支持下，自己说干就干，义无反顾，勇挑重担。同局长、分管书记、县长共同研究实验方案、确定改革步骤，草拟文件，出台方案，筹备动员大会。

2001 年 8 月 13 日，我县隆重召开了基础教育课程改革实验动员大会。省、市教育部门的领导，县四大班子的领导出席了会议。各乡镇书记及镇长，涉教部门的各局长，教育局各股室负责人以及中小学教师二千四百多人参加了大会。

在热烈的气氛中，县长薛愿兵作了动员报告，他要求全县教师转变观念，提高认识，明确目标，扎实有效地做好课改工作；要求涉教的职能部门领导站在改革的第一线支持改革，对制约改革的教师不足、设施不足、经费不足及管理僵化的四大问题要求限时给予解决。省市领导做了重要讲话，对课改工作提出了明确的指导意见，给予了殷切的希望。县委书记乔成家强调为了民族的振兴、为了二十万人民的切身利益、为了教育部领导的嘱托和教育界的期盼，号召各级领导干部和广大人民群众理解改革、支持改革、参与改革。强调课程改革是全社会的共同事业，全县上下要统一认识，形成合力，共同营造搞好课改的良好

氛围。

　　动员大会的召开，使广大教师进一步明确了基础教育课程改革的重大意义，认识到基础教育课程改革是整个基础教育的核心内容，是促进素质教育向纵深发展的重大的战略性举措，表示要怀着强烈的使命感、责任感和紧迫感，完成改革实验的光荣任务。

　　这次动员大会，吹响了我县全面启动基础教育课程改革的号角。

　　为保证课程改革顺利启动，会议之后，县委、县政府很快做出了《加大教育投入，保证基础教育优先发展，保证课程改革顺利进行的决定》。县、乡、村三级投入巨额资金，实施了改善设施、购置设备、开通网络、建立卫星地面接收站等新一轮教育教学条件提升保障工程。县委、县政府针对正在进行的"五三"向"六三"学制过渡造成的教师短缺的问题，突破编制约束，补充了三百多名试岗教师。在财力分配上大力向教育倾斜，课改经费给予专项保证。

　　为赢得社会各界和人民群众对课程改革的理解、支持，在县委、县政府统一安排下，我通过县电视台向广大群众进行课程改革专题讲座，讲解改革的内涵，宣传改革的意义；组织局内有关股室干部走上街头，散发课程改革宣传资料，回答群众关心的问题；召开各界人士座谈会，围绕课程改革的有关问题展开讨论。指导校长、教师召开家长会议，说明改什么、怎么改、为什么，大力营造理解课程改革、关心课程改革、支持课程改革的社会氛围。

作基础教育课程改革动员报告

作中考改革动员报告

（二）面对挑战　敢为人先

推进课程改革，制定改革方案，遇到的第一个问题首先是关于课程设置的问题。新世纪课程改革不同于以往改革的一个重大突破首先是关于课程的设置。《课程改革纲要》明确提出，要"改变课程结构过于强调学科本位，科目过多和缺乏整合的现状，整体设置九年一贯的课程门类和课时比例，并设置综合课程，以适应不同地区和学生发展的需求，体现课程的均衡性、综合性和选择性"。以突出学科知识的系统性设置课程和组织教学在中国已有近一个世纪的历史，围绕学科知识组织教学不仅已成思维定式，而且学校教师培养与配备，以及设施设备建设也往往是以满足学科教学之需为标准。对语、数、外以外的其他课程是选择分科还是选择综合，引起了激烈的争论，一个敢不敢改变思维定式，敢不敢改变近百年历史轨迹的艰难抉择摆在了我们面前。如何决策，我和大家反复学习《课程改革纲要》，理解纲要提出设置综合课程的科学根据和实践依据，用摆事实讲道理方法统一思想，形成共识。我们分析了分科课程与综合课程各自优势，讨论了学科发展所呈现的分化和综合并驾齐驱的趋势，明确了设置综合课程的目的意义，大家认识到：综合课程能打破学科界限，有利于培养学生对事物的整体认知能力；综合课程可减少课程门类，有利于减轻学生负担；综合课程从生活、社会实际出发，具有较强的实践性，有利于培养学生动手能力。虽然我们面临着补充教师学科专业知识和完善教学设施的严峻挑战，但我们不应当降低实验要求，而要把"综合"科目的实验作为提升教育水平、提高教师素质的重要契机。基于这样的认识，结合曲沃教育教学的实际，我们在综合大家意见的基础上，最终做出了小学以综合科为主，初中实行综合和分科相结合的课程设置方案。

这一方案得到国家课程改革领导组和各位专家的高度重视，曲沃成为全国率先设置综合课程，率先使用综合学科教材的试点县。

（三）头脑风暴　除旧布新

思想是行动的指南，理念是改革的先导。为了保证课改实验的顺利实施，我们组织大家率先启动了面向全体教师和所有教育管理者的观念更新工程。

围绕新世纪教育发展趋势、新世纪对人才的要求、新世纪教育在经济社会发展

中的地位，以及我国课程改革目标、学生发展目标等重大理论认识问题，我先后多次带领教研员和骨干教师到北京接受国家级培训，一次次的"头脑风暴""学术沙龙"，使我们站在历史的高度，站在民族振兴高度，重新认识了教育，重新认识了我们的使命，加深了对素质教育的理解；使我们进一步明确了课程改革的目的意义，明确了知识与能力、过程与方法、情感态度价值观三位一体的教学目标体系，树立了全新的课程观、教学观和师生关系观，在引导和推动学生学习方式的转变方面有了清晰的价值取向。教研员佐海龙在日记中写道："2001年，我作为国家级实验区的基层教研员，接受系统而全面的课改培训，有幸聆听国内外知名专家、教授的讲座，专家教授与我们倾心交流，颠覆了我从教十多年形成的教育教学观念，使我站在了时代的潮头，领会和掌握了全新教育教学理念，犹如凤凰涅槃！"

在北京经历了这场"头脑风暴"，接受培训的教研员和骨干教师回到家乡后，摩拳擦掌，立即投入到对本县全体教育工作者的培训工作之中，一场由北京到曲沃的接力"头脑风暴"全面展开。我们制定了详细的培训方案，围绕"三个问题"实现了"三个百分之百"。"三个问题"是：为什么要进行课改？课改的内容是什么？实施课改应遵循的原则和基本方法是什么？三个百分之百是：①教办主任、校长队伍要百分之百的接受培训，从管理层解决对课改的认识；②教研员队伍要百分之百的吃透课改精神，掌握课改的内容、原则和方法，做好课改实验的指导者；③参加课改的教师要百分之百接受培训，确保他们对课改的主旨、背景、内容和方法真正了然于心，真正达到"全员培训，持证上岗"。经过两个多月的艰辛工作，大家掌握了课改精神、课改内容和课改方法，新的教育观、人才观、课程观、教学观深入人心，困扰加快发展、推进改革的种种疑惑得到消除，实现七大转变成为大家的共识：

1. 教育要以人为本，基础教育要以学生终生发展为本，改变过于注重知识传授的倾向，摒弃应试教育影响，真正实施素质教育，为学生终身发展奠基。

2. 树立开放的课程观，改变仅把知识和学科作为课程的旧观念，建立一切有利于学生发展的资源是课程，师生的体验和课堂创生也是课程的新理念。

3. 树立新的教师角色观，改变知识权威、传授者、仲裁者、控制者的旧观念，教师要成为学生学习和发展的参与者、引导者、促进者、组织者，要成为师生共进的研究者、学习者。

4. 树立新的教学观，改变独白式、灌输式教学方法，追求平等、自由、公正交流和对话的课堂环境，实现共同参与、积极互动、真实体验、自然生成和乐于探究的教学新模式。

5. 树立课堂教学目标新追求，改变单纯追求知识与技能的倾向，注重知识与能力、过程与方法、情感态度价值观"三位一体"目标的整合与共进，实现结论与过程的统一，认知与情意的统一。

6. 推进学生学习方式的转变，改变被动接受、死记硬背、机械训练的现状，尊重学生学习的主体地位，发挥学生学习的能动性，培养学生自主学习，主动探究，使学生学会学习、学会合作、学会生活。

7. 改变课程评价过分强调甄别与选拔功能，强调多把尺子、多元评价，促进学生发展，促进教师提高。

（四）专家出征 "草根"率起

教师是改革的主力军，是实现改革目标的一线实践者、实施者。经过"头脑风暴"，新的教育教学理念成为大家的共识，如何将新目标、新理念落实在实际教学过程中，落实在课堂上，成为推进改革的关键。联想自己专业成长经历，我们提出了"专家引领、骨干示范、群体探索、集体研讨、逐步提升"的工作思路。

山西省教科院郭晚盛院长在进行讲座

我们把"专家引领"作为高起点的"法宝"，先后聘请十多位国家、省、市级专家给全体教师培训，聘请参与《课程标准》制定工作的主持人或专业骨干逐科讲解学科《课程标准》，聘请7家教材出版单位20余名教材编写者开展学科教材培训，

为一线教师准确理解和把握课程标准、正确使用和开发教材奠定良好的基础。

要走前人没有走过的路，必须有敢为天下先的精神，做第一个吃螃蟹的人。改革之初，"什么样的课才是课改课"是一线教师最为困惑的问题。为回答这一问题，我和教研员、骨干教师率先"下水"作示范课、展示研讨课，让大家拿新理念、新标准这把尺子评头论足，共同感知新课，理解新课，丰富新课，完善新课。

我们相信一线教师中蕴藏无尽的创造力，他们才是历史的创造者，才是走出新路的生力军。在大面积推进课程改革中，我们给局校两级领导和教研员提出了"不挑剔，不指责，不否定，多观察，多指导"的"三不两多"的工作纪律，保护一线教师探索的积极性，鼓励大家在探索中前进。正是在这样的氛围中，形成了广大教师在新课程理念的指导下，激情参与课改、激情实践课改的感人局面。

随着大面积课改实践的推进，教学一线产生的困惑越来越多。为了回答和解决这些困惑，我们及时启动了"五结合"和"5＋1"校本研训机制。我们把培训和教研贯穿课改始终，坚持长期培训与短期培训相结合，集中培训与分散培训相结合，通识培训与专题培训相结合，平时培训与假期培训相结合，省市专家培训与县级教研员培训相结合，在深入培训中解惑答疑。我们把解决问题的主

辅导试岗教师王顺利上课

要力量放在基层，要求各学校组织教师 5 天工作，1 天研训，用制度推进校本研训工作扎实有效开展。对课堂教学中遇到的困惑和问题，由执教者提出，依靠广大教师研讨解决，解决不了的问题，由学校学科教研组研究解决。学校解决不了的问题，由校际教研组长收集起来，交由校际教研组和县级教研员共同研究解决。

由于研训工作植根于基层，服务于基层，得到了一线教师的热烈欢迎，教师参与和实践课改的热情得到了空前的激发，一系列感人故事至今使人难忘。

夏日的暴雨骤然而至，霹雳一个接一个在天空中炸响，天黑得仿佛黄昏后的光景，原野上飞卷着大雨，仿佛狂奔的野马，那暴雨用"倾盆"或"铺天盖地"来形容毫不过分……北师大物理系主任赵峥教授来到曲沃，就目睹了这样的大雨。

赵峥是北师大物理系主任、新世纪《科学》教材的主编，他来培训时正赶上曲

沃大搞城建，县城大礼堂和宾馆会议中心已被拆掉，我们只好把辅导的地点安排在城关一中的多媒体大教室。这里可以把实况转播到另外 3 个教室。原想，场地已足够大了，碰上这样的暴雨，来的人数总会受些影响。不料一到现场，他就被感动了。3 个教室都坐满了，多媒体教室更是挤得水泄不通，过道上也站满了老师。多媒体大教室的地面是有坡度的，从老师们雨衣、雨伞和身上滴下来的水朝讲台的方向流成了一条小溪……窗户上还高高低低挤满了脑袋，这些老师的身子都在教室外面，霹雳仍在外面的天空中爆响，闪电从那些脑袋和脑袋的空隙间穿进教室，狂舞的雨水被风卷着，一阵一阵地越过屋外阳台下的走廊，扑到这些教师们身上。

这样的情景你能不为之感动？最令人难忘的是，离县城 10 多公里的北董中学科学课老师王红玉，生下孩子刚过百天，还在产假期间，竟冒着暴雨带着吃奶的孩子和照看孩子的老母亲来参加培训。

面向农村小学教师进行的语文、数学专题培训设在县城一所小学，事先我们准备了 1 个多媒体大教室和 6 个可以收看实况的普通教室，按预知教师人数已绰绰有余，但谁也没想到开讲时竟然有二百多名教师无处落座。原来，县城许多非课改年级教师不请自来。之所以要这样，他们说："一是为知识整合，二是随时准备胜任新课程，三是专家来了，机会难得。几十里外的老师们都赶来了，我们怎么能甘为人后呢？"

老师们都想坐在主课堂里，面对面听专家讲座，一大早就来占位子，但结果往往是起了大早，赶了晚集。为了能和专家面对面交流，许多老师舍弃午饭，坐在多媒体教室外边排队。排队的人密密麻麻坐满了阳台，又坐楼梯台阶，从 4 楼台阶一直坐到 1 楼台阶，老师们一手拿干粮，一手拿矿泉水，那种场面实在令人感动。那天我掉泪了：多好的老师啊！

那天，不记得是谁，拿着把钥匙，从坐满了教师的台阶上穿过，一直走到 4 层……钥匙在人群中闪闪发亮，许多人盯着这把钥匙。门开了，一阵欢呼，多媒体大教室便布满了渴望的眼睛……教师们在此有机会给专家递条子，专家可以现场为你答疑。在这之前，我们的老师们还没有递条子的习惯，现在却早已在等待之中了。

赵峥教授来了，刘洁民教授来了，宋海泉教授来了，郭玉英教授来了，沈湘平教授来了，程光泉教授来了，王继延教授来了，李存教授来了，参与制定各科课程标准的教授、编写教材的老师也陆续来了……很多专家都来了，来了都说："没见过

这么好的老师，我们一定再来，不来，对不起这儿的老师！"

　　省教育厅的安焕晓厅长来了，张卓玉厅长来了，马世豹处长来了，任月忠处长来了，基教处的同志们都来了。省教科院的温彭年院长来了，贺斌院长来了，郭晚盛院长来了，李莉莉院长来了，李金碧来了，卢红来了，陈晓力来了，汪华英来了，语文教研员来了，数学教研员来了，外语教研员来了，各科教研员们都来了。来了就走到老师们中间，指导老师们探索，帮助老师们成长。贺斌院长和郭晚盛院长多次给老师们做讲座，进行辅导，从来没收过半分钱。老师们感慨地说："我们真幸运，在世纪之交碰到这样好的领导，这么优秀的教研员，真是人生之大幸！"

市教育局张志感局长在培训老师

　　市教育局的王刘明局长来了，张志感局长来了，丁世才科长来了，张苏华主任来了，基教科的同志们、教研室的教研员们全都来了，来了就下学校，进教室，面对面的指导老师们备课讲课。老师们高兴地说："我们一定要好好备课讲课，不然，对不起他们！"

（五）老枝新花　后生可畏

　　有效校本研训给我们带来了丰硕的收获，课程改革全新的理念在学校中在课堂上得到了全面实践。如何引向深入，如何提升？我和大家一起用较长时间进行了深入调研，有三类情况进入了我们的视野：一是一些教龄较长教师，尤其是一些资历较深的名师，在新课程理念与旧观念之间左右摇摆，希望改但不放心，穿新鞋走老路，对新课程若即若离。这批同志长期以来一直是大家心目中的标杆，最富有经验，最具探索潜力，这个群体上不来，作用发挥不好，损失大影响大。二是一些年轻教师，尤其是新上任的四百多名试岗教师，经过新课程培训，"一张白纸画了最好的图画"，热情高，进入角色快，但缺乏经验积累，对新课程要求体会不深。他们是实施新课程的未来，事关长远发展。三是综合课和课的综合的进展步履艰难，困惑突出。针对这些情况，我们在认真分析的基础上提出了"帮老、提新、攻难点"的工作思路。

　　针对老教师和各位名师，我们组织了"名师沙龙"，提出了"怎样的课才更好"和"课堂教学的继承与创新"两个主题，引导大家深入讨论，深入领会新课改理念与要求，摆脱以往经验和窠臼的束缚，要求以新的姿态投入到新课程探索之中。对年轻教师和新上岗的试岗教师，一方面，我们号召在校内实行结对子拜名师活动；另一方面，由于试岗教师都在乡下，我们则安排教研员分片包干帮扶，要求教研员把主要精力用于帮助试岗教师提高业务水平上。

带领教研员下乡指导教学

　　教研员们骑摩托车"下去"辅导，经常吃住在"下面"，他们从来没有像现在这样投入过。从第一个学期开始，教研员没休息过一个星期天，我们也没给教研员补助过一分钱。我总想，哪天该有人给我提出来了（我觉得是欠大家的），可是一直也没有人给我提出来。教研室副主任席庆虎累病了，高血压，眼底出血，还觉得这事放不下，还要去。说："如果做不好，耽误一个阶段就可能耽误他一辈子！"教研室副主任李贺云家中盖房子，托付别人照管，一心扑在课改上。那时，教师培训、教研活动以及外来指导、参观、学习活动十分频繁，具体的组织工作任务十分艰巨，教研员都到一线去了，他只得以一当十的全权代劳了。教研室副主任杨存良是教研工作的多面手，先进的教学方法、教学手段，他总是最早的实践者、探索者。教科所副所长张晨祥克服常人难以克服的困难，以过硬的专业独当一面。教研室副主任马青峰父亲病重，他白天忙指导，晚上才照看父亲。教研室副主任佐海龙爱人病了，请来岳父母陪着，自己夜以继日，任劳任怨地忙着份内份外的工作。身为特级教师的教研员张承继是一位知识功底深厚，善于攻坚克难的高手，他经常在一线同教师们破解改革中遇到的种种难题，智慧与勤奋被大家称之为"标准"。李泰山、侯玉英、武鹏、刘记平、鲁成安、马玉海等所有的教研员都始终以饱满的精神，空前的积极性，极其负责任地培训、指导着各科教师。腊月二十八了，教研员们都还在教研室准备着春节过后的培训资料。

　　校际间的校本教研也随着课改深入自发的生成了。各乡镇教办、学校打破了原来以一校为主的封闭局面，建立起开放性的教研新格局。全县小学分为七组，中学分为两组，每组设负责人两人。每到周六，各科教师分别集中在一个学校集体教研，

进行合作攻关。平时一人或一校同科教师解决不了的问题，在这种集体教研中很快就得到了解决。久而久之，我们曲沃县就逐渐形成了"教师——教研组——校际教研组——教研室"自下而上的"草根"模式，有效提高了教研质量。

团结战斗的曲沃县教研室人员

和省教科院贺斌院长，县教研
室副主任贺云合影

在开展"草根"教研的基础上，我们还积极创造条件、组织开展了"三联"：内联，使名师作用最大化；外联，实现信息交流的有效化；上联，做到专家指点的直接化。这一年，仅上联这一项，到曲沃讲学的专家和名师就有58人次之多。

曲沃课程改革方案在课程的设置上，小学低段选择了艺术、思品与生活、体育与健康，高段选择了科学、思品与社会；初中选择了历史与社会、科学、体育与健康等综合性课程，放弃了原有的音乐、美术、体育、生理知识、思想政治、自然、地理、历史、生物、物理、化学等分科课程。这一选择，体现了《课程改革纲要》关于"改变课程结构过于强调学科本位、科目过多和缺乏整合"的要求，但在课堂

省人大安焕晓副主任深入基层指导工作

教学的实施过程中，特别是实施之初，任课教师由于原有知识结构的缺陷或不足，缺乏对不同学科知识本质联系的认识和概括能力，缺乏综合的经验，未能很好地体现综合课程的要求，课堂教学出现了支离破碎的倾向，引起了社会的关注和学生家长的担忧。为及时解决这一问题，我们一方面积极和北京师范大学、西安师范大学联系，取得他们的专业支持；另一方面在省教育厅安焕晓副厅长支持下，与近在咫尺的山西师范大学沟通，由山西师大教授定期对我们的教师进行知识重构和补充，

国家科学课程支持组深入课堂指导学生学习

建议山西师大增设了科学、艺术本科、专科专修班，对全市生物、物理、化学、自然、地理、音乐、美术等学科教师进行整合培训。

在此基础上，我们针对综合课程具有"整合"和"探究"的特点，通过研究，出台了符合综合课程标准的课堂教学指导意见，从"课前准备"、"课堂调适"、"课后提效"三方面指导课堂教学。我们组织全县综合课任教老师开展教学基本功竞赛，组织了教材挖掘开发拓展、多样化设计、编写案例、对案例进行剖析、开展教学观摩等一系列活动。

通过上述努力，新课程理念下的课堂教学出现了令人欣喜的局面。

2001 年 11 月 26 日，是个震动全县教师的日子。

这一天，教育局在 3 所中学、3 所中心小学同时召开新课程教学观摩现场研讨会。这 6 所学校都是本县乡村学校，被观摩老师均"名不见经传"，甚至是刚"入道"的"试岗人员"。

高显中学坐落在曲沃县最西边，在这里观摩研讨张春霞老师的初中科学课，全县负责初中科学课的老师都集中在这里。

北董中学坐落在曲沃县域东南角，董瑞霞的初中语文课、关婷的初中数学课在这所学校开展观摩研讨。

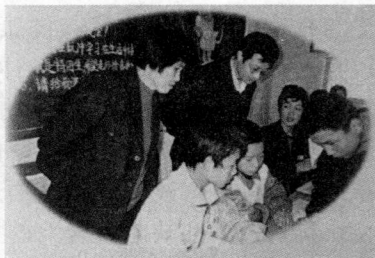

指导试岗教师上课

里村教办的新定小学坐落在曲沃县城的西北角，这个学校不足百名学生，小学一年级的语文研讨会和数学观摩研讨会在此召开，担任这门课的柴玲老师毕业于中等师范学校，她既教语文又教数学。

史村教办的王村小学，坐落在曲沃县城的东北角，郝宝琴的小学一年级语文，王华的小学一年级的数学观摩研讨在这里开展。

杨谈中学坐落在曲沃县界最北边的北山脚下，杨志老师的初中数学，张瑶、崔俊杰老师的历史与社会课在此开展观摩研讨。

多少年来，这样的观摩会都是在县城召开，都是乡下的老师进城，去向城里的老

人民教育出版社韩绍祥社长与山西省教育厅李东福厅长到曲沃调研

师学习。像这样让城里的老师去向乡下的老师学习，历史上是没有过的。更何况乡下不少是试岗教师，让老教师去向新教师学习，这是破天荒的。

承担观摩研讨所在乡镇领导视此为"盛典"，学校校长以此为"检阅"，家长们兴奋，学生们感到空前的荣幸。

观摩研讨整整进行了一天，太阳快要落山了，老师们发言还没有结束，欣赏、思辨之声不绝于耳。城区一位资深老师很感慨："接到通知，我是认真准备了一番的，计划仔细地帮扶他们一把的，现在，我无言，想不到啊！"

所有的老师都进入了思考，真正的研讨出现了。

事先我们并没有通知校长们参加观摩研讨，老师们带回学校的消息对校长们，尤其是对城区学校的校长产生了冲击。他们不相信，说一周后要亲自去乡下"看一看"。

城关小学校长张万新去了，东关小学校长张成祥去了，北关小学校长的苏联宗去了……去了就都被触动了。

新定小学一位老师上语文课，讲到秋天，他把学生带出教室，让学生在真实的环境中体验秋风、落叶引发的情思，并把落叶做成书签让学生珍藏在课本里。校长们听（看）完这节课说，"这年龄我还在贪玩呢，小姑娘教学还不到一年，把课讲成这样，难道她无师自通"？

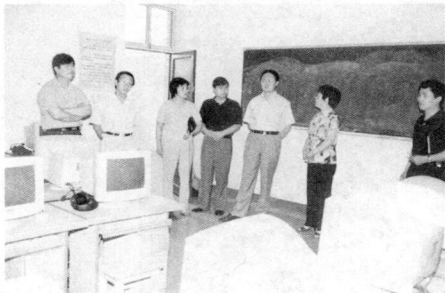

山西教育厅张卓玉副厅长到曲沃指导工作

观摩课一角

（六）载歌载誉　永无止境

像这样的观摩研讨，我们多次组织进行并使之常态化，促使全县教师兴起了一个互相学习、探究教学新方法的热潮，涌现出一批优秀教师、优秀校长，也感染和震撼着教育界的方方面面。

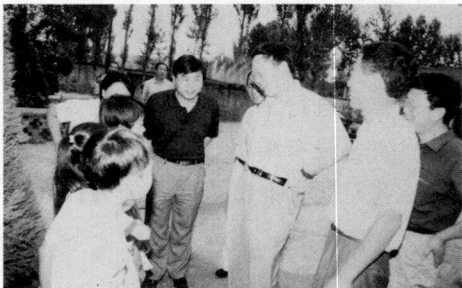

山西教育厅张卓玉副厅长深入曲沃调研时和学生交谈

高中尚未课改，人心已被撼动。高中的校长来向我要资料，说："初中开始革命了，我们还没革命，迟早要革命的，请把初中课改的资料也给我们看看吧！"

职业中学的校长也来找："也给我们一份学习学习，我们也得懂。"

特殊教育学校校长找到我说："培训时也让我们的教师一起参加吧！"

里村中学校长张爱民，是课改中成长最快、业绩最突出的一个，他接待了来自全国各地参观学习人员，多次被邀请到省内外做经验介绍。他在日记中写道："2001 年 9 月起，我们目睹承载中国教育理想的

里村中学校长张爱民

新课程一天天进入千万所中小学校。即便是在我们这最偏僻的农村学校里，课程改革带来的巨变与兴奋也让教师和学生久久不能平静。这是一段不能忘怀的记忆。"和他一起成长起来的校长还有北董中学校长汪风亭，杨谈中学校长易崇阳，高显中学校长常建文，西南街中学校长刘文选。

里村中学科学课老师柴国旗，在课余时间自动到其他学校听课，全县 15 所中学近 50 名科学教师的课，他实现了多次的"全覆盖"；东关小学数学教师李淑云利用课余时间，走遍全县所有小学，一学期听课达 60 多节。他们说这叫"蜜蜂采蜜"。他们汇集了众老师之长，成了学科的"冉冉明星"。

2002 年起，全国第二批、第三批课改实验县陆续启动，到曲沃学习、访问者络绎不绝，20 多位教研员，30 多位学科教师被邀讲学、讲课。杨谈中学科学课教师韩红心，被邀到中央电视台与节目主持人对话。

这些穷乡僻壤的教师，何曾想到自己转眼间会有这样的经历？面对一场划时代的教育革命，你若能成为先行者，即使昨天还微乎其微，今天也会变得举足轻重。

在北京基础教育课程改革实验区研训会上介绍经验

代表教育部赴西部调研指导

曲沃课改实验的扎实进行赢得了教育部的高度评价，2002 年 6 月，我在北京国家级实验区与省级第一批实验区课程改革研训会上，做了题为《精心组织，系统保障，扎扎实实开展课程改革实验工作》的经验交流。9 月又在北京国家级实验区与省级第一批实验区课程改革研训会上做了题为《明确目标 坚定信心 积极稳妥开展综合课程科学学科的实验工作》的经验交流。11 月，还随同教育部赴西北各省进行课程改革阶段性检查调研。《光明日报》副刊《中华读书报》以"聪明的曲沃人"为题，对我县开展《科学》学科实验工作进行了专题报道。著名作家王宏甲的《中国新教育风暴》以大篇幅对曲沃县的科学实验工作进行了报道。他在文章最后这样写道："他们是山西省最早改变教育的地方，许多人不知道他们的孩子正在穷乡僻壤里接受着当代中国最先进的教育方式。我相信，总有一天，他们的孩子会走出山西，走到外面的世界，会告诉家乡的父母："我们是幸运的，我们应该特别感谢 21 世纪初年家乡的老师……"

2002 年年底，北京的一次课改研训会议期间，我与福建南安实验区的一位代表，一起被请进教育部司局领导的汽车。汽车向北直驶，一路上教育部司领导向我们了解基层教科研的情况以及教研室有无乱编印资料、乱收费行为，我们一一如实回答。不知不觉，汽车驶进了中央电视台。我们这时才知道，原来是教育部领导安排我们和中央电视台教育频道的同志们一起联欢。

科学学科实验成果
明显，见诸报刊

这里有曲沃的经验和声音

来北京前，我不小心在下乡时摔伤了手，当时，手上还缠着绷带，洗漱都不方便，所以一开始我尽量避开大家的视线。联欢会上气氛热烈，大家尽情畅谈着 2002 年教育界出现的巨大变化，当谈到课程改革实验时，我情不自禁地站立起来，举起手对大家说："我手伤了，没法洗头洗脸，所以蓬头垢面，请不要录我的像，我的这

个样子会给山西人丢脸的，山西人是干净利落的；我普通话讲不好，请不要录我的音，我远不能代表山西教师的普通话水平。"

开场白之后，我向大家讲起了曲沃的历史；讲起县委县政府的领导重视支持实验的过程；讲起了如何克服困难推进改革，讲起了全县中小学各科教师如何风雨无阻参加培训；讲起了这些教师为了和专家零距离接触，舍弃午饭，在层层楼梯排队等待专家；讲起教研员一年间未休息过一个星期天，没有一分钱补助，无怨无悔、勤勤恳恳战斗在教学第一线；讲起了县城校长纷纷向教育局要试岗教师，高中校长、职中校长、特教学校校长都纷纷找我索取课改资料的一个又一个场景。

毫不保留，我将曲沃试验区的老师们在课改中激情满怀、投身课改的劲头如实地告诉了大家，大家为之动容，为之激动。中央电视台的领导当众表示："我们一定要到曲沃去，看看这么好的老师们！"

后来，中央电视台果真来到曲沃，把实验区课改情况拍摄成纪录片，在中央10台教育科学频道中播放。

从中央电视台回来的路上，教育部领导肯定了我在联欢会发言中提到的"草根"教研模式，并安排我下午大会发言。我不想打无准备之仗，再三推辞，领导说"就是让你发没有准备的言，怎么干就怎么说"，那天下午，我第一次在全国的会议上不拿稿子却滔滔不绝。

不知是这种发言形式更趋于"草根"，还是我道出了大家的苦衷，说出了与会者的心声，发言结束后，会场响起了雷鸣般的掌声。在我走下主席台、走向座位的过程中，过道两旁相识或不相识的同行们纷纷向我伸出了热情之手，有的拉住我的手索要手机号码，还有的为我竖起了大拇指。

（七）多把尺子　多出人才

2002年农历腊月十九，山西省教科院副院长贺斌来到曲沃找我，要求面见曲沃县委书记。书记得知是课程改革的事，在百忙之中立即安排会面，贺斌见到书记的第一句话就是："我代表教育部朱慕菊副司长来见你们，根据曲沃课程改革进展情况需要立即率先启动中考改革。"中考是事关群众切身利益的大事，长期以来，县委县政府只是按照省招生考试委员会的要求按部就班地实施。现在，要求曲沃在大环境

山西省教科院贺斌院长在做报告

没有改变的情况下，率先进行改革，敏感度很高，风险很大。贺斌院长离开曲沃后，书记亲自找我面谈，要我汇报目前改革的进展情况，征询我对启动中考改革的看法。其实，在这之前的教育部课程改革北京研训会议上，教育部领导在询问下一步应该考虑什么关键问题时已经与我谈及此事。课程改革推进到现在，怎么评价改革，怎么评价教师，尤其是怎么评价学生发展，已到了非回答这个问题不行的时候了。如果中考不改革，仍然沿袭强调甄别与选拔，强调学科知识的做法，势必使改革走回头路。在谈及怎么改时，我汇报了自己想法：要两考（毕业与选拔）合一，避免重复考试，减轻学生负担；要多把尺子量人，落实"三维"目标；要立体的、全方位的体现学生发展的要求。我的想法与教育部领导的要求不谋而合，得到领导的赞许。我把这一过程向县委书记做了汇报，县委书记立即表态："干！冒这个险，值得！"

当时教育部还没有具体的指导意见，制定中考改革方案十分艰难。因为是国家级实验，所以一是要着眼全国，二是必须得切合当地实际。年关将近，不便集中讨论。我深入思考，连续几天几夜，终于拿出草案。

草案主要涉及四项内容：一是初中毕业会考和中考合二为一，一考两用，成绩既是衡量学生是否达到毕业标准的依据，又是高中学校招生的重要依据之一；二是实行学科考试加能力测试，改变以考试科目简单相加作为唯一录取标准的做法；三

是对学生进行综合素质评定，并作为录取时的参考依据；四是实施优秀生保送，给薄弱校单列指标，促进弱校发展。

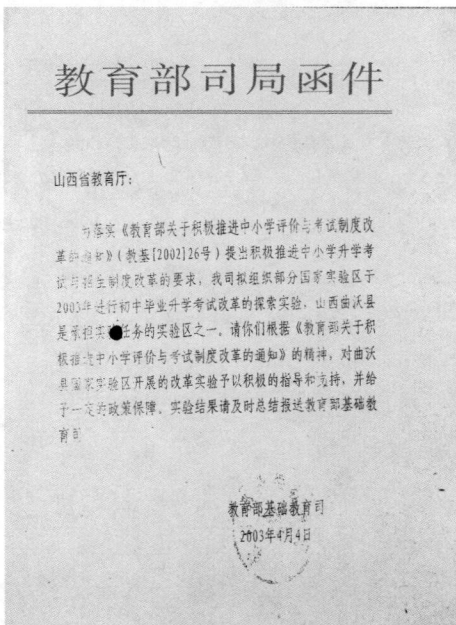

2003 年教育部下发的曲沃率先进入中考改革实验函件

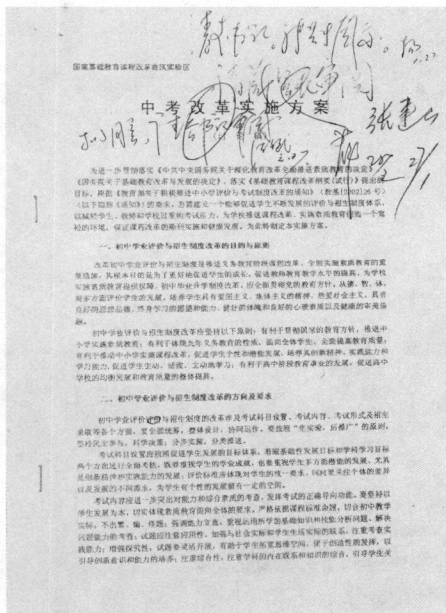

曲沃县委县政府主要领导会签的 2003 年中考改革方案

草案经局长会议、县长扩大会议通过后，在腊月二十六下午报送至教育部。

春节后刚上班，我就接到了教育部的电话，通知我赴京开会。去了以后才知道，这是一个小型会议，参会人员只有 16 人，分别为教育部有关司处领导、北京师范大学和首都师范大学的专家以及上海、河南等相关教育评价研究专家，还有我们 4 个中考改革实验区的负责人，专题研究中考改革办法。会议决定中考改革实验正式启动。

会议确定了首批全国中考改革的 4 个实验区：山西曲沃县、深圳南山区、山东潍坊市、宁夏灵武市。

会议开了两天，大家共同讨论，制定改革方案，围绕中考的组织管理、科目设置、考试命题、成绩评定与管理、招生录取等方面逐一展开讨论。讨论中，与会者对成绩呈现方式产生了分歧，有些专家主张成绩以等第呈现有利于促进高中阶段教育均衡发展；我和宁夏实验区领导则觉得现阶段分数呈现更能使公众信服，易操作、好把握。

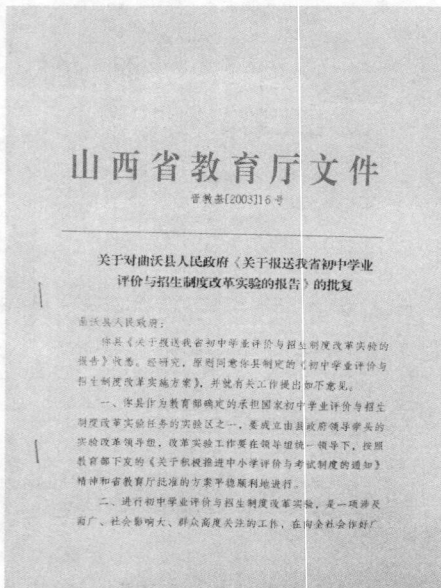

省教育厅对曲沃报送的中考改革方案报告的批复文件

曲沃县中考改革考查科目测试成绩登记表

尊重对方，却坚持己见——当我觉得有些与会专家的想法与实际不符时，我便大胆发表自己的意见。

这样的会议后来又召开了几次，其中有一次，四个实验区唯独通知我一人参加了讨论。《指南》几易其稿，报请教育部批准后，以《国家基础教育课程改革实验区初中毕业与普通高中招生制度改革的指导意见（征求意见稿）》下发全国。

参与制定指导全国中考改革文件的全过程，对我是一种提升，更是鼓励与鞭策。

中考改革关系到千家万户，关系到每一位家长，关系到每一位学生，为了取得家长的理解、支持和帮助，我们通过上街宣传、电视采访、印发宣传单等形式进行宣传，还利用给家长的一封信，向社会进行广泛的宣传和征求意见。为了得到全社会的关注和监督，保障中考改革的公平、公正、公开，我们组织学生家长参与制定和修改方案，召开各界人士听证会，成立由社会各界人士参与的监督机构，建立了诚信机制、公示制度、监督制度、监控评估制度，杜绝腐败现象发生。

曲沃县课改实验通讯（第23期）

维度	要素	关键表现	评定等级标准及操作说明
运动与健康	体质健康水平	学生体质健康标准	全县统一组织对学生进行体测，根据标准评分表，对每名学生进行等级评价。
	心理健康水平	了解心理健康对身体健康的作用；培养自尊和自信、勇气和毅力；学会调节情绪。	采用教师评价与学生自评相结合的形式，对学生进行问卷调查，教师结合问卷调查结果对学生进行等级评价。

— 8 —

曲沃县课改实验通讯（第23期）

维度	要素	关键表现	评定等级标准及说明			
			A	B	C	D
综合实践活动	学习态度	积极参加课题研究	具有强烈的探究学习愿望，积极参加课题研究，合作学习，三年累计参加5—6次主题活动。	具有探究学习愿望和参加课题研究的兴趣，三年累计参加3—4次主题活动。	参加课题研究，基本上能够完成学习任务，三年累计参加不少于2次主题活动。	缺乏探究学习愿望和兴趣，基本上没有参加课题研究。
	社区活动	关心社区建设，参加社会公益活动	了解社区情况关心社区重大问题，积极参与社区团体活动，有较强的服务意识和责任心，体验公益劳动的充实与愉悦，三年累计参加社区活动及公益劳动3—4次。	了解社区情况，关心社区建设，三年内参加社区活动或公益劳动2—3次。	基本上了解社区情况，有时能够参与社区活动或者公益劳动。	不了解社区情况，几乎没有参加社区活动或公益劳动。
	信息技术运用	完成信息技术课时，运用信息技术手段进行探究学习活动。	了解信息技术与现代生活、社会发展的关系，认真完成信息技术课时，充分利用信息技术手段进行学习探究活动。	认识信息技术与现代生活、社会发展的关系，完成信息技术课时，利用信息技术手段进行探究学习活动。	基本上完成信息技术课时，初步具备信息技术素养和操作能力。	没有学习与掌握信息技术的愿望，学习课时不满，缺乏信息技术素养和技能。

— 9 —

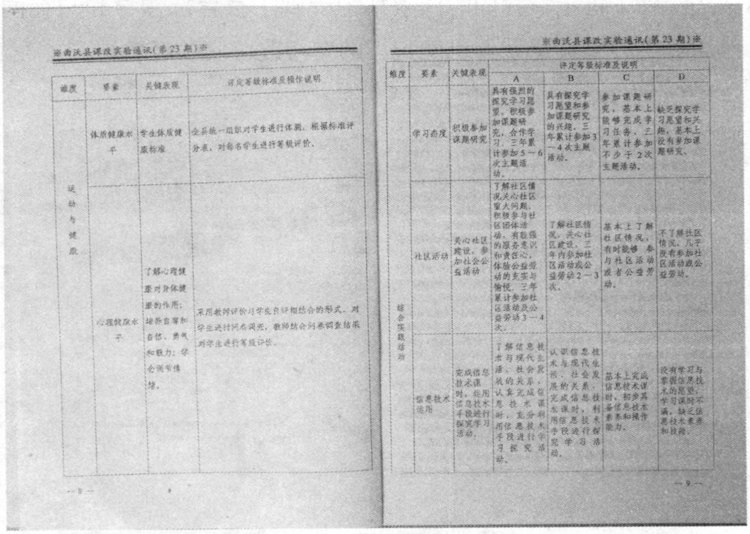

综合素质评价部分要素

为了使学业成绩科学的转换为各个等级，保障考试以后顺利准确快速地通知到学生本人，考前，我们进行了无数次的模拟转换，就连阅卷、登分、复查、录取等各个环节我们都向省市招生办取经学习，确保万无一失。

即便我们提前准备得这样充足，但在招生过程中，还是碰到了预想不到的困难和问题，这些问题大多来自上级招生部门，经过省教育厅领导协调，才得到了解决。

2003年中考结束以后，我们坐下来进行了细致深入的总结，中考四项改革，取得了不少经验，也有一些教训。如综合素质评定指标体系项目过多、程序过繁；平时成绩和过程记载占比过小，各项监督保障制度执行得也不够到位。

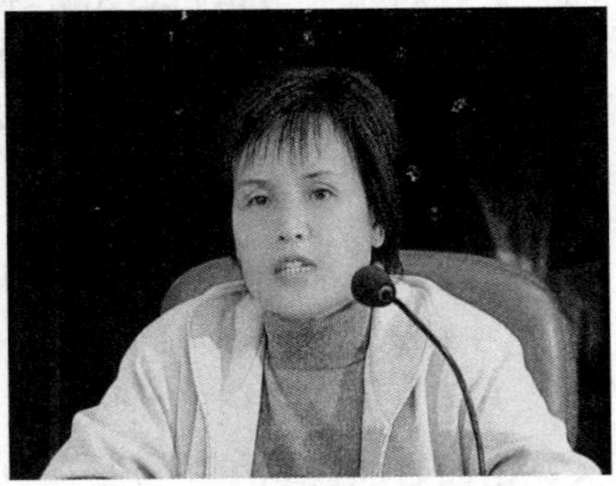

在全国基础教育课程改革实验（福建南安）会议上介绍经验

　　曲沃正在进行的这场中考改革实验，备受各方关注。2003 年 12 月，教育部在福建南安市召开了全国基础教育课程改革实验工作会议。我代表首批国家级中考改革实验区做了题为《曲沃县初中毕业考试与普通高中招生制度改革的实践与探索》大会发言。我们的做法受到了肯定，我们的探索精神受到了教育部领导和与会同志的高度赞扬。同时，他们提出的宝贵意见，也使我们的中考改革实验经验得到了充实。

刊登曲沃中考改革文章的《中国教育报》

　　在 2004 年中考改革时，我们做了如下调整：将学科考试和实验动手操作测试合而为一；将学业考试科目由原来的 7 科合并为 3＋2（即语、数、英三个基本科目，科学、历史与社会两个综合科目）；评价内容由原来的 40 项合并为六大项；在各项评价结果的整合与运用上，取消权重，依据等第，按高中招生人数的 1∶1.2 投档。

　　调整后的方案，得到了广大教育工作者的赞同和社会的认同，并在 2004 年付诸实施。考改推动课改，参与课改的教师、校长吃了"定心丸"。

　　《中国教育报》2004 年 2 月 23 日第 5382 号以《评价改革：不仅是"分数"说了算》为题，大篇幅地对曲沃中考改革的具体办法进行了详细报道。"作为国家级实验区，山西省曲沃县勇于攻坚，以考试改革作为突破口，以考改促课改，对高中招生制度改革进行了大胆探索。"

和王湛部长在一起

专家到曲沃指导工作后在曲沃中学合影

　　我从教 35 年，在 21 世纪之初，有幸经历这场史无前例的教育变革，并被推到改革的前沿进行探索和实验。与以往的教育经历相比，在这个阶段，由于我的职责所在，多数时间和主要精力投放在了参与重大决策或具体决策方面，投放在了组织、指导和实施方面，对我所钟爱的语文教学探索无疑留下了无可挽回的遗憾。但是，这种超越学科，甚至超越教育本身的经历，使我有机会站在跨越学科的角度审视自己钟爱的学科，甚至使我有机会站在社会角度看教育、看学科，这无疑又是一笔宝贵的财富。

　　父母给了我生命，社会给了我"财富"，理想和正义给了我激情、力量和坚毅。我曾经为求学"疯狂"过，为教学"疯狂"过、为学科的探索"疯狂"过，今天又为我自幼的理想——教育，而且是教育改革投入了我的全部……

　　在这里，我要对朱慕菊副司长、沈白榆处长、刘坚主任，以及省人大常委会副主任安焕晓（山西省教育厅原副厅长）、山西省教育厅副厅长张卓玉、省基教处处长任月忠、省教科院院长温彭年、副院长贺斌、郭晚盛、李莉莉以及市教育局王刘明、许江敏、张志感、张苏华等领导，曲沃县委书记兼政府县长的薛愿兵同志、人大常委会主任李德斌同志（县委原副书记），原副县长杨起林同志和政府副县长张建山同志以及赵铮、刘洁民、郭玉英、宋海泉、

张志感局长与省教科院李莉莉院长在会议休息时研讨

罗星凯、张迎春、王延吉、张志筠、沈湘平、程光泉、隋淑光、屠有新、张伟健、舒青等专家对曲沃实验区的关心指导，及对我个人的帮助表示衷心的感谢！每次到北京，

见到朱司长、沈处长、刘主任，他们都热切地询问实验的情况；当我在实验中遇到问题和困难时，我都会打电话寻求他们的帮助；安焕晓主任在实验初期给我鼓劲打气，帮我"安神定气"，亲自带着我到图书大厦买有关指导性的书籍，给我们联系山西师大，解决科学实验中教师知识欠缺、整合能力不强等问题；张卓玉厅长上任不到10天就深入到曲沃，了解课程改革情况，指导中考改革，协调省市考试中心，解决曲沃中考改革中最棘手的问题；他不辞劳苦，三番五次到曲沃，亲自指导工作，给薄弱校赠书，赠电脑，拨经费，给政策，送设备，给予我们极大的指导和帮助；在改革的每一个关键时刻，在遇到困难问题的时候，在工作难以协调的时刻，总是张卓玉厅长亲自出面解决；任处长，温院长和贺院长来曲沃最多，课改实验初期，带着省基教处，教科院的专家们几乎隔周下来一次，接受汇报，修订方案，搞讲座，下课堂听课指导教学；县上的各位领导非常关心课改，经常过问实验进程，在课改中，要钱给钱，要人给人，要设备给设备。在我遇到什么困难时，他们总是热情鼓励，积极帮助。正是因为以上领导和专家的大力指导和热情帮助，曲沃实验区才少走了许多弯路。没有这些领导和专家，就没有曲沃课改辉煌的成果，也就没有曲沃教育快速发展的今天。

国家科学学科支持组指导工作后在曲沃中学合影

走前人未走过的路——此后，曲沃的经验在各级教育研讨会屡获好评，教科研论文、教学案例不断见诸报纸杂志，一场史无前例的教育变革正在曲沃这片沃土上悄悄地扎根，发芽，开花，结果。

我的教育观

一、我心中的教育

　　教育的精髓在于发展，其终极目的是要实现学生的自我发展，从而推动人类社会的发展。学生从接受教育之初，便开始了传承过去，发展现在，创造未来。

——题记

　　教育是一个古老的话题，自从有了人类社会就有了教育；教育又是一个崭新的话题，它随着社会的发展而发展，每一个时代都会赋予教育以新的内涵；教育也是一个未来的话题，人类的未来是教育的结果，人类失去了教育也就失去了未来。

　　教育的重要性是不言而喻的。一个民族的兴盛离不开教育，一个家庭的兴旺缺不了教育，人类社会的发展关键在教育。

　　梁漱溟说："教育的本意，是要把人们养成有本领有能力。"蒙台梭利说："教育就是激发生命，充实生命，协助孩子们用自己的力量生存下去，并帮助他们发展这种精神。"名家的教育观，可以启迪教师的智慧，引发我们对教育的深入思考。

　　我认为：教育的精髓在于发展，其终极目的是要实现学生的自我发展，从而推动人类社会的发展。学生从接受教育之初，便开始了传承过去，发展现在，创造未来。

　　传承过去，就是对过往文明的继承与扬弃，是对人类曾经积累下来的智慧和道德财富的分享；发展现在，就是要具备本时代发展所需要的知识和能力，解决本时代所面临的各种问题；创造未来，就是在继承传统的基础上，利用本时代社会的有利条件，去创建更加美好的社会和人生。传承过去，是为了快速的发展现在，而发展现在则是为了更好地创造未来。

　　教育是伟大的、神圣的，更是无止境的。

　　教育的发展需要制度来保障，而制度往往又存在历史的局限性。迄今为止，人类依然在探索——何为成功的教育。

　　教育是一个民族的"神经系统"，是这个民族继承传统、开创未来的纽带与桥梁。当代有远见的战略家，许多有远见的国际组织和国家领导人，都把改善贫困落后地区的教育状况作为解决当今世界性问题、创造世界未来新格局的一项伟大战略。

　　教育不仅创造着自身的未来，而且孕育着未来世界的创造者，这就决定了在对未来的选择与创造中，教育负有特殊而重大的使命。今日什么样教育，很大程度上决定着什么样的未来。

　　随着 21 世纪的到来，人类正以惊人的速度步入信息时代，面临严峻的挑战！迎接挑战的一条重要对策，就是必须明智地选择和确立符合时代要求、适合本国国情的教育观念与模式。

　　教育是为未来培养人才的领域，如果今天你不面向未来，那么明天你将生活在过去。

　　谈到教育，我们首先面对的是学习，在知识爆炸的时代，人类必须实现学习方式的历史性变革。

　　长期以来，人们习惯于狭义地去理解学习，把学习窄化为文化知识的传承，从而无法揭示人类学习的特点与发展规律。面临知识的"爆炸"，人类认识到学习贯穿生命的全过程，心理学、社会学、脑科学乃至经济学等纷纷加入到研究学习的行列，学习方式的研究已成为具有划时代意义的重大课题。

中国基础教育学会聘书

　　我们可以将文字的产生看作人类学习方式演变发展中的第一个里程碑，将印刷术的产生看作人类学习方式演变发展中的第二个里程碑。毫无疑问，当代信息技术将成为人类学习方式演变发展中的第三个里程碑。我们这一代人将亲身经历并直接参与这场人类学习方式的伟大历史性变革！这场变革将使学习成为每个社会成员生活、生命中最重要的组成部分，每个公民的学习生活质量将成为衡量一个国家或民族现代化水平的一项重要标志！因此，我们必须学会学习，必须构建一个学习型的社会。

　　教育专家比较一致地认为，学习型社会的学习特点与传统社会的截然不同，学习的本质、目的和重心都将区别与以往：学习将是终身的，无法完全区分受

教育阶段与工作阶段；学习在各种环境与机构中进行，学校只是学习的场所之一。

今天，在全球范围内，学习和教育的变革，正在引导和促进学习型社会的发展，21世纪将是学习革命的世纪。面对学习革命的世纪，学校又该何去何从？我的回答是：学校应该培养出最适合在学习型社会里学习、工作、生活的学生，学生应当成为学习的主人。

教与学的关系是学校必须面对的根本性问题，是当代教育理论与实践发展中的一个重大课题。我的观点是：教只是手段，学才是目的。

（一）我的教师观

教师一个不经意的举动，不一定能成就一个学生，却完全可以毁掉一个学生。

——题记

教师观是教师对教师职业的特点、责任、教师的角色，以及科学履行职责所必须具备的基本素养等方面的认识。它直接影响着教师的知觉、判断，进而影响其教学行为。教师观是很具体的，它贯穿在教育教学实践中，和教师自身的世界观、人才观、教育观紧密相连。

有兴趣，有滋味，有发展——教育，要从尊重每一名学生开始。

摔碎的石板

50年前，也就是我上小学二年级的时候，学校给我们换了一位算术老师。

一天这位老师讲完算术课，让学生做练习题。一会儿，同学们陆续做完，争先恐后端着写满题的石板到讲台前让老师批阅，一个，两个，十个，二十个……同学们走上走下，一个个显得都很高兴。

这时，平时做题速度较慢的大个子王同学，也端着他那让同学们羡慕的祖传黄石板，从后座向讲台走去。他用的石板质地很好，又厚又大，我们大家都能看出来，今天王同学显得也很高兴，因为他今天的做题速度比往常提高了。

只见王同学走到老师跟前，双手将石板交给了老师。

就在此时，让我们难忘的一幕发生了：这位老师接过石板，看着看着，突然举起了石板，狠狠地摔在了地上。

"啪"的一声——吓坏了王同学，也吓坏了全班同学，乱糟糟的教室顿时安静了下来。王同学"哇"的一声大哭了起来。随后，他蹲下去，将摔坏的石板一块一块地捡了起来，然后抱着碎石块，啜泣着走回了座位。

那一刻，全班同学们都惊呆了。不知道什么事激怒了老师，老师为什么要把那么好的一块石板摔碎。

下课了，大家跑到王同学跟前，看着被摔碎的石板，都感到非常惋惜。我清楚地记得，王同学的眼泪一直在流，直到中午放学，才端着那些摔碎的石块离开了学校。

从此，王同学的学习成绩一退再退。到小学四年级，他终于退学了……

这件事，在我幼小的心里留下了深深的印记：一块那么珍贵的祖传石板就这样被摔碎了，王同学却还不知自己错在哪里。老师自始至终并没说一句话。可以想见的是，在全班同学面前，王同学的自尊心受到了多么大的伤害。

再后来，我就想：如果有一天我当了老师，我绝不摔任何学生的任何东西，也绝不让一个学生的自尊心受到伤害。

在三十多年的教学教研生涯中，我秉行此则：从没摔过任何一个学生的东西，也不曾恶语相向伤害任何一个学生的自尊心，包括那些所谓学习上的"差等生"。

我总想：也许，教师一个不经意的举动，不一定能成就一个学生，却完全可以毁掉一个学生。

在教育教学中，"学困生"恐怕是令所有教师都感到头疼和棘手的。因此，在平时的教学中，转化一个"学困生"比培养一个优等生更困难，也显得更重要。"学困生"由于学习成绩较差，会经常受到老师的批评、同学们的嘲笑、同伴的奚落和家长的责骂，以致他们厌学，怕学，甚至逃学。苏霍姆林斯基认为，学生对教材感知、理解、识记能力是不同的；对有的学生而言，"五分"是成就的标志，而对另一些学生而言，"三分"就是了不起的成就了。因此，对待"学困生"要用爱培养和保护他们的自尊心，最大程度地激发他们的学习兴趣，用最高倍数的放大镜去发现他们微不足道的"进步"与"优点"，并发自内心地去鼓励和赞扬他们；从而让他们重塑自信，获得进取的动力，激发学习积极性，形成良性循环。

我们不难发现"学困生"产生的原因，往往是教师给予他们的爱太少，至少没

有做到爱"每一位"学生。爱与教育如影相随。教师的爱，在一定程度上，应当多给学生一些母亲般的关怀。这种关怀要像母亲一样，体现出对学生人格的尊重；这种关怀要像母亲一样，体现出对学生人品的信任；这种关怀要像母亲一样，体现出对学生的公正和平等；这种关怀要像母亲一样，体现出对学生无微不至的关心和照顾。在这里，强调的是教师对学生要有像母亲一样的情感。

我国近代教育家夏丏尊说："教育之没有情感，就像池塘没有水一样，没有水，就不称其为池塘，没有爱就没有教育。"苏联著名教育家苏霍姆林斯基也说过类似的话，他认为："教师技巧的全部奥秘，就在于怎样爱学生。"鲁迅先生亦言，"教育植根于爱"。

我们许多学校的走廊上都贴有苏联革命家捷尔任斯基的教育名言："谁爱孩子，孩子就爱他。只有爱孩子的人，他才能教育孩子。"这句名言也曾在20世纪20年代，贴在苏联的儿童劳动公社——捷尔任斯基学校的走廊上。当时捷尔任斯基公社创办人和领导者就是苏联著名教育家马卡连柯，他呕心沥血、废寝忘食地整整操劳了16年，把3000多名流浪儿童和违法者改造、教育成社会主义的建设者，其中不乏出色的工程师、教师、医生、科学家，有的人还成了苏联英雄和模范。马卡连柯的长篇小说《教育诗》曾影响了我国几代教育工作者。马卡连柯认为训斥和说教是最无效果的教育，他爱学生的原则之一，是尽可能多地尊重学生和对学生高度信任。

湿漉漉的脚印

我小时候的学校，厕所蹲位不多，在我的记忆里，女厕所好像只有6个蹲位。一下课，几百学生蜂拥跑向厕所，早去的学生就蹲上了，后去的学生则站满了厕所内外。大家跺着脚，互相催促着。经常，上课铃响了，总还有几个没轮得着上厕所的同学。铃声就是命令，胆儿大的宁肯迟到也要把屎尿打扫干净，胆儿小的憋着屎尿赶紧向教室跑。

二年级一天的一节算术课上，老师讲完题，同学们在做练习题，一个平时比较活跃、爱蹦爱跳的男同学李某，怯生生地离开座位，走到老师跟前，不知对老师说了些什么，只听见老师大声说着"不行！下课干什么去了？"，李同学满脸通红，捂着肚子，满含泪水回到了座位上。大约过了两分钟，李同学突然快步走到教室门口，伸手拉门扣，"站住！回到你的座位上去！今天拉到裤裆里也不准出去！"老师板着脸，大声呵斥着。李同学欲拉门扣的手只好缩了回去。

一会儿，教室里弥漫着一股屎臭味。同学们有的捏着鼻子，有的同情或厌恶地看着李同学，李同学低着头，眼泪"滴答，滴答"地往下落。

下课了，李同学一动也不敢动，唯有两行委屈的泪水像断了线的珠子在滴答着。

我同情地看着李同学，突然想起了校长，于是撒腿跑到校长房外喊报告。校长随同我走进教室，把李同学叫走了。

李同学离开座位，跟着校长向外走去，每走一步，一个湿漉漉的脚印……

作为教师，"严"是不可缺少的，但"严"要有度，"严"要有方，"严"要不失对学生的爱。

每一个学生就像是一个世界，学生作为活生生的人需要被尊重，都有被接纳的内心需求。要做一名学生心目中的好教师，首先要了解学生，要学会换位思考，要设身处地地体察学生的内心需求，要学会站在学生的角度考虑问题，考虑学生的内心感受，把学生的情感需求纳入教育过程，以激发学生愉悦的学习情感来设计和组织教学，把课堂变成学生的乐园。

爱就意味着宽容，宽容学生的错误和过失，宽容学生的一时没有做好和忘记做的事。

有一个故事，说古代有位老禅师，一天晚上巡寺发现墙角处有一张椅子，"是哪位出家人违犯寺规越墙出去溜达了？"老禅师没有声张，走到墙边，移开椅子，就地而蹲。过了一会儿，果真有一小和尚翻墙，黑暗中踩着老禅师的背脊跳进了院子。当他发觉刚才踏的不是椅子，而是自己的师父时，惊慌失措，张口结舌。但师父并没有厉声责备他，只是以平静的口吻说："夜深天凉，快去多穿一件衣服。"故事中的那个老禅师和现实中的那位老师形成鲜明的对比，同是教育，方法不同，效果差之万里。故事和现实告诉我们：宽容是一种无声的教育，它远比惩罚的效果好得多。

"眼圈"先生

我小时候就读的学校作息时间跟现在不一样，天不亮就上学，上一节早自习一节课，然后放学吃早饭。

　　小学三年级时严冬的一天清晨，我班有九名学生迟到，其中六名男同学、三名女同学。老师不允许迟到的学生进教室，要他们站成一排立在教室外边。

　　下自习了，新调来的带语文课的一位班主任老师右手拿支毛笔，左手端瓶红墨水，从教室里走到他们面前。先是大声训斥，有意识引来各班学生围观，然后是用毛笔蘸上红墨水，给九名迟到的学生挨个画红眼圈，边画边说："不是爱睡觉吗？那就让你睡！让全校学生都知道你们是爱迟到的瞌睡虫！"

　　画完，这位老师还得意地欣赏自己的"杰作"，并发出阵阵的笑声，引来更多围观的学生。

　　上课铃响了，九名迟到学生带着红眼圈向教室跑去。这位老师大声呵斥："你们不准进去，站到外面睡觉！"这九名学生只好乖乖地又站回原地。

　　看到这一幕，我上课时怎么也专心不下来。我总觉得，这个老师太不尊重学生了，也太专制，太独断了。

　　以老师的权威做有失体面的事，以此规范学生的行为，后果是什么呢？我班的情况是，被画红眼圈的学生越来越少，无故不到校的学生却越来越多，语文平均分也越来越低了。

　　这个教师的出发点是好的，她想用对学生的"惩罚"来显示自己对学生的严格要求。殊不知，事与愿违，适得其反，最终造成对学生自尊心的严重损害。

　　学生是人，是有血、有肉、有情、有爱的生命体。教师要尊重他们的人格，尊重他们按照客观规律成长的权利。教师和学生是平等的，要依靠教师对学生的爱，去拉近与学生心灵之间的距离，和学生建立情感，以自己的模范言行，在学生中建立威信，成为他们可信赖的朋友，引领他们倾心向善，积极向上。教师要不厌其烦，因势利导，用爱去滋润学生的心田，用爱去呵护学生的心灵，这是产生教育智慧的源泉。新课程把情感、态度、价值观和知识与能力、过程与方法并列为各科教学的共同目标，这就是以人为本的学生观的体现。现代社会所需要的是德、智、体、美、劳和谐发展的人，那种违背教育方针，违反教育规律，以牺牲学生的身心健康为代价片面追求升学率的思想，那些动不动就训斥学生、体罚学生的做法，都是和以学生为本的学生观相违背的。

　　学生年小稚嫩，缺乏辨别是非的能力。学生家长送学生到学校的目的不仅是要他们成才，更重要的是成人。让学生受教育的目的就是让学生分辨是非，认识清浊，促进进步，既成才，又成人，这是教育的最终目的。教师对学生而言，其言传身教，影响重大，关乎学生的一生。

教师对学生为什么不能采取宽容的态度呢？宽容是一种美德，是每个教师都应该具备的美德，教师行为中的宽容正是学生们学习的最佳榜样。

宽容不等同于放松，决不意味着对学生行为放任自流，更不是对学生不良行为的姑息纵容，要宽而有方，宽而有度，宽而有爱，宽而有望。

"眼圈先生"这一往事，反映出一个教师不正确的教师观，教师要用宽容的态度对待每一个学生，尤其是犯错误的学生。要采取和风细雨的方法督促其改正，也体现出教师宽大的胸怀。

"榆木疙瘩"

这是发生在我身上的一件真事。

那年，我以全县第一名的成绩考进了县办一完小（当时的小学高级部），入校不久，母亲却患了肺结核病。恰在那时，我同学的母亲，也是患肺结核病因治疗无效死去了，埋人出殡时恰好我上学路过看见了，很是凄凉。看见他们姊妹几个的可怜样，想着自己母亲的病，我每天生活在提心吊胆之中，上课时控制不住要走神。

一天算术课上，李老师突然点我名，让我回答问题，我不知道提问的是什么，吞吞吐吐回答不上，他重复了一遍，我还是没反应过来，他又启发了一下，我还是回答不上。

这时，李老师说了一句话："张桂蕊，你这是怎么了？难道你脑筋成了'榆木疙瘩'了？"

就这一句话，几乎让我的一生从此发生改变。从这一刻起，我脑袋里满是"榆木疙瘩"这些字眼。以后的一段时间里，我每时每刻脑袋里好像都有数不清的"榆木疙瘩"在挤塞着。尤其是上算术课，我一看见李老师，就像条件反射似的，马上有无数个"榆木疙瘩"在我脑子里叫着，在空中回响着，在我身旁吵着，蹦着，跳着……老师一让我回答问题，还没有站起来，无数个"榆木疙瘩"就又来了，我被"榆木疙瘩"折磨得简直要抑郁了，根本学不成。

一天，李老师找我单独谈话，他抚摸着我的头，语重心长地问我："家里出什么

事了？能告诉老师吗？老师能帮你做些什么？"我摇摇头。"是不是受什么委屈了？能说给老师听听吗？"我满含眼泪，仍旧摇摇头。"是哪位老师错误批评你了？还是有同学欺负你了？"

我再也控制不住了，"哇"地一声哭了起来。我问老师："我真是'榆木疙瘩'吗？"李老师一边帮我擦眼泪一边说："谁这样说过你？你要是'榆木疙瘩'，全校就没有一个好学生了！"当老师得知是他不经意的一句话引起这样的后果时，他一直向我道歉。

这句话对我打击极大，要不是细心的老师及时发觉，后果不堪设想。我任教以来，对评价学生的语言尤其注意，尽量用鼓励性的语言，用激励性的语言，用积极的语言，力戒使用打击、讽刺、挖苦和消极的语言。

为此，我还专门编辑了一个《教师评价学生用语》小册子。作为班主任，不仅我自己不说此类的话，我也提醒其他任课老师不要使用伤害学生自尊心的语言，并要求我的学生家长也不准那样说我的学生。

一个学生的成长，需要教师的无限关爱，教师的一个眼神、一个手势、一句简短的评语，都会影响一个学生的一生。

关爱学生，不是一句空话，它实实在在地存在于点点滴滴的教育教学生活之中。

报告！老师，你讲错了

这是发生在我读完小（小学高级部）时的一件事。

一天，上算术课，我们班和 57 班合在一起由史如锡老师上大课。史老师是全县算术学科中数一数二的好老师，他认真地讲解例题，我们认真地听着。

忽然，我觉得老师讲错了，再仔细地分辨，确认老师讲错了。于是，我举起了手。史老师看见了，就问我有什么事，我站起来说："老师，你讲错了。"

史老师立即把头转向黑板，把板书仔细地检查了一遍，然后很客气地对我说："你这种精神值得大家学习！"然后面带微笑示意我坐下。

我以为我坐下后他会擦掉黑板，把讲错的地方重新讲解，没想到史老师顺着原来的步骤继续往下讲。我想：就是这一步错了，这一步不纠正，后面更错。这可不行，只有纠正了才能再往下进行。

于是，我又举起了手。史老师忙着讲课，没顾上叫我。一分钟后，我大声喊道：

"报告!"老师马上停下讲解,和蔼地问我:"张桂蕊,你还有什么事?"我很认真地对老师说:"老师,刚才那一步纠正不过来,讲下去结果一定是错的!"

老师微笑着对我说:"你认为错在哪里?"我一字一句地陈述着自己的理由。史老师笑着说:"下课我再给你细细讲,先坐下吧。"

下课了,我跟着史老师走进他的办公室。史老师笑着说:"怎么,今天钻牛角尖了?你把这道题认真地读三遍,再说谁对谁错。"

我大声地读着题,一遍,两遍,突然,我对这道题有了新的理解,我羞怯地笑着对老师说:"是我错了!"说完,拔腿就跑。老师一把拽住了我的手,也笑着说:"得说清楚,你哪儿错了才能走。"我把新的理解给老师说了一遍,史老师抚摸着我的头说:"去吧,不愧是个好学生!"

我把学生时代这事几乎忘了个干净。当了教师后,尤其是第一次搞观摩教学时,我突然想起了这件事,真怕课堂上出现一个当年的我,使老师下不了台。这时我才意识到:当年史如锡老师心胸是何等的宽广!但这一切都源于两个字:师爱。

在课堂上,当学生提出与你不一致或者截然相反的意见时,你是否认为他是在故意捣乱,或者认为他的想法很愚蠢?如果你是这样想的,那你就没有真正意识到他是在以一个独立的个体在思考,他的回答或许不全面或不完善,但代表了他的想法和思考方式。无论对与错,我们都应该鼓励这种行为。因为,在你的鼓励中,实际上包含着对独立思考和创新精神的鼓励。

学生是学习的主体,只有在通过学生自己的体验、思考之后,才能掌握所学,获得积极的情感态度与价值观,学生的学习过程,这是其他任何人所无法替代的。一堂课,老师设计得再好,讲解得再到位,那还是教师的,不是学生的,只有通过学生的思考,被学生接受了,才会转化为学生的东西。

课堂上,教师力争成为一名"点火者",应该激励学生好思、善问、求疑、探究,并贯穿于教育教学的全过程。教师应该成为一名"播种者",应该把责任、信念、希望、宽厚播种在学生的心灵深处。这一切都植根于对学生的理解和爱。

击掌相约

这是发生在我读师范时的一件事。

　　一段时间里，班里一部分男同学开始学着抽烟了，而且毫不掩饰。更有甚者还摆出一种架势，故意两指夹烟高高举起，抽一口还炫耀似地朝天空吐着烟圈，好像这样就是大文豪。

　　一天，班主任侯重阳老师在班会上就抽烟这个问题发表了自己的看法。他说到公共场所抽烟是不文明的，说到抽烟是个坏习惯，又说到抽烟如何危害健康。这时，一向快言快语的李同学笑着小声嘀咕了一句："骗人！不文明，危害健康，你们当老师的怎么还抽？"

　　虽然声音不大，但是同学们都听见了，侯老师也听见了。教室里顿时静了下来。大家看看李同学，又看看侯老师，这样尴尬地持续了半分钟。少顷，侯老师说："老师应该为人师表，我在这方面没有做好。如果大家抽烟是因为效仿老师的话，那从今天开始，我戒烟。你们也要戒烟！"

　　此时，不知谁又小声说了一句："如果老师能戒，我们也能戒！"侯老师笑着说："好！你们选一个代表，咱们击掌为约。"说着，侯老师掏出口袋里的烟放在了讲桌上，"烟民"们在老师的带动下，一个个地也将烟放在了讲桌上，并纷纷和老师击掌起誓。从这以后，再没看见过老师抽烟，也没有看见过哪个同学再抽烟。

　　近二十几年过去了，侯老师六十寿诞时，同学们自发给老师过寿，当男同学中有人将中华烟递给老师的时候，侯老师摆摆手，笑着说："怎么，忘了击掌相约了吗？"

　　叶老认为，教育工作者的全部工作就是为人师表。教师要"言教"，也要"身教"。身教就是以身作则，教育工作者自己做出榜样来，让受教育者自动仿效，收到的效果远远比凭口说要深刻得多。教育者如果光要求受教育者这样那样，自己却不去亲身而为，受教育者怎么会心悦诚服。唯有教师言行相符，不但说得到做得到，而且要做得到才说，情形就大不相同了。

　　当然，"言教"也非常重要，"言教"依附于"身教"，教师做到了，做好了，说教才能进学生双耳，入学生心坎，教师的一言一行才能收到良好的效果。归结为一句话就是：凡是希望学生去做的，教师自己一定先做到；凡是劝戒学生不要做的，教师一定不做。

无言的承诺

李一，这位 20 世纪 40 年代北京师范大学古汉语专业毕业的高才生，是我师范时的政治老师。我教学后他任县进修校的校长。

在一次师生会面时，我无意流露出师范期间古汉语课时安排得少了点，古汉语知识总感觉欠缺的话语。我说者无意，老师听了却有心。

半月后的一天，校长叫我，说李一老师来了，在他办公室，让我过去一下。见到李老师，没容我多说话，李老师递给我一张纸说："看看这段话，哪些地方翻译不出来？"

这是一段古文，我认真地看了看，就把我不会和不确定完全掌握的地方指给老师，李老师认真地给我讲解，直到我完全理解。他走的时候，又留给我事先准备好的两个小片段。

以后，每隔十多天，李老师就来我校一趟，给我辅导几个小片段，起身就走。他每次都是那么的认真，教我一人，一如当年师范教我和同学们时那样，我为遇到李老师这样的老师而感到幸运。

李老师在一年的时间里，来我校专为我补习古汉语达 20 多次。我的古汉语水平也逐步提高，达到一个新的水平。一次，李老师又来给我补课，又是如此这般。送他走时，我说："李老师，谢谢您一次又一次地为我补课！"他爽朗地笑着说："谁来给你补课了？我是没事到学校转转看看，顺便问问你，这是老师的职业病。"

老师，这就是老师。这是老师对学生博大无私、深沉久远的爱！一个为满足学生的知识需求，不辞辛劳，上门送教。大者老师，师德伟哉！

1994 年，李老师突发心肌梗死病逝，闻此噩耗，我急赴老师家痛哭不已，灵柩起出后，我长跪老师灵柩旁为其守灵，理事的人拉住我说，这是儿女们的地方，我告诉他们，李老师对学生像对儿女，就让我像儿女一样为他守一守灵吧！学生爱戴老师，是因为老师先对学生付出了爱。

教师教育学生不仅依靠学识才能，而且也包括自己的心理品质、言行风范、治学态度。这就是说教师要教育好学生就不仅要言传，更重要的是身教。这就决定了教师的劳动具有很强的表率性和示范性。由于教学是师生共同的活动过程，而学生的模仿性特别强。教师的言行、教师的工作态度、教师的情感、教师的意志品质，

在学生面前都表现得淋漓尽致，直接影响着学生的心灵。教师自己的模范行为、品学与德才有着很大的关系。因此，一个为人师表的教师，不仅应当加强自己在学识才能方面的修养，还必须加强自己在人生观和世界观等方面的修养。

树立高尚的道德情操和精神追求，甘为人梯，乐于奉献，是教师自我修养的一个准则。"厚德载物以自强不息，淡泊名利而志存高远！"高尚的师德，是对学生最生动、最具体、最深远的教育。

做一个好的老师，就应该和李一老师那样：拥有责任、爱心、过硬的业务能力和适合学生的教法。

知识的魅力

我本科进修的是汉语言文学。唐诗宋词的学习不仅使我受益匪浅，而且从老师身上领略到了什么叫渊博的知识和精湛的业务水平，什么叫深厚的学术功底和丰富的文化底蕴。有一次面授，因为当时是临时调整的，授课教师没报身家姓名，同学中也无人知晓。很遗憾，我至今不知道这位老师的姓名。但这位老师在我的脑海里永远也抹不掉，因为他对我的影响是深远而久长的。

那是暑假期间的一次面授。这位老师一改其他教师的做法，一不强调纪律；二不签到签退；三没有师尊的架子；四极少废话，讲课开门见山。他很理解学员，他说："你们能出来学习，很不容易。"讲课前告诉大家："你们想休息的时候就告诉我一声。"听他讲课只觉得时间短，却感觉收获大。他讲课时，学员中没有一个不遵守纪律的，没有一个迟到早退的，都听得津津有味，笔记记得认认真真。他的魔力在哪？在老师的博才多学，在老师的厚积薄发，是老师独特的学识魅力在紧紧地吸引着学生。记得有一天特别热，老师建议到校园的树荫下学习，大家高兴地跟在老师后面从教学楼里走出来。走在校园的林荫道上，老师问："在哪棵树下？""这一棵！""这一棵！"学员大都是 40 岁左右的人了，此时个个显得像小孩子一样的率真活泼。老师先坐在了一棵树下的石头上，呼啦啦，大家立刻席地围坐在他身边。老师开讲了，闭着眼睛，摇着头，高声朗诵着，似口吐珠玉、妙趣横生！学员们侧耳细听，不时地低头急匆匆地记录着，也不时地举手示意询问着老师什么问题。没有黑板，没有讲桌，但丝毫没有影响教学的效果。下课的时间到了，老师站立了起来，却被学员团团围住。学生们问这问那，有问不完的问题。老师不慌不忙，一一解答，一副诲人不倦的样子。

在验收学习笔记

此时此刻，我不由地联想起了曾读过的几首小诗：

　　教育是大鱼带着小鱼游玩，
　　教育是一支蜡烛把另几支蜡烛点燃，
　　教育是一颗星引来一片星，
　　教育是一朵云推动一片云，
　　教育是学生们做梦的摇篮。

　　老师是一盏明灯，指引着学生前行的方向；
　　老师是一朵玫瑰，芳香浸染着你我的心田；
　　老师是一场春雨，无声地润泽着我们的心房；
　　老师是一剪寒梅，在凛冽的冬天绽出一个春的希望；
　　老师是一丛野蔷薇，在旷野里携着众多小蔷薇自由自在地绽放。

　　一个教师，只有当他受到学生喜爱时，才有可能实现自己的最大价值。

　　把学生放在了心上，把教师的架子放在地上。俯下身子和学生说话，走下讲台

给学生上课，关心学生的情感体验，让学生感受到被关怀的温暖。爱上学生，善待每一个学生，师生双方才会有愉快的情感体验。

如何让师生平等相处，这就要求老师具有一定的亲和力，古人云：亲其师，则信其道。教师具有亲和力，可以赢得学生的尊敬和信任，可以获得学生的宽容和理解，能获得最大程度的教学效果。其实教师的亲和力本质上是一种爱的情感，只有发自肺腑地爱学生，才能真正地亲近学生，关心学生。

我认为："教师要成为学生人生之舟的导航，而不要成为学生人生之舟的舵手。"

教师是人类灵魂的工程师，是教学过程的组织者、指导者，意义建构的帮助者、促进者。教师要引导学生走向知识、走向社会、走向生活，对学生的影响是深刻且巨大的。这些影响作用，不仅体现在教师组织实施教育教学的行为过程中，教师自身的心理倾向、思想水平、人格魅力和知识的渊博程度等，同样会对学生产生不可估量的影响，甚至比有目的有组织的教育教学行为对学生的影响更深刻，作用更深远。因此，对于教师，必须有以下几个方面的要求：

1. 作为一名教师，必须具有渊博的知识和精湛的业务水平。打铁先得自身硬，这就要求做一名教师，必须拥有深厚的学术功底、丰富的文化底蕴和深邃的教育思想。这样，教师在课堂上，才能做到口吐珠玉、游刃有余、旁征博引、妙趣横生，这样的课堂，才能深深吸引学生。教师要做好学生求知路上的引导者，引导学生做人，启发学生思维，帮助学生建立目标，并确认和选择达到目标的最佳学习策略和途径，指导学生形成良好的学习习惯，最大程度地调动学生在教学中的参与行为来激活学习情感，实现认知过程中的最大效能。教师要活到老，学到老，自己的知识不应是一桶水，而应是一股不断喷涌的清泉，永远新鲜有活力，才能在知识迅速变更的年代不落伍，教给学生丰厚有用的知识。教师不应局限于所教教材，还应该拓展教学，扩充知识，打破学科界限，并能整合知识，将所学知识运用于生活，服务于实践。

2. 作为一名教师，必须具备爱岗敬业、无私奉献的高尚情操。百年大计，教育为本；教育大计，教师为本；教师大计，师德为本。作为教师，首先要自觉养成良好的师德师风，也就是爱岗敬业，教书育人，为人师表，诲人不倦。教育是一种常做常新的事业，教育无止境，教师生涯也是一个不断创新、不断前行的充满新奇的旅途，我们作为新课程的教师，要善于反思、完善自己地工作，更要跟上时代的步伐，积极地更新自己，更新观念，不断提高自己的综合能力，遵循学生成长的规律创造性地工作，使教育适合学生的发展。二是把职业看成事业，把课堂视为生命活动的一个场所，进行全身心的投入——投入理想、信念，投入人格、热情，真正地做到教书育人，敬业爱岗。如果说一名教师，仅仅是做到没有错误的传授知识这一点，那他也只能算是知识的传声筒，离教师传道、授业、解惑的基本职责还相差甚远，离我们所崇尚的敬业，更是差距万里。一名好教师、一名优秀的教师、一名受学生爱戴的模范教师，不仅要有学富五车的渊博知识、神采飞扬的青春风采、大海般广阔的胸怀，还必须具有牺牲、奉献的品质，时刻把祖国利益放在首位，不为权力、地位、名誉、金钱和其他物质利益所动摇，俯首甘为孺子牛。

3. 作为一名教师，必须具有包罗万象的爱心。教育是爱的事业，如果一名教师仅仅只热爱教育，那么，他只能算是爱上了这个职业，只有将自己的爱播撒到学生的心田，才能把热爱事业和热爱学生高度统一起来、结合起来，才算是一名称职的教师。一名好教师必然关心爱护全体学生，尊重学生，公正地对待学生，保护学生的合法权益。热爱一名学生，就等于塑造了一个学生，而厌弃一名学生，无异于毁坏一个学生。师爱是师德之魂，这种爱，出自教师职责，在性质上是一种只讲付出、不计回报的，无私的，广泛的且没有血缘关系的爱；也是一种严慈相济的爱，这种爱是教师教育学生的感情基础，学生一旦体会到这种情感，就会"亲其师"从而产生"爱其道"。教师正是因为发自真心的爱，才能赢得学生的爱。爱是互相的。于漪老师说："表达师爱，不是写在纸上，说在嘴上的，尊重，要用自己的言行来实践；老师对学生要满情热忱的爱，做到师爱荡漾。"师爱荡漾，追求自然和谐、细雨润物，讲求真切、透彻、持久。这种爱其实是把学生当自己的孩子看，当自己的孩子爱。这是一种非常高尚的行为。学生的可塑性很强，不要过早地给学生下结论，贴标签，要为学生的未来着想，为终身发展考虑。我们要清醒地认识到：我们给学生什么样的影响，他将来就会以什么样的态度来对待社会，对待人生。我们要用自己的爱去滋润学生的心田，让他时时刻刻感受着周围人给予他的爱，这样，他才会爱自己，爱别人，爱社会。

4. 作为一名教师，必须具有积极向上、健康稳定的心理素质。教师的心理素质包括：高尚的情操、敏锐的认知能力、广泛的兴趣、坚强的意志、饱满的热情、稳定的情绪和良好的性格。教师是学生最经常、最直接、最具权威性的榜样。教师与学生"有效接触"的时间远远多于家长，教师每天与学生接触6～9小时，甚至更长，而父母虽然每天与孩子在一起10多个小时，但其中睡眠时间占去了多半。教师更容易用自己的情感、意志、行为去熏陶和影响学生。一个拥有积极向上、宽容理智等良好心理素质的教师，能深得学生的爱戴与敬慕，学生会随时随地用自己的目光注视教师的一言一行，并暗地里模仿，在无形中受到教师良好心理素质的熏陶。教师的心理健康会直接影响学生的行为，影响学生的身心成长。

教师只有具备健康的心理素质，才能适应各种情况，战胜各种挫折，排除各种干扰，从而提高工作效率，更好地完成教育任务。因此，重视教师良好心理素质的养成，有助于学生形成良好的心理素质和健全的人格，更好地适应社会发展的要求。

5. 作为一名教师，必须具有勇于创新、开拓进取精神。一名缺乏创新精神的教师永远不能成为一名优秀的教育工作者。我们要在平凡、平淡的工作中创新，这样教师才不厌于教，学生才不疲于学。对小学生来说，他们有极为强烈的好奇心和求知欲，这是促使他们认识新事物，获取新知识的强大动力。小学教学要设计丰富多彩的课堂活动来培养他们的学习积极性，使他们在玩中学，做中学，画中学，唱中学。小学生好胜心强，教学设计要具有挑战性，教学活动的开展应培养学生的竞争意识。教师要积极探索教育教学规律，引导学生在发掘兴趣和潜能的基础上全面发展。要坚持"一切为了学生，为了学生的一切"，树立正确的人才观，重视对每个学生的全面素质和良好个性的培养，努力发现和开发学生的潜在优秀品质。

6. 作为一名教师，必须具有良好的人格魅力。人格魅力是优秀教师必需的。教师平凡而不平庸。人们把教师比作蜡烛、春蚕、园丁，一方面说明教师工作的平凡和默默无闻，另一方面也充分体现了教师的敬业、献身精神和崇高伟大的人格。教师通过教学活动，以劳动开发人的潜质，全面提高人的素质，影响着人的生活志向，造就治国济世的人才。正如《管子·权修》中说："终身之计，莫如树人。"可见，教师的工作平凡而伟大、细微而崇高，教师以人格魅力体现着无私的奉献精神。

当然，影响一个学生成长过程的因素是很多的，如家庭、学校、同辈、团体等，但教师对学生健康人格的形成作用是巨大的。教师人格对学生人格的发展的影响是一种长期的、潜移默化的过程。孔子曾说过："其身正，不令则行，其身不正，虽令不行。"乌申斯基也说："在教育工作中，一切都应以教育者的人格为依据，任何章程和纲领，任何人为的管理机构，无论他们设想得多么精巧，都不能代替人格在教育中的作用。没有教师给学生的直接影响，深入到学生品格中，真正的教育是不可能的。"他甚至强调"教师的人格就是教育工作的一切"。

总之，教师要淡泊名利，志存高远，静下心来教书，潜下心来育人。

我很欣赏一位没留名字博客《我的教育观》博文，拿来与大家共勉。

崇敬和崇拜，一字之差。我渴望被学生崇敬，而不希望被学生崇拜。教师的能耐在于让学生从老师的精神家园中寻找到优良的种子和足够的养料，去开垦出自己的精神家园，而不是在老师的精神家园中迷失自我。因此，我认为，让学生"敬"而不"拜"乃为师之最高境界。

我渴望成为学生的师友，而不希望成为学生的师傅。我希望我的一生都是"传道、授业、解惑"的老师，不愿意自己因职业的倦怠而变成一个只管"授业"的师傅；我希望一生都能做一个与学生平起平坐的朋友，而不愿做一个对学生有生杀予夺大权的师尊。

我渴望成为学生人生之舟的导航，而不希望成为学生人生之舟的舵手。人生之舟航行在社会人生的大海上，遭遇惊涛骇浪或暗礁浅滩是在所难免的，此时别人的引航是必需的，但掌握大船方向的只能是船的主人，任何人都无权也无法去替代。

我渴望我的行为能被学生模仿，而不希望被其奉为楷模。如果能在学生的举止言谈中看到我的影子，我自然欣喜；但我决不要求学生将老师复制或克隆。因为复制或克隆的后果，小到会淹没学生的自我，大到将泯灭一个民族的创新、发展与未来。

我渴望课堂的安静，而不希望课堂的寂静。静若止水的表象之下所蕴含的一定是师生两个精神世界勃勃生机中的高度和谐和统一，而寂静的课堂里剩下的只能是师生两个精神世界的死寂和荒芜。死寂和荒芜是无法产生共鸣、和谐与统一的。

　　我渴望课堂上学生目光的凝聚，而不希望他们的目光凝滞。凝聚的目光里闪现的是心领神会、茅塞顿开或豁然开朗，是师生精神活动的高度统一；而凝滞的眼光里包含的则是"身在曹营心在汉"，是精神的闭锁迟滞，是心思的"鸿鹄将至"，是对老师所讲内容的困惑和不满。

（二）我的学生观

　　　　每一个学生都可以获得成功。每一个学生都可以是一幅生动的画卷。

——题记

　　什么是学生观？

　　学生观是人们对学生的基本认识和根本态度，是教师的世界观、人生观、价值观、人才观等在对待学生问题上的集中反映。是教育工作者教育思想的重要组成部分，是教师对学生的地位、作用、特点总的看法和根本的观点，是教师如何正确认识和对待学生，建立正确的教学关系、师生关系，即正确的教育观的基础。学生观抽象而又具体，它支配着教育行为，决定着教育者的工作态度和工作方式，贯穿在教育教学的实践中，与人才观、教育观紧密联系在一起的。

　　学生观在教育教学中起什么样的作用？

　　教师的学生观与教师的教育行为、教育策略和教育方法等都是紧密相连的，是直接影响教育活动的目的、方式和结果的重要因素。任何教师都自觉不自觉地遵循某种"学生观"从事教育实践活动。"学生观"是教师教育实践的基础，又贯穿教育过程的始终，它直接影响到教师教育出发点的确立，教育观念的形成，教育、教学方法的选择与教育目标的确定，并且最终决定教育质量的高低以至教育的成败，直接影响到所培养的人才能否与建设有中国特色的社会主义的需要相适应。因此，对每一位教育工作者来说，树立科学的学生观都是非常必要的。学生观在整个教育观念体系中占据举足轻重的地位。

　　多年的教育经验告诉我们，有什么样的教育理念就会有什么样的学生观，有什么样的学生观就有什么样的教育行为，从某种程度上说，正确的学生观是教师实施科学的教育行为的基石。

　　我的学生观是什么？

我的学生观核心内容是：每一个学生都可以获得成功。具体如下：

1. 学生是成长中的人，需要教师爱的呵护

马克思主义认为，教育的本质就是育人，使一个自然的人变为社会的人。教师面对的学生，无论生理还是心理，都处在成长时期，其身体、道德素养、知识体系均处于发育完善阶段。换句话说就是，学生还正处在成长之中，处于发展过程中之中。作为发展的人，也就意味着学生还是一个不成熟的人，是一个正在成长的人。在实践中，人们往往忽视学生正在成长的特点，而要求学生十全十美，对学生求全责备。这是和发展观点相对立的。其实作为发展的人，学生的不完善是正常的，而十全十美则是不符合实际的。发展作为一个进步的过程总是与克服原有的不足和解决原有的矛盾联系在一起的。没有缺陷、没有矛盾，就没有发展的动力和方向。把学生作为一个发展的人来对待。就要理解学生身上存在的不足，就要允许学生犯错误，对学生要宽容。当然，更重要的是，要帮助学生解决问题，改正错误，从而不断促进学生的进步和发展。

赴西部检查工作时和藏族儿童在一起

英国科学家麦克劳德，上小学的时候偷偷地杀死了校长家的狗，这在西方国家显然是难以原谅的错误。但麦克劳德遇到了一位高明的校长，校长面对这样的学生，没有训诫，没有斥责，而是因错就错，"惩罚"他画出两张图：狗的血液循环图和骨骼结构图。正是这个包含理解、宽容和善待的"惩罚"，使麦克劳德爱上了生物学，并最终因发现胰岛素在治疗糖尿病中的作用而走上了诺贝尔奖的颁奖台。长期以来，我们可能习惯给一些学习困难和出现行为过失的学生戴上一些"坏"帽子："笨蛋"

"调皮捣蛋""道德败坏"，等等，随意地给他们贴上"坏学生"的标签，其结果往往直接影响了学生的身心健康。

从小顽皮的卡耐基在父亲眼中是个坏孩子，简直是不可救药。当他的继母来到他家里时，看到这一切，抚摸着9岁的卡耐基的头说："你不是最坏的男孩儿。你最聪明，最有创造力。只不过，你还没有找到发泄热情的地方。"卡耐基心里热乎乎的，眼泪几乎滚落下来，就凭这一句话，他和继母开始建立友谊。也就一句话，成为激励他一生的动力，他成为美国的富豪和著名的作家。

人非圣贤，孰能无过。以最大限度的理解、宽容、善待学生，你的教鞭下可能有瓦特，你的冷眼里可能有牛顿，你的讥笑中可能有爱迪生。切忌体罚学生，惩罚，只会把孩子推向教育的另一端。

社会最需要的不是只会顺从的孩子，而是兼具中国和西方的人才特点、有判断力的学生；不是只能考高分的学生，而是德智体全面发展，拥有高情商的学生；不是追逐热门专业的学生，而是有理想且热爱学习的学生；不是只知道答案的学生，而是知道怎么做和为什么的学生；不是只满足书本的学生，而是会思考，能举一反三、融会贯通的学生。

魏书生先生说得好：别怪病人病得厉害，要怪自己医术不高；别怪学生无法教育，要怪自己教育无法。古今中外无数的教育事实表明：每个学生都有才，通过良好的教育和训练，每个学生都能成才，成功，这是教育的本义和真谛，也是教育的使命。

2. 学生是有思想、有情感的人，需要尊重

学生和老师在人格上是平等的，他有他作为人的全部尊严，你不能伤害他的人格与尊严。他跟你一样有各种各样的毛病，你不可老以完人的标准去要求他。今天的他，肯定有许多地方不如你，而昨天的你，可能还不如今天的他，他每天都在成长着，将来，他可能在许多方面超过你。

人与人之间应该相互尊重。有人说，舍得付出尊重，才能够获得更多的尊重。教师要赢得学生发自内心的尊重，那么，教师首先要尊重自己的学生。对教师来说，尊重是一种师德修养，尊重也是一种人文素质。尊重的力量是巨大的，尊重不只能赢得尊重，更重要的是赢得被尊重人的尊严，赢得被尊重人的责任心，从而唤起被尊重人内心积极向上的因素。

教育，从尊重每一位学生开始

　　学生是独立的个体，是独立的人。也就是说，每一个学生都有自己的思维方式和个性特点，正如《合作教育学》中所指出的那样，"儿童每天来到学校，并不是以纯粹的学生（致力于学习的人）的面貌出现的，不，他们是以形形色色的个性展现在我们面前的。每一个儿童来到学校的时候，除了怀有获得知识的愿望外，还带来了他自己的情感和感受的世界。在教育活动中，作为完整的人而存在的学生，不仅具备全部的智慧力量和人格力量，而且体验着全部的教育生活。如果教师意识到学生是一个独立的人，那么他就能够理解他们的思维方式，承认他们各自的个性特点，保护和珍惜他们的创造性"。学习过程并不是单纯的知识接受或技能训练，而是伴随着交往、创造、追求、选择、意志、努力、喜怒哀乐等的综合过程，是学生整个内心世界的全面参与。如果不从人的整体性上来理解和对待学生，那么，教育措施就容易脱离学生的实际，教育活动也难以取得预期的效果。

　　著名作家张玉庭在他的小说集中讲了这样一则故事：

　　有个塌鼻子的小男孩，因为两岁时得过脑炎，智力受损，学习起来很吃力。打个比方，别人写作文能写二三百字，他却只能写三五行。但即使这样的作文，他同样能写得很动人。

　　那是一次作文课，题目是《愿望》。他极其认真想了半天，然后极认真地写，那

作文极短。只有三句话：我有两个愿望。第一个是，妈妈天天笑眯眯地看着我说"你真聪明"。第二个是，老师天天笑眯眯地看着我说"你一点也不笨"。

于是，就是这篇作文，深深地打动了他的老师。那位妈妈式的老师不仅给了他最高分，在班上带感情地朗读了这篇作文，还一笔一画地批道：你很聪明，你的作文写得非常感人，请放心，妈妈肯定会格外喜欢你的，老师肯定会格外喜欢你的，大家肯定会格外喜欢你的。

捧着作文本，他笑了，蹦蹦跳跳地回家了，像只喜鹊。但他并没有把作文本拿给妈妈看，他是在等待，等待着一个美好的时刻。

那个时刻终于到了，是妈妈的生日——一个阳光灿烂的星期天：那天，他起得特别早，把作文本装在一个亲手做的美丽的大信封里，等着妈妈醒来。妈妈刚刚睁眼醒来，他就笑眯眯地走到妈妈跟前说："妈妈，今天是您的生日，我要送给您一件礼物。"

果然，看着这篇作文，妈妈甜甜地涌出了两行热泪，一把搂住小男孩儿，搂得很紧很紧。

是的，智力可以受损，但爱永远不会。

是的，智力已经受损，但爱与尊重永远不能再受损。用心和孩子们交流他们就能感觉得到，用爱去关心他们，他们也会用爱回报你。相信孩子们的潜力，只要你下功夫去开掘，他们都会是爱因斯坦！

看过《水彩笔指引我整个人生》的教育故事的，一定会被当老师的妈妈的智慧所折服：

一天这位老师妈妈接到了一个打错的电话："请您务必马上来爱华伦大街 15 号的文具专卖店一趟。因为您的儿子艾尔比现在在我们这里。"她正要告诉她打错了电话时，那边传来一个小男孩的啜泣声，跟我打电话的女人马上提高嗓门："偷了东西还哭，你的母亲会马上过来教训你。"她听出来了，那个叫艾尔比的孩子拿了文具店的东西，当店员要他告诉家里电话时，他只好胡乱说了一组号码。老师妈妈驱车找到了那家文具专卖店。只见人群中间一个 6 岁左右小男孩脚下放着浅紫色的水彩笔盒子，战战兢兢地哭泣着，她猜想这是艾尔比。走过去牵着他的手，温柔地说："孩子，你是怎么那么不小心，把买水彩笔的钱搁在钢琴上了呢。现在妈妈把钱送来了，你去把钱还给他们。"走出专卖店老师妈妈说："再见吧，小伙子，希望你能描绘出最美丽的图画!"小男孩羞涩地笑了,紧紧地把水彩笔抱在怀里,跑着跳着离开了。

12年后的一天,老师妈妈突然接到一个陌生电话,"请问您是艾尔比的母亲吗?我15分钟后会冒昧打扰您!"15分钟后,一个高大英俊的小伙子站在她面前,没等她说话就张开双臂拥抱她:"12年前,我就想叫您一声妈妈了!我是艾尔比。虽然我3岁就失去了母亲,但是从6岁开始就拥有了另一个亲爱的妈妈,这个妈妈用一盒水彩笔指引了我的整个人生……"原来艾尔比已经是纽约一所大学的美术系学生了。

尊重学生,既要尊重每一位学生,还必须平等地对待每一位学生。教师对待学生不能厚此薄彼,不能亲近一批学生,冷落另一批学生。教师对学业优秀学生的缺点或错误不能视而不见,视而不见不是宽容,而是纵容,是对学生不负责任的表现。教师对待行为习惯不良、学业基础薄弱的学生要更关心,更热情。要善于发现这些学生闪光点,并予以表扬与激励,唤起他们的自尊与自信。

尊重是一种仰视的心理状态,教师尊重学生就是要欣赏,呵护学生的思想火花、情感世界,要融入他们的内心世界,同他们一起发现,一起探讨,一起欢乐,一起度过情绪的低潮,一起进入一个新世界。有人说过这样一句话:老师不经意的一句话,可能会创造一个奇迹;老师不经意的一个眼神,也许会扼杀一个人才。

3. 学生是学习的主体,需要主动发展

在传统教育理论中,教师是学习的主体,学生是教育的客体。许多学生也的确把自己视为单纯接受知识的消极被动的客体。建构主义学习理论认为:"学习是一个积极主动的建构过程,学习者不是被动地接受外在信息,而是主动地根据先前认知结构注意和有选择性地知觉外在信息,建构当前新的认知结构。"建构过程是学生的认识思维活动主动学习的过程,是学生通过自身已有的知识、技能、经验与外界进行交互活动以获取、建构新知识的过程。学生不是被动的接受者,而是主动的建构者。现代儿童发展理论告诉我们,儿童的发展自始至终都是一种儿童主体的自我调节活动。外界的刺激,只有被主体选择,成为主体的反映对象时,才会对主体的发展产生影响。教育对儿童发展的作用,只有尊重了儿童在教育过程中的主体性时才能真正实现。教育是通过一个主体,为了另一个主体,在两个主体之间进行的一种

精神交流和对话。教师与学生要达成自主学习的共识，从而使学生在学习的过程中，能始终以积极主动的意识和态度对待学习，不是迫于社会或外界的种种学习压力，而是发自内心的强烈的学习渴望和追求，通过学习的自我选择、自我认可、自我接受和自我体验来切实改变学习的低效率状态。《学会生存》一书中指出："我们应使学习者成为教育活动的中心，随着他的成熟程度的提高允许他有越来越大的自由；由他自己决定他要学习什么。他要如何学习以及在什么地方学习与受训。这应成为一条规则。"

　　学生是学习活动的主体，学习活动是学生的主体活动。对学生的学习活动，应做广义的认识和理解。它既包括各学科知识和技能的学习，学科能力和运用学科知识解决问题的能力的学习，也包括各学科知识之外的综合性学习，做人和做事方面的学习；既包括知识、思想、观念等方面的学习，也包括态度、品质、行为等方面的学习；既包括习得和强化的一面，又包括矫正和消除的一面；既包括观察学习和模仿学习，也包括解决问题式的学习和创造性学习；既包括上述各个方面和各种形式的学习，也包括这些学习过程和学习机制的学习。学生作为这样一些学习活动的主体，他要加工学习对象，改造学习对象，占有学习对象，以建构自我，发展自我，完善自我。

引导学生主动发展

发现问题时的神态

研究与实践表明，责任心和自主选择有着密切联系，"要我做"与"我要做"的主动程度，表现在学生身上不大一样。学生自主选择的愿望是强烈的，学生主动发展的潜能是巨大的。随着青少年学生自我意识的形成和不断增强，他自身就有一种自尊、自信和追求真理的自觉性，在许多活动中表现出渴望独立，渴望自主选择，渴望自裁判断。因此，教师要发挥和调动学生的主动性，为学生构建广阔的活动空间，让每个人的个性得到充分自由的发展。给学生一些权力，让他自由去选择；给学生一个机会，让他自己去锻炼；给学生一个问题，让他自己找答案；给学生一个困难，让他自己去解决；给学生一片空间，让他自己去探索。每个学生都是一个珍贵的生命，每个学生都是一幅生动的画卷。

4. 学生是具有发展潜能的人，需要科学地开发

学生处于不断发展变化之中，具有巨大的发展潜能。美国哈佛大学著名教育学家、心理学家加纳德认为：教师们应该树立这样一种信念：每个学生都具有在某一方面或几方面的发展潜力，只要为他们提供了合适的教育，每个学生都能成材。教育工作者应该做到的，就是为具有不同智力潜能的学生提供适合他们发展的不同的教育，把他们培养成为具有自身特点的人才。承认每个学生的智能发展特点是多元智能理论对待学生的基本理念。在这种学生观指导下教师必须进行以下几个转变：（1）教师应由学生的控制者转变成为学生的观察者，教师要在日常学习生活中，观

察每个学生的智力特点以及行为特点。（2）教师应该从学生的监护者转变为学生协助者，帮助、鼓励每个学生表现自己的智能倾向，以便于教师了解他们的兴趣爱好、学习强项等。（3）教师应该从知识的传授者转变成为学习情景的提供者，教师应该具有根据每个学生的智能发展特点，为其提供有利于其发展的学习环境，在多元智能的教学中，教师再也不是高高在上的了，教师必须蹲下来看学生，在与学生平等的地位上对其进行观察。

现代脑科学的研究表明，人的大脑还有非常大的开发空间，因此，每位学生都有巨大的发展潜能，只有度的差异与潜能类别的差异。学生的潜能是可以通过教育过程进行开发与挖掘的，只要我们采用适当的教育机制与现代教育方式，就能够为学生巨大的学习潜能的展现搭建合适的平台，如开发为学生所需的校本选修课程，如开展以小课题为载体的研究性学习活动，如组建以学生兴趣为基础的学生社团（可以真正地做到以学生为主体，教师为主导）等，都可以有效地挖掘学生的潜能，都能够丰富他们的科学思维和实践能力，这已被大量的成功实践所证明。

日本有位心理学家曾说："在每个孩子身上，都蕴藏着巨大的、不可估量的潜力，每个孩子都是天才，宇宙的潜能隐藏在每个孩子心中。""假如我们抛弃僵化的教育方法，用一种充满生命力、充满人情味的方法，那么所有孩子都能成为栋梁之材。"正确的看待评估每一位学生，使他们相信自己定能展示无限特长，成为有益于社会有益于家庭的人，这便是教师的职责。

学生身上蕴藏着巨大的潜力，教师应当看到学生发展的可能性和必然性。在实际工作中，教师往往从学生现有的成绩推断学生聪明与否、能干与否。成绩不好的学生被看作是没有出息、没有潜力的那一类，这是十分片面的。青出于蓝而胜于蓝。实际上，无论成绩好坏，每个学生身上都具有很大的潜力，他们对事物有着强烈的好奇心，在解决问题的过程中具有丰富的想象力，只要教师善于引导，就能够使他们的主动性和创造性得以充分发挥。

教师认识到每个学生都有成功的潜能，就要以发展的眼光看学生。上帝给每个人一份天才，就是每个人的宝藏，是由你最先发掘，还是由伯乐发掘，还是让它深藏呢？

每个人都有要求进步的愿望，每个人都有丰富的潜能，每个人都有自己的智能优势。每个学生都有才，通过良好的教育和训练，每个学生都能成才，成功，这是教育的本义和真谛。基础教育，尤其是义务教育的宗旨是促进教育的广泛普及，那种选拔少数学习尖子、淘汰大多数普通学生的教育模式，必须给予根本性的改造。

相信人人都有才，才会正确对待每一个学生的发展潜能；相信人人能成才，才能找到适合学生发展的好方法、好途径。

年幼并非无知，教育并不是一切从零开始。只要有正确的引导，学生的潜能就会像空气一样，将其放在多大的空间里，它就有多大。只要教育者充分给他们提供表现、思考、研究、创造的机会，相信所有的学生都能学习，都会学习。教学教育的技巧和艺术就在于，使每一个学生的潜能发挥出来，使他们能充分享受到学习的乐趣。

虽然中学生的身心处于发展阶段，但中学生的思维是非常活跃的，中学时期是学生思维能力发展最快的阶段之一，是激发创造性最佳的时机之一。中学生没有成年人的众多的思维定式，他们敢想，敢做，有较强的冒险意识，有抗拒常规的精神，这是青少年突出的心理特征。因此，青年学生比成年人更具有创新的勇气，更具有创新的意识，更具有发展的潜能。基于此，中学教育应该将激发学生的创新意识，挖掘学生的发展潜能，培养学生的创新人格当作重要的教育目标。

教师应该成为一名"发掘者"，应该鼓励学生的好思、善问、求疑、探究行为，并贯穿于教育教学的全过程中，教师应该成为一名"播种者"，应该把责任、信念、希望、宽厚播种在学生的心灵深处。

5. 学生是有差异的，但差异不等于优劣

多元智能理论告诉我们：每个孩子都是聪明的，都是可爱的，只是聪明的范畴与性质呈现个别差异。学生差异，主要表现在智能类型的差异、发展阶段的差异、发展速度的差异、学习方式的差异、发展水平的差异和非智力因素的差异等方面。

面对差异，教师要树立乐观的教育信念。学生的差异只是个体间的差异，只是个体间的某个方面的差异，就整体而言，他们总是代表着新生力量，代表着未来，代表着无限生机和发展，因此，面对差异，教师不必畏惧，不必恐慌，要相信每一个学生都能成为有用之才，每一个学生都有获得成功的潜能，都可以成为对社会有

用的人。教师永远以乐观的心态，面对孩子，面对教育。爱因斯坦 6 岁入学，在教师眼中是一个笨头笨脑的孩子，经常因为成绩不好被留在学校不准回家，以致被学校开除，这样的"差生"后来却成了享誉全球的大科学家。牛顿小时候成绩很差，被人当成劣等生，常遭同学欺负，这样的"差生"以后却成了全世界公认的伟大的科学家。爱迪生 8 岁上学，被教师称作"不折不扣的糊涂虫"，认为他理解力差，听不懂教师的话，最终被迫辍学，这样的"差生"，日后却成了平均每 15 天就有一项新发明的伟大发明家。

面对差异，教师应采取科学的教学策略。根据加德纳的多元智力理论，智力之间的不同组合表现出了个体之间的智力差异，每个学生不同程度地拥有 9 种智力，而且，学生存在着差异性的发展。学生不可能什么学科都学得很好，或长于文史，或长于数理，或长于制作，或长于艺术，这是正常的情况。教育应当成为"扬长"的教育，不能只忙于"补短"，如果只限于、忙于"补短"，则必然没有时间和精力去"扬长"。求全责备有可能导致平庸。

面对差异，教师应采取适应差异的灵活的教育教学方法。德国教育家第斯多惠曾说："教学的艺术不在传授本领，而在于激励、唤醒、鼓舞。"教师要充分信任学生，要尊重学生的观点和思维，善于精心设计情景和教学活动，以引起学生浓厚的学习兴趣，产生强烈的学习愿望，使他们的思维处于异常活跃的状态，激发学习动机。教师首先要了解学生的差异，正视学生的差异，尊重学生的特点，针对学生情况进行教育教学设计；其次要针对不同的学生，运用心理学知识，用不同的方式进行教育教学；应尊重学生，相信学生，善于为学生创设自由想象的空间，让学生在乐海中自由畅游；对于学生的独立见解，创造意识，要加以鼓励和保护，挖掘和引导。就像苏霍姆林斯基所说的：使每个儿童的力量和可能性发挥出来，使他们享受到脑力劳动中成功的乐趣。

面对差异，教师要引导学生乐观地对待自己的差异。研究表明：黑格尔、达尔文、巴尔扎克、拜伦、海涅，这些历史长河里一个个闪耀着光辉的名字，他们小时候无一例外地曾被人认为是平庸无奇的。中国的钱钟书考清华时数学只考了 15 分，但中、英文极佳，破格录取，后来成了大文学家。钱伟长当年考清华大学，数学、物理、化学、英语一共考了 25 分，物理只考了 5 分，但中文和历史考了两个 100 分，先进了文科班，抗战暴发后，想转到理科班，经过刻苦努力，通过了校长的考验，后来成了著名的导弹专家。郭沫若中学语文还曾有过不及格。华罗庚初中数学考试也曾有过不及格。因此我们做教师，要引导学生乐观地对待差异，要引导他们发现自己的潜能，相信自己的潜能。

面对差异，教师要有守候希望的耐心。教师要承认学生是在不断成长的，要相信学生的未来必定是光明的，要相信学生能够迈过一个个坎坷走向坦途。在具体的教学过程中，教师的耐心等待就是不要急着提供最标准的答案，多给学生一点时间；教师的耐心等待就是不要打断学生错误的陈述，让学生说完自己答案；教师的耐心等待就是给学生一个空间，为学生自主思考创设一个平台；教师的耐心等待就是生成一个精彩，为学生增进自信提供一条途径；教师的耐心等待就是伸出一双暖手，为学生的心灵建造宁静的港湾。学会等待，意味着教师能够用发展的眼光看待学生；意味着能够用从容的心态对待自己的工作；不急于求成，不心浮气躁，不指望一次活动、一次谈话，就能收到立竿见影的效果。教师要有守候希望的耐心，守候希望，需要平静和平和；守候希望，需要细致和细腻；守候希望，需要耐心和耐性；守候希望，需要语重心长的教诲，需要关爱鼓励的眼神，需要意味深长的触摸，需要足够耐心的等待。让我们学会守候希望，给予期待，还教育原味，等待学生自己解决一个又一问题，等待学生跨过一个又一个障碍，等待学生能够离开我们独立远行。

差异是可以改变的，教师要引导学生由此能力向彼能力的迁移。科学研究和大量的事实证明，人的能力总是会在某一个平台上协调地发展，其中此能力推动彼能力的发展是其取得协调的最基本的规律。一个学生在某一方面差，并不意味他什么都不行。每个学生都有自身的特点，而重视学生的特点并以此出发进行引导，促使其由此能力向彼能力迁移，恰恰是教育的一个重要任务。

存在主义哲学家雅斯贝尔斯在《什么是教育》中说过的一句话："教育的本质意味着：一棵树摇动另一棵树，一朵云推动另一朵云，一个灵魂唤醒另一个灵魂，未能引起人的灵魂深处的变革，那么它就不能成其为教育。"教育是生命的事业，生命成就教育，同时教育润泽生命，教育提升生命的价值。

二、我的语文教育理想

我的语文教育观

> 以课堂教学为轴心，向学生生活的各个领域开拓、延伸。将鲜活的生活引进课堂，将有限的课堂延伸到生活中。
>
> ——题记

我教了 3 年小学语文，10 年零 6 个月中学语文，又从事了 21 年语文教学研究。在这 35 年的理论与实践探索路上，我从教学之初把学生们一次次带进大自然，在大自然中观察、体验、学习、感悟语文知识，到后来对语文教学的深层研究，自觉不自觉地走上拓展之路，再到今天确立拓展式教学理念，我对语文教育的认识，由模糊逐渐走向清晰，由肤浅逐渐走向深入，由感性逐渐走向理性。

语文是什么？

（1）在古代，语和文向来有许多不同解释，五四时期，语和文联姻组成了一个合成词，它的外延当是泛指生活当中接触到的各种各样的语言现象。语文学习是综合性极强的学科，它以听、说、读、写四种基本能力的培养为核心，辐射美学、文学、文化等各个领域，教学中强调由文入手，以文悟道，因道学文，文道相融，文道合一，而这个道的内核，就是生活，语文课应是充满人文性的。

（2）语文是民族文化的主要载体。都德的《最后的一课》讲"亡了国当了奴隶的人民，只要牢牢记住他们的语言，就好像拿着一把打开监狱大门的钥匙"。每个民族都有自己的母语，不珍惜本民族的母语，则可能导致本民族文化的灭失和被遗弃，从某种程度上讲语文学习也是对民族文化的传承与发展。

（3）语文的一个重要功能是它的工具性，它是人们交流思想，学习其他学科和从事现代化建设各项工作的工具，也是储存、传递、交流信息的工具。这个特征决定了语文学习的途径应该是在交际过程即运用语言的过程中学习语文。

总之，语文源于生活，用于生活，社会生活的方方面面又无不需要运用语文。

语文学习更应当成为学生未来发展和在校学习其他课程的基础。

学语文学什么？

学语文学什么，教育家有过众多的论述，就工具性而言，可归纳为四个字：听、说、读、写。但随着时代的发展，语文学习应当拓展为：学知识、学方法、学感悟、学表达、学创新。学知识——我国上下五千年灿烂的文化，是语文知识的丰富内容，这些知识我们要不断地学；学方法——听、说、读、写，各有奥妙，掌握学好它们的方法，让我们在知识的海洋中获取无限的精神财富；学感悟——当今学语言已远远不止了解它们的字面意义，有时还要进一步悟出它们的深层含义，还要学会把握许多模糊的语言现象，培养相应的感悟能力，理解他们的深层含义；学表达——在某种程度上说，表达是学语文的"终端"，容量再大的电脑还必须有一台出色的"显示器"，学会表达（包括读、说、写）才是学语文的重要归宿；学创新——创新意识是当代人才的重要标准，培养创新思维能力是学习语文这门基础学科不可忽略的内容之一。

语文究竟怎么教，怎么学，怎样提高学生的语文水平？我认为叶圣陶先生的"教是为了今后不需要教""培养学生自学能力"是最最重要的指导原则。教学，顾名思义应当是"教"和"学"两方面的活动。"教"和"学"，犹如车之两轮，鸟之双翼，不可偏废，"学"是"教"的出发点和落脚点：教什么，怎样教，都要从"学"的实际出发，关键是"教"学生"学"，要教得学生爱学、会学。即不但学会知识，具有运用知识的能力，而且要掌握学习的方法。学生学得主动，才能举一反三；否则，单有教师的积极性，学生处于应付的被动的抑制状态，教学必定事倍功半，甚至劳而无功。语文学科的多种教育功能都运用于语言文字的学习活动之中，都可以在具体的语言文字训练的过程中予以渗透。只要我们能正确、全面地理解，并切实有效地实施真正的语言训练，语文学科所应担负的各项教育任务都将能各得其所，落到实处。

1. 遵循规律，科学施教。在听说实践中学会听说，在读写实践中学会读写

《语文课程标准》在前言部分指出："总结我国语文教育的成败得失，借鉴各国母语教育改革的经验，遵循语文教育的规律，努力建设与现代社会发展相适应的语文课程。"在正确把握语文教育的特点部分指出："语文是实践性很强的课程，应着重培养学生的语文实践能力，而培养这种能力的主要途径也应是语文实践，不宜刻

意追求语文知识的系统和完整。语文又是母语教育课程，学习资源和实践机会无处不在，无处不有。因而，应该让学生更多地直接接触语文材料，在大量的语文实践中掌握运用语文的规律。"

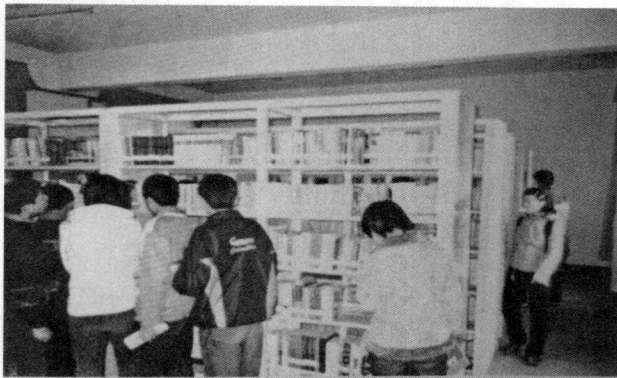

▲ 综合实践活动在县图书馆阅览

带领学生到县图书馆去阅览、去写作

　　学好语文，培养语文能力的基本途径是语文实践。两岁左右的孩子学说话，学得特别快，好些话大人根本没有教过，但孩子说得会让你吃惊，用词不当偶尔有之，语法结构上是很少错误的。靠的是什么？是不断地听，不断地说，在听说中理解，在听说中熟练，在听说中提高，一句话，在听说的实践中学会听说。学习口头语言靠多听多说，那么，书面语言的学习主要靠什么呢？《东坡志林》记载，有人向欧阳修请教如何写好文章，欧阳修回答："无它术，唯勤读书而多为之，自工。"鲁迅先生在一封书信中说："文章应该怎样做，我说不出来，因为自己的作文，是由于多看和多练，此外并无心得和方法的。"其实，无须搬出名师巨匠，也无须引经据典，平心而论，实话实说，我们语文教师自己有谁不是因为大量读写而学会读写的呢？不同时代的人总结自己学习语文经验时，得出的结论都是完全一致的，可见，学习书面语言的基本方法是多读多写，在多读多写中学习，在多读多写中熟练，在多读多写中提高，一句话，在读写中学会读写。从小孩子学说话到成人们学写文章得出了同样的结论，这些结论是规律，更是科学。应该老老实实按照科学规律去办事，因为科学是老老实实的东西，来不得半点虚假。科学固然特别强调创新，但凡是规律都必须而且只能遵守。比如，倘认为从古至今，人都用嘴吃饭，用胃消化食物，用脚走路，用手干活是守旧，而改用鼻子吃饭，用心脏消化食物，用手走路，用脚干活才是创新，其后果如何不言而喻。因此，学语文要特别强调让学生主动参与语文学习的过程，书要靠他们自己去读，语言运用之妙要靠他们自己去感悟，语文基础、文化底蕴，要靠他们自己去积淀。一切有助于促进学生自己读书，自己感悟，自己表述，自己积累，自己运用的教学方法和手段都是有效的，都是值得肯定的。现行语文教材是分单元组建的，一个单元有一个单元的主题，有其训练重点和目标。单元教学应该抓住这一点不放，着力攻其一点，逐个突破。教学过程要有明确的目标性、针对性、整体性、优化性。要正确使用教材，教材是语文教学资源之一，用好教材的关键贵在引导学生感悟、发现、探究、创新。教师的作用主要在两个方面，一是善"引"，即能不断把学生顺利地引入"课题情境"，引向"课程目标"，引上正确的思维路线。二是会"导"，即在巧导妙导上下功夫，导思路，导方法，导问题，导兴趣，做学习的点拨者、帮助者，及时、准确地给出评价反馈，指点迷津，打通障碍，学习解决疑难的方法、策略。

2. 以课堂教学为轴心，向学生生活的各个领域开拓、延伸，将鲜活的生活引进课堂，将有限的课堂延伸到生活中

《语文课程标准》要求：语文课程应根植于现实，面向世界，面向未来。应拓宽语文学习和运用的领域，注重跨学科的学习和现代科技手段的运用，使学生在不同内容和方法的相互交叉、渗透和整合中开阔视野，提高学习效率，初步获得现代社会所需要的语文实践能力。学语文与学第二语言不同，因为它不是从零开始，也不仅仅依靠课堂教学、课本教学来完成，它有着广阔的语言环境。无数事实表明，凡是语文学得比较好的，也就是听说读写能力比较高的，无不得益于语文课堂、课本之外的学习。著名语文教育家张志公先生就说："从自己学习语言的经验看，得自课内和课外的比例是三七开，即大概有 30% 得自课内，70% 得自课外。"

实际上，语文的学习，既不限于语文课本、语文课堂，也不限于一般意义上的课外阅读和练笔，"语文学习的外延和生活的外延相等"。这就是说，生活的范围有多大，学习语文的空间就有多大。语文教师的任务在于，充分利用广阔的语文资源，引导学生在生活中学习语文，并把学到的成果运用于生活实践。

长期以来，我们把语文教学完全等同于语文课堂教学，把语文课堂教学又完全等同于课本教学，而语文课本教学又把主要精力和大量时间用在了教师讲解、分析和提问上，老师高高在上，说一不二，学生对老师唯言是从，不敢越雷池半步，老师滔滔不绝地讲课占领了时间和空间，学生成为被动承受知识的容器。久而久之，学生学习的主动性、创造性受到压抑，学生进行语文实践、课外读写的时间少之又少。我认为，一个真正的优秀语文教师，

和学生一块进行综合实践活动

不光要教给学生语文基础知识，更重要的是要将鲜活的生活引进课堂，将有限的课堂延伸到生活中，让学生学会怎样学语文，怎样学会自己拿着钥匙去打开知识宝库的大门。要让学生学会用自己的钥匙打开知识宝库的大门，首先，语文教师必须打破传统的教育观念，要尊重学生的独立人格，要尊重学生的学习自主性。要把学习的主动权交给学生，要让学生有自主学习的时间和空间。学生是学习的主人，是主体，教师是学习活动的组织者和引导者，教师要创造性地理解和使用教材，积极开发课程资源，灵活运用多种教学策略，引导学生在实践中学会学习。

课堂离不开教材，但绝不能被教材捆住了手脚。使用教材重点是要把教材作为学生感悟的"引子"，著名特级教师窦桂梅老师这样说：学生的感悟能力就如同杠杆上的支点，对人的发展来说，学生的感悟能力的高低正决定今后能否撬起这个"地球"。语文教材具有深厚的文化底蕴宽阔的知识背景。这一独特的优势，是其他学科所无法比拟的，教师应通过对教材内容的挖掘，引导学生进入课文的情境，使学生与作者、课文的感情产生共鸣，最后转化为自己的情感。但是，到此切记"不可就此打住"，而是要由此生发开去，要将学生从课堂、教材中得到的感悟引申到课堂以外、教材以外，引入到生活中去，引申到学生内在素质的提高与沉积上去。

3. 培养学生学习语文的兴趣，激发学生的内在潜能

兴趣是最好的老师。孔子说："知之者不如好之者，好之者不如乐之者。"美国心理学家布鲁纳也说："学习最好的刺激乃是对所学学科的兴趣。"这些名人名言有力地说明了兴趣在学习中的重要作用。学好语文，最为重要的是培养学生对语文的兴趣，兴趣浓厚，求知欲就旺盛，求知欲旺盛，学习就会专心致志。教师如果能把学习语文的兴趣与求知欲激发出来，语文教学就成功了一半。我认为，一个优秀的

激发学生潜能

教师就是要做学生头脑里火把的点火者。"点火"方法很多，抓住学生心理特点、认知规律等心理学知识来培养学生的学习兴趣，是激发学生的内在潜能，减轻学生学习负担，提高语文教学质量行之有效的方法。

发展心理学表明，不同年龄段的孩子有不同的生理、心理特征，因此，语文教学应随着各年龄段学生的不同特点而采取相应的教学方法。如小学时期，学生最初的学习兴趣在外部活动上，这时课堂教学应以游戏为主，采取各种活泼的形式吸引学生的兴趣。中年级是一个转折期，游戏兴趣渐淡，对不同学科产生不同的兴趣。初中阶段，是学生由童年向成人过渡时期，这时，学生正处于记忆的高峰，可以指导学生熟练地运用各种记忆策略，激发兴趣，有效提高学习成绩。语文教师更应努力在教学过程中创设情景，让学生心灵深处受到震撼，产生共鸣，激起学习的兴趣。如用歌曲《过雪山草地》导入王愿坚的小说《七根火柴》，学生很容易被"雪皑皑，野茫茫"的情绪感染，体会到无名战士的艰辛与伟大；用歌曲《延安颂》导入贺敬之的诗歌《回延安》，学生在激昂的歌声中感受到诗人重返延安的激动情怀，急于学习课文，提高兴趣。语文教师还应该想方设法地设定学习目标，用学习目标吸引学生的注意力，并进一步激发学生的兴趣。如上说明文《死海不死》一课时，课前准备一杯浓盐水，一杯清水和一个鸡蛋，上课时演示给学生看，学生惊奇地发现：盐水中鸡蛋不会下沉！为什么呢？学生激起了求知的渴望，兴趣倍增。

学习是艰苦的，同时也蕴藏着无穷的乐趣，"好之者不如乐之者"，乐知者则忘我，忘我则"无苦"，则"苦"而"不苦"。被动地学就苦，且苦不堪言，正如《学记》所说："导而无牵则和，强而弗抑则易。"总之，语文教学激发学生学习兴趣的方法多种多样，一位优秀的语文老师，对学生应该在鼓励中诱发他们的求知欲、好奇心，培养他们健康的自信心，使他们在学习实践中不断获得成功的喜悦和甜美的感受，点燃获取新知的兴趣。

4. 授人以渔，培养习惯，终身受益

方法与兴趣同样都是打开知识宝库的"钥匙"，明确的学习目的和良好的学习习

惯，同样都是推动学习成功的动力。语文学科的"实践性"特点，决定了学生学习的过程必须是高度自觉的、能动的参与的过程，只有这样，才会达到"实践"的目标。因此，语文教师必须十分突出地重视对学生学习方法的指导和学习习惯的培养。我认为，在某种程度上说，教会学生"学会学习语文"是语文教师的第一要务，培养学生科学的语文学习习惯是语文教师的基本出发点。

根据中小学生的认知规律及特点，贯彻课程标准的新要求，语文教师在教给中小学生学习方法和培养良好语文学习习惯方面，须注意以下几点：

（1）由读做起，从无框框到有选择。人对语言的积累是从说开始的，婴幼儿对语言的模仿，学前教育对幼儿语言的引导，使它们有了最基本的语言积累，进入中小学阶段后，读则成为学生语言积累的最重要途径之一，只有通过大量的读、正确的读和初步的理解、体验，才能使他们的语言能力出现质和量上的飞跃，因此，要由读做起。

中小学生的读首先要从保护学生的读书兴趣出发，在内容上，以学生的兴趣、兴致为中心，不加限制地由学生兴之所至地读；在要求上，不求一次读对，不求一次读懂，读得越多越好，越泛越好。通过这一过程，使学生完成基础性的、"普惠性"的语言积累。随着学生年龄的增长、知识的积累和学习的需要，教师要指导学

和学生一起晨读

生围绕某个问题、某个主题、某项训练逐步开展有目的的读、有选择的读、有思辨的读，使学生的语言积累达到丰富、准确、精致、生动的阶段。

（2）由思起步，从"见小不见大"到整体把握、突出重点。中小学生对课文或其他短文的感知，往往会从两个维度展开，一是局部的，一是整体的。一般而言，年龄越小，从局部感知的情况越多。感知是思维的基础，因此，指导学生学习语文，首先要允许并尊重学生从局部感知和具体思辨开始，允许他们"见小不见大"，同时不断提高他们局部感知和具体思辨的深度，使学生形成思考的习惯和善于发现、善于思考的思维品质；年龄较小的学生对整体的感知是存在的，但感知的程度往往是笼统的，甚至是模糊的。对这一存在，教师应当精心呵护。随着年龄的增长，我们在培养学生局部感知水平不断提高的基础上，引导他们更好地感知整体，不断提高整体感知的水平，然后再引导他们从整体感知中跳出来，看到整体的核心，即突出重点。

（3）由欣赏开始，引导学生建立自己的词汇"宝库"和语言"宝典"。对学生而言，什么是最好的语言？回答应该是：能最准确、最生动、最有条理地表达自己思想或者最能引起自己思想共鸣的语言，才是最好的语言。远离那些离开思想的华丽辞藻、空洞无物的句子。因此，学生的语言积累，一定要由学生"所欣赏的"开始。学生在学习语文过程中，教师要引导学生发现自己的"欣赏"，记录自己的"欣赏"，由此点滴积累，逐步形成学生自己的词汇"宝库"和语言"宝典"，并在运用过程中积淀为学生自己的语文素养。

（4）由说、写入门，从借用一句到借鉴思路、丰富思想。培养学生运用语言的能力是语文教学的重点，也是难点。作为教师必须十分明白"语言是表达的工具，思想是文章的质料"这一最基本的常识。因此，提高学生的说写能力，必须由表达学生的思想情感这一核心来展开教学，让学生用它自己的话表达他要叙述的故事和他的内心世界。那么，从哪里起步呢？大多数人或许都有这样的体会：小时候往往会因为欣赏了某一句话、某一个词或某一个成语，在写作文时就想千方百计地把它用进去，甚至会围绕这句话、这一个词或这个成语展开他的思考和作文。其实，这是青少年学写作文的一般规律，它符合有感而发的原则，符合学以致用的原则，符合青少年的认知表达规律。教师要尊重这样的规律，从借用一句、仿写一段起步，逐步拓展开去，真正使学生在作文上"有话可说，说话说好"。青少年的内心世界是

十分丰富的，它们与玩伴无拘无束的交流就是最好的佐证；他们的口头语言也远比书面语言丰富得多，他们滔滔不绝的表达就是最好的佐证。面对这种现象，教师一定要打通说与写之间的"壁垒"。有时让学生把自己的话记录下来就是一篇十分生动的作文。因此，由说到写、说写结合是训练学生运用语言的最自然也最有效的途径。经过这样的入门训练，我们才可让学生逐步学一篇懂一篇，懂一篇掌握一篇，然后学会构思，学会布局，学会借鉴某篇文章给他们的启示和体会，并运用到他们的作文中去。如果一起步就让他们学习"写作方法"，教他们掌握某篇文章的"写作特点"，其结果只能是越教越不会。培养学生运用语言的能力正像练武术一样，重点不在于练套路，而在训练基本功。

（5）学会咬文嚼字，培养良好语感。王尚文先生认为：人们对因言语刺激而做出的自然反应就是语感。他认为人们对言语作品表现出两种能力：一是内在反应——听、看（读），二是感觉层面的言语生成能力——说、写。可见，语感是学生语文素养的重要方面。培养学生良好的语感的方法很多，但学会咬文嚼字是重要途径。语言是人的精神世界的表达，文字是情感的载体，文字能不能准确表达情感或情感能不能用文字准确表达出来，取决于使用文字的那个人对文字与情感之间的"契合"程度的把握；对读书者而言，能不能准确理解和体会文字所表达的内涵，则取决于读者对文字内涵理解的"契合"程度。因此，让学生学会咬文嚼字，是培养良好语感的基本功。咬文嚼字是个"功夫活儿"，教师要在教学过程中通过对语言、词汇的精细辨析使学生养成咬文嚼字的好习惯。

英国作家萨克雷说："播种行为，可以收获习惯；播种习惯，可以收获性格；播种性格，可以收获命运。"语文教学不只是三尺讲台，展一方天空，它是人性的情感再现，是欣赏、共鸣、探索的舞台，语文课教学的生命力及其永不枯竭的动力在于思维的多元性，我们语文教师应当在创新路上大胆实践，在这方小的天地中一展我们昂扬、搏击的翅膀，迎接时代发展的挑战。让我们的教学思维空间激昂于三尺讲台内外的大千世界之中。

目前语文教学存在的问题与弊病

中小学语文在中小学生成长过程中的重要性被教育界广泛认同，但是中小学语文教学的效益之低，也是被教育界广泛认同的。原因出在哪里，众说纷纭。我认为，问题主要有以下几个方面：

第一，语文缺失了生活外延。

学生被固定在教室里，限制在语文课本中，是目前语文学科教学的通病。忘记了语文来源于生活，没有生活就没有语文这一基本原理；语文成了语言与文学的游戏，语文脱离了实践的基础；苏霍姆林斯基倡导的"蓝天下的学校"、"快乐的学校"已不见踪影。孔子两千多年前提醒的："不观于高崖，何以知颠坠之患；不临于深渊，何以知没溺之患；不观于海上，何以知风波之患"的教育原则也被遗忘殆尽。课堂教学中，缺少精神对话与交流，缺少人生的感悟与体验，不少教师向学生单向地灌输，无视学生作为生命个体的存在，无视精神层面的文化内涵，逐渐使语文教学变成教师的一个人孤芳自赏的舞台，众多的学生变成学舌的鹦鹉，教学走向了创新、创造的反面。

第二，僵化的教学模式。

语言、文字与生活丰富多彩，学生个性丰富、绚烂多彩，我们的语文教学也应该多姿多彩，千变万化。然而语文教学却被固化成为一元模式：解题、介绍时代背景、介绍作者、扫除文字障碍、分段、讲析重点语段、归纳中心、分析写作特点、完成课后练习等。

在提倡素质教育的今天，我们有许多教师，其中不乏已从教多年的教师，以教学的经验代替了教学的方法，穿着新世纪的"新鞋"，仍走过去的"老路"。一些教师习惯了这种模式。最可悲的是，教师的"习惯"养成了学生的"习惯"，与这种僵化的教学模式相适应的便是僵化的学习方法。不少教师"讲"重点篇目，也"讲"自读篇目，"讲"基础知识，"讲"单元知识，总之，用教师的"讲"涵盖了语文课堂教学的全部。不"讲"不放心，"讲"少了不放心，只有"讲"全了方才放心。在"讲"的基础上加之以"练"，陷入了反复讲、反复练的怪圈。这种机械重复的手段，占用了学生大量时间，束缚了学生的思维，抑制了对学生能力的培养。

第三，语文教学外部环境欠佳。

整个社会急功近利，你考什么，我教什么；你考的范围多大、篇目多少，我就让学生死记硬背多少。一切以应对考试为"宗旨"，舍弃了学生的感悟、思辨，扼杀了学生的创新思维。对于这种局面，无论学生，还是教师，都苦不堪言，疲于应付。

　　第四，涉及语文诸多问题尚不明朗，理论研究滞后。

　　目前教育界对语文教学的许多问题认识还不够清晰，语文学科还没有真正建立起自己的概念体系。在相当多的师范大学，汉语言文学教育专业所开设的《语文课程与教学论》或《语文教育学》逐渐被边缘化。如何使语文课程结构有利于师生创造性地阅读，如何在语文阅读教学中培养学生创新能力？如何适应我国国情，继承和发展我国母语教学中的优良传统，形成具有中国语文教学特色的课程体系，实现语文课程设置的民族化、现代化，这些理论界都不能予以清楚的界说。对已历百年风雨、曲曲折折的语文教学实践，由于诸多问题仍不明朗，很大程度上导致语文学科的地位发生偏移和倾斜，前几年的语文课程性质之争只是这一问题的侧面反映。比如说，有人认为语文教学应回归语言，而有人认为语文教学应该以文学教育为主，有人认为语文教学应以技能培养为主，莫衷一是。理论研究滞后，影响了语文学科理论的贫乏，导致理论不能有效指导语文教学实践，最终导致语文教学实践徘徊不前，甚至开历史倒车。

　　第五，教师功力不够。

　　不少教师经历单调，缺少对实际生活的深刻体验和实践，眼界不宽，思维程式化倾向较突出，联系实际能力薄弱，创新精神不够，缺乏独立建设教材、处理教材的能力，听、说、读、写的能力不足。心中缺乏科学合理的语文教学蓝图，自己不会设计，且缺乏处理单元的能力、处理课文的能力。教学目标确立不当，过多、过高、过少现象都存在。长期的应试教育，使某些老师把语文教学过程变成了一种机械的生产流程，只有机械主义，没有主体精神。教师备课想着考试，备课依据教参，把教参的答案当作标准答案，考试的答案从教参里找，学生上课唯老师的讲授是从，这其实是间接地在依赖教学参考书。

　　课程改革实验，为比较沉闷的语文教学注入了生机与活力，学生学习语文的兴趣有所提高，思维活跃了，口语交际能力、综合学习能力都较前有所提高。老师们重视了学生自主探究精神和创新精神的培养，重视了对学生创新潜能的开掘，密切了语文和生活的联系，成绩有目共睹。但是一些教师们对这些新理念的理解和把握还存在着很多困惑，教学实践中也就难免出现一些偏差，我在深入部分课堂听课后，欣喜之余总让人感觉还有不尽如人意的地方，发现在轰轰烈烈的新课改中还存在一些应该引起足够重视的问题，主要有以下四个方面：

第一，追求表面的浮华和热闹。

重形式轻实质，语言训练没有落实，不到位，花拳绣腿多。内容庞杂，课件繁杂，尤其是公开课，容量太大，节奏太快，课件太多。教师连珠炮式地讲解，手忙脚乱地演示，学生急匆匆地对答，扫描式地观看，没有回旋的余地，没有咀嚼回味的时间，知识如浮光掠影，训练似蜻蜓点水。教师不范读，不板书，淡化了教师的指导作用。课堂虚有余，实不够。多媒体的使用缺乏有效性，教师缺乏高效设计运用多媒体的能力。课堂问题的处理和生成不自然，学生讨论肤浅。课堂上热热闹闹，没有给学生思考的余地，也没有给学生质疑的机会。学生的心灵之窗没有打开，没有另类的声音，没有独特的感悟，没有多元的结论，没有因思维撞击而迸发的火花。

第二，架空分析抬头，缺乏双基指导。

不少语言文字训练不落实，语文活动没有很好地开展，"架空分析"有所抬头，即以牺牲工具性为代价的所谓张扬人文性，成了课堂上另一道"风景"：语言文字太浅，思想内容太深。教师用大量时间去深究文本的思想内容，而削弱了对语言的把握。把接受性学习和自主、合作、探究对立了起来。

第三，缺乏正确的教材观。

一些教师把讲授教材作为语文教学的唯一任务，错误地认为上课就是讲教材。教研活动中，教师最关心的是某篇课文如何讲，教材中的课文要不要都讲，生怕漏掉课文中的一丝一点，丢掉教材中的一篇课文，致使语文教学永远也"大"不起来。摆不正上语文课与使用教材的关系，对"教材无非是例子"缺少深刻的理解。

第四，课堂教学评价形式化。

正确的教学评价是形成积极教学过程的基础。在新课程教学中，教师的教学评价指向不明确，如课堂上在学生回答问题后，教师只用"很好"等笼统的鼓励话语来评价，到底是对学生积极参与教学过程的评价、思考能力的评价？还是对回答的结果的评价？教师评价的模糊给其他学生正确认识问题带来干扰。教师的评价要抓住学生回答中的正确点加以肯定，对不足之处也要指出并加以引导，否则学生思考问题的思路就会发生偏移。

语文教学是一门科学，也是一门艺术，个性是艺术的生命，有了它，才能充满生机，富有魅力。比起其他学科来，语文教学中教师的参与意识应该更强烈，我们

要尽力发挥教师的个性，这种个性表现在研读教材教学上，是一种思想认识倾向；表现于课堂教学，是一种心意情感的宣泄；表现于运用教学方法手段，它具有创造的特征；表现于确定目标、设计环节、安排结构、控制节奏，它具有审美的价值；表现于言语、神情、举止，它具有令人愉悦的品味。语文教学的个性，是一种特色，一种风格，是教师人格的外化。只有在张扬教师个性的同时，教师的创造性才能得到了发挥，学生才能真正有所得益。

我对语文拓展式教学的探索

语文教学拓展目的是让学生的语文思维活起来，真正把语文课构建成为联结课文和生活的桥梁，实现课内和课外的沟通。

——题记

（一）我对拓展式教学的理解

语文拓展式教学是我多年来在实践中探索，在探索中实践，逐步摸索出来的一种教学模式。

什么是拓展？

《现代汉语词典》只给了我们一个"开拓发展"的泛义的概念，顾名思义，"拓"就是开辟新的领域，"展"就是展开、发展。拓展就是在原有基础上，通过联系引申，开掘发展，以求得新视野、新发展、新体会，达到巩固已有，探索未知的目标。从人的自我发展的角度来看，拓展这一思维环节的地位、作用非常重要，是知识转化为能力，内化为素质的关键。拓展，前有学习，后有创造，起着一个承前启后的作用，是由量变到质变，直至飞跃的中间地带。一个人学习了"一"，通过拓展，"一生二"、"二生三"、"三生万物"，形成对事物本质的规律性认识，而后在此基础上进行新的创造、新的生成。

什么是拓展式教学？

拓展式教学是指在教师的指导下，以学生自主学习为主要途径，延伸、超越或超前于课本知识进行的教学组织活动。它以拓宽视野，丰富信息、培养学生发散思维和能力迁移为重点，以课堂教学为主阵地，以课外阅读为辅助的一种教学方式。

什么是语文拓展式教学？

语文拓展式教学是指教师引导学生自主学习，自主探究，使教学与课外阅读、社会生活和自己思想实际密切联系，从而拓展教学内容，开阔学生视野，开发学生思维，培养学生能力的一项语文教改实验。具体地说，拓展教学就是以教材为载体，结合课文内容或形式，从不同角度入手，搜集与课文有关的内容进行举一反三的教学。就拓展其本意来说，它是一种学习迁移，它需要学习者对原来知识有一定的概括能力，并在相似的学习情境中进一步展开学习。通过拓展学习，开拓学生的知识视野，扩大学生的思维领域，提升学生的人文素养，提高学生的读写创新能力。通俗一点说，就是结合教材，让学生多读一些，多看一些，多知道一些，多思考一些，使他们知识与能力，方法与思维，情感、态度、价值观得到进一步提升。表现在课堂教学上就是由老师引导，师生共同由课内向课外、突破时空限制的适当的延伸，是学生在老师调动下进行发散性、创造性思维的教学迁移环节。

为什么要进行语文拓展教学呢？

第一，学生终生发展的要求。语文拓展教学的目标有两点：一是要加深对所学内容的理解与感悟，使拓展与所学内容相联系、相融合，并得到提高和升华；二是要扩展学生的思维：增加学生思维的深度，扩大学生思维的广度，锻造学生思维的强度。进行拓展教学，必须服务于以上两个方面。背离了这两个方面的所谓拓展教学，只能是流于形式的、没有多大实际效果的教学。可以说，拓展教学是以学生为出发点，是为了每位学生的终生发展。拓展教学的本质决定了它是以"有效"为价值取向的。

第二，时代发展的要求。未来社会需要大量的综合型人才和敢为天下先，具有超前意识、变革意识的创新型人才。这些人才都需要有广博丰富的知识，有灵活的思维能力，有全面的素质和创新的能力。而这些知识、思维、素质、能力从哪里来？语文拓展式教学是培养这些能力的有效方式。

第三，素质教育的要求。素质教育，作为实现中华民族伟大复兴进程中的现代国民教育，要求教师着眼于学生的全面发展和未来发展，要求教师通过自己的教学实践提高学生各方面素质，尤其要培养他们的实践能力和创新能力。而拓展式教学，无疑对提高学生的实践能力和创新能力大有裨益。在拓展式学习中，学生一方面通过阅读大量材料，汲取各种人生经验，为将来参与社会实践奠定知识、思想、情感、

方法的基础，另一方面可以通过阅读大量材料，开阔思维空间，转变思维方式，形成思维个性，为将来进行理论创新、科技创新和人文创作奠定良好的思维基础。可以说，素质教育的原则体现在语文教学中的重要方式，就是拓展式教学。

（二）语文拓展式教学的理论依据

1. 哲学依据

根据唯物主义内因是事物发展的根据，外因是发展的条件，外因通过内因才能起作用的哲学原理，在教学活动中，学生的自主学习是教学的主要行为，教师的辅助引导是帮助学生学习的辅助行为，因此，在教学中，学生应该是学习的积极探索者，而不是被动接受者。教师是为学生创设学习情境和交给学生学习方法、培养学生能力的组织者和领导者，而不仅仅是教给学生知识的"传道、授业、解惑"者。拓展式教学中，学生在教师指导下，通过自主学习，主动获取知识，符合外因通过内因起作用的哲学道理。因此，内因起主要作用的唯物主义原理，是以学生为主的拓展式教学的重要哲学依据。

2. 认知依据

现代教学理论认为：学习的拓展和迁移，是指人们在凭借现实事件所获得的认知和体验的基础上，对其他与此相关的知识进行不断地学习和改造，使之适应和贴近自己的认识和体验，从而获得知识的一种心理行为和学习行为。共同要素说和联结主义论认为，两种学习情境存在共同成分时，必然要产生共同的刺激，在其他条件存在共同原则时，就能实现知识的迁移和拓展，实现知识的变化和更新。拓展式教学中，通过拓展教学内容，达到知识更新，培养学生能力的做法，与知识迁移拓展更新的认知原理是一致的，因此，知识拓展迁移的现代教育心理学理论，为拓展式教学奠定了理论基础。

现代教育学表明：中小学阶段是青少年思维发展的重要阶段。朝气蓬勃、精力充沛是现代中学生具有的共同特点，他们善于幻想，喜欢新奇，喜欢讨论，喜欢探究事物的来龙去脉和事物发展的前因后果。拓展式教学探究讨论和联想想象的学习方法，为满足中小学生的好奇心和求知欲提供了有利条件，符合青少年的心理追求和认知规律。因此，研究青少年心理素质特点的现代教育心理学理论是拓展式教学的认知理论依据。

建构主义学习理论认为："学习是一个积极主动的建构过程，学习者不是被动地接受外在信息，而是主动地根据先前认知结构注意和有选择性地知觉外在信息，建构新的认知结构。""由于事物存在复杂多样性，所以学习者的建构是多元化的。"学生的学习其实就是一个知识、能力的建构过程。建构过程是学生主动学习的过程，是学生通过自身已有的知识、技能、经验与外界进行交互活动以获取、建构新知识的过程。学生不是被动的接受者，而是主动的建构者；教师不是知识的传递者，而是学习活动的组织者。在教学实践中，教师要用情境呈现问题，设计开放的学习环境，以启动学生的思维并使其积极参与课堂教学，让学生真正成为学习的主体。为了支持学习者的主动探索和完成意义建构，在学习过程中要为学习者提供各种信息资源。因此与建构主义学习理论以及建构主义学习环境相适应的教学模式就应该具有这样的特征："以学生为中心，在整个教学过程中由教师起组织者、指导者、帮助者和促进者的作用，利用情境、协作、会话等学习环境要素充分发挥学生的主动性、积极性和首创精神，最终达到使学生有效地实现对当前所学知识的意义建构的目的。"拓展式教学正是具有了这一理论意义的教学方式。

3. 学科依据

按照语文学习的外延与生活的外延相等的大语文教学观，语文课堂教学必须改变传统教学以教材分析为中心的陈旧教学方法，而代之以富有新鲜活力的"以人的发展为中心"和"以教材为例子"拓宽教学内容的拓展式教学。同时，语文教学基于形象思维的特点和优势，为学生拓展能力的培养提供肥沃的土壤。语文教材中，诸多千古流传的名篇佳作、诸多脍炙人口的美文时文，为发展学生的个性特长，为开发学生的创新思维，开辟了广阔的天地。语文课拓展有广阔的空间。无论是培养学生语文运用能力，体现课程工具性特点的材料，还是陶冶学生思想情操，体现课程人文性特点的材料，都应该成为拓展教学的重点内容。新课标提出：当前的课程改革要改变过于强调学科本位、课程内部各部分之间割裂的状况。语文课程要加强综合性，沟通与其他学科之间的联系，沟通与生活的联系。语文课程的资源是丰富的，需要积极地加以开发和利用，促进课内外学习和运用的结合，使学生扩大语文学习的视野，提高学生学习运用语文的积极性，从而在课内外的学习与运用中拓展语文课程的内涵。拓展式教学中，开阔学生视野，加大学生信息获取量，以及充分发挥学生才能的联想想象法，便是充分体现和利用语文教学涵盖面广、富于形象思

维特点的学习方法。因此，语文教学的学科特点，无疑构成拓展式教学的学科依据。

（三）怎样进行拓展式教学

语文拓展式教学，可以说让语文课堂呈现了新的生机。那么怎样进行拓展式教学呢？我认为，应该坚持三项原则，重点向三个方面拓展，运用好十种方法。

1. 拓展教学的三项原则

（1）教师组织到位，引导到家。语文课程《标准》指出："教师是学习活动的组织者和引导者"，其职责是"为学生创设良好的自主学习情境"，"积极开发课程资源"，"引导学生在实践中学会学习"。教学的内容、过程、方法、手段，"都应有助于培养学生主动探究、团结合作和大胆创新的能力"。拓展式教学贯彻这一原则，要求教师发挥好组织者、引导者作用。具体说，教师是学习资源、机会、条件的提供者，而不仅仅是知识结论的传授者；是教学活动的组织协调者，而不是包办和垄断者；是帮助学生走向目标的引路人，而不仅仅是学习结果的裁决者。教师是学生学习过程中不可或缺的因子，要引导学生学习，启发学生思维，帮助学生建立学习目标，并确认和选择达到目标的最佳学习策略和途径；指导学生形成良好的学习习惯，掌握学习策略和认知能力；辅导学生利用各种便利手段获取所需的信息，并利用这些信息完成学习任务；老师在备课时精心收集课外的补充资料，抛出有价值的研究问题，提出巧妙的迁移方案，重视课堂上随机生成新问题、新方案，积极有效地引导学生开展探究性学习活动。

（2）学生主体主动，兴趣当家。语文能力的形成有两种途径：一是"习得"，二是"学得"。无论"习得"还是"学得"，都是一个将外在语言转化为自己语言的内化生成过程，《语文课程标准》指出"应该让学生更多地直接接触语文材料，在大量的语文实践中掌握运用语文的规律"。让学生在"不同内容和方法的相互交叉、渗透和整合中开阔视野，提高学习效率，初步获得现代社会所需要的语文实践能力"。学生是教学过程的主体。教师要尊重学生的主体地位，从人与人的最本质的关系——人格关系上建立起平等、合作的新型师生关系。在整个教学过程之中，营造民主、宽松、和谐的气氛，使学生愉悦、主动、积极地投入教学活动。对于课堂教学来说，重要的是如何持久地保持学生自主学习的积极性。教师应持续地给予强化，不断地满足需要，以增强学生由于过程的推移而可能逐渐降低的学习兴趣、参与的积极性。老师更要注重引导学生自己动手，发挥其主体作用。学生可以利用课余时间，通过网络、书籍等途径搜集图片、资料，并对其进行筛选、整理，内化为自己的知识。

（3）师生一体深究"例子"，丰富素材。拓展式教学必须处理好课标、教材和拓展三个方面的关系。一般而言，教材是课标内涵的一种具体呈现形式和载体，正如叶圣陶先生所说"教材无非是个例子"，但教师一定要精心钻研这个例子，根据课标要求和教学实际需要，选出有价值的拓展点，将课本知识引向纵深处，将语文课堂引向更广阔的世界。具体说，就是要求教师在带领学生进行拓展时，要深挖教材，紧扣课本，在以教材、课本为基础上向四处辐射、发散，切忌抛开教材和课本，去漫无目的、梦游式、天女散花式、放羊式、放风筝式的瞎拓展，空拓展，乱拓展。否则会导致课标和教学目标的"悬空"和迷失。师生通过对课本知识的全方位拓展，最大限度地调动学生在教学中的参与行为来激活内因（学习情感），实现认知过程中的最大效能。

2. 拓展式教学重点拓展的三个方面

语文课程标准对语文实践性环节提出的做好课内外沟通的要求日益成为语文教学的一个重点。拓展的成败，将直接关系到学生的创造潜能能否得到有效开发，良好思维模式能否养成。我在长期教学中归纳出如下几种的拓展模式供大家参考。

（1）教材内容的拓展

一般来说，语文教材中的范文都是文情并茂的名家名作，都是完美的内容和形式的最佳组合，但由于篇幅和课时的限制，它不可能是语文世界的全貌。要想让学生真正地学好语文，具有适应时代要求的语文能力，就必须引导学生在学好教材的基础上，把自己求知的触角伸向更广阔的空间，把学习之根扎在广阔的大语文的土地上，把思维扩展到无限的语文知识的海洋中；就必须引导学生广泛地开展读书活动，启发学生多读中外名著，带领他们走进图书馆和阅览室，广泛涉猎各种语文知识，定期与不定期地开展讲书活动，把学生的思维引向课外的社会生活，以达到学以致用的目的。具体方法如下：

①对教材进行纵向和横向的拓展延伸，有目的地进行相关知识的链接与拓展。

教材在教学活动中具有重要的示例价值，它为学生读、写、说等语文活动提供了示范和例子。教材也具有重要的资源价值，它为学生语言、文学、文化的积累，

生活认识的提高和精神的成长提供了基本的资源。教学中对课文的作家、背景、内容、主题、写作方法等作纵向和横向的拓展延伸，能更充分地开发、利用教材资源。

如诗词鉴赏，学生很小就熟背了李白的《静夜思》，也都理解这是一首思乡诗。为什么文人墨客会喜欢选择月亮入诗？就要明白古诗中"月亮"这个意象通常引发的是离愁别绪、思乡之情。这样再去学习苏轼《水调歌头·明月几时有》、白居易的《望月有感》自然更能体会诗人情感，再读王维的《送元二使安西》，自能会心诗人对环境氛围的渲染。

如人物描写，《闻一多先生的说和做》《音乐巨人贝多芬》《芦花荡》《老王》《藤野先生》《列夫·托尔斯泰》《范进中举》《孔乙己》等课文中都有极其生动典型的人物描写。若将这些人物形象所代表的时代、反映的文化内涵及作者所要表达的情感加以梳理、比较、分析，很容易使学生体会到人与社会、人与生活之间的密切关系，明白"文"来自那里，"文"又如何影响社会。这样拓展，有利于学生认识社会，也对学生的阅读及写作更具示范性。

②由教材向课外阅读拓展，有效地拓宽学生视野。

语文教学中历来很多专家学者都主张"课内长骨，课外长肉"的观点。学生的阅读量越多，知识面就越丰富，认识就越深刻，感悟就越真切，这是阅读的规律。因此，要注意通过拓宽学生的阅读视野，来拓展学生的知识面。在引导学生阅读相关的作品时，注意学生阅读作品效果，要求学生作阅读笔记或写阅读心得，久而久之，不仅提高了学生的语文素养，而且提高了学生对社会的认知能力，也让学生感受到拓宽阅读视野对提高自己综合素质的好处。

向课外阅读拓展延伸，能开阔学生视野，丰富积累，培养语感，锻炼思维。教师可以结合教材内容、教学目标为学生作阅读推荐，这样更能增强学生阅读的目的性、有效性。

1）推荐同题材表现手法不同的作品。学习《斑羚飞渡》，可以推荐阅读《藏羚羊跪拜》《镜头下逃命的藏羚羊》《守望藏羚羊的日子》《螳螂之爱》《狼行成双》，等等，会激发学生更强烈的自觉保护动物的意识。学习朱德《回忆我的母亲》，可以推荐胡适的《我的母亲》，老舍的《我的母亲》，《感悟母爱——震撼心灵的118个真情故事》，等等，引导学生从生活的点点滴滴感悟母爱。

2）推荐同主题作品，作同中求异的比较拓展。如《孔乙己》与《范进中举》都反映科举制度对读书人的迫害，但前者是通过让人心酸的失败者形象来表现的，后者则是通过让人心酸的成功者形象来表现的。学生在比较阅读中，研究教材，搜集资料，探究问题，表达观点，既开阔了视野，又训练了思维和表达能力。比如，学习余光中的《乡愁》，我们可以呈现其另一首诗《乡愁四韵》，引导学生比较相同主题的不同写法，从而在对比阅读中培养学生分析问题、解决问题的能力。

3）推荐与课文有某种关联的作品。

比如在《盘古开天地》一课中，我们可以将各民族的创世神话推荐给学生，虽然没有在课堂上进行互文对照学习，但是也是学生学习这个神话的互文参照。

（2）教学时空的拓展

①课前延伸拓展。

依据课文特点，课前布置与课文相关的富有趣味性、探索性的学习任务，让学生通过调查、实践、询问、上网查阅、搜集等办法获取与本课学习内容有关的资料，包括各种理论、观点、数据等，并将资料汇总整理，为课堂上的学习做准备。这一过程其实要求学生在预习、了解教材内容的基础上，自主地去丰富教学内容，体现了自主学习的要求，同时学生在查找资料的过程中可以加深对教材内容的理解，获取新知，及时发现存在的问题，然后到课堂上讨论解决。

②课堂向课后拓展。

一节课的结束并不意味着一个教学过程的终结，而是新的学习的起点。心理学关于迁移现象的研究表明，如果人们学习时，对学过的知识、技能和概念掌握牢固，且又善于分析思辨，那么所学知识技能和概念会对另一种知识技能和概念产生有益的影响和推动，这叫学习的正迁移。学习不仅要走进书本更要走出书本，注重对所学知识的迁移，通过对书本知识的掌握解决现实生活中的一些实际问题。课后拓展主要包括三个方面：

第一，解决学生课堂生成问题。这种问题原本来自学生，所以它具有一定的挑战性，学生解决问题的兴趣较浓，教师根据问题可给学生适当点拨解答。

第二，读写迁移。教材中提供了很多能拓展延伸的材料，依据这些材料可作如下拓展：

1）仿写。如模仿《晓出净慈寺送林子方》写一首有关夏日的古诗等；《从百草园到三味书屋》：模仿"雪地捕鸟"的写法，尝试用一系列的动词叙述某个游戏的

过程。

2）补写。如将《芦花荡》一课中，二菱目睹老头子英雄行为时的心理活动补写出来。将《蜡烛》一课中，南斯拉夫老妇人冒着炮火，艰难掩埋红军战士及胜利后面对红军战士时的心理活动补写出来。

3）续写。发挥想象力，给《蚊子和狮子》安排一个与课文不同的结局。展开想象，将《我的叔叔于勒》《范进中举》《孔乙己》，在符合小说主题、人物形象特点，语言风格一致的基础上续写下去。

4）改写。如将《最后一课》中小弗郎士的视角转换到韩麦尔先生的视角叙述发生的事。将《雨说》《石壕吏》改写成散文。把《游园不值》改写成白话文。

5）评论。对于名篇中的人物或思想，评论家往往有一些精辟的论断，可以介绍给学生讨论，让学生跳出自己狭隘的思维空间，指导学生评价人物，评说思想。比如人们对《曹刿论战》一文中鲁庄公的评价，历来一个"鄙"字了事，但他并非一无是处，让学生对他的另一面进行评价。比如在分析了《论美》的论点、论据和论证之后，我们可以问同学们一个这样的问题："作者对于美的观点很多，你是否都同意？如果不同意的话，请说出理由。"这一问能激发学生更深入地领悟课文内容，引导学生积极地思考。

6）话题短文。教材提供的话题覆盖了人类友爱、尊重他人、坚强勇敢、乐观向上、宽容理解、团结合作、热爱自然、生态保护、科技发展、追求真理等各方面，教材所提供的读写训练材料俯拾皆是，这些材料都是培养学生语文素养、人文素养的沃土。

③课堂向生活拓展。

语文的外延与生活的外延相同。生活中处处都有语文学习的资源，时时都有学习语文的机会。语文教学向生活拓展延伸，不仅能缩短课本知识与实际生活的距离，开阔学生的视野，激发学生的学习兴趣，让学生探索，创造，施展才华，让他们在开放、自主的实践活动中学语文，用语文，让学生体验到生活和生命的意义及乐趣，而且有助于形成正确的世界观和人生观，养成观察、体验、思考、表达生活的习惯和能力，最终达到培养和提高语文素养的目的。

如学习了《苏州园林》，也学习了对联知识，不妨请学生在游览本地园林、名迹时，留心记录一下楹联、相关历史典故，也可考察一下园林布局设计上的匠心之处，和课文内容印证一下。感兴趣的同学还可以找来陈从周的《说园》读读，对我国的传统建筑艺术多一些了解。学习了《新闻两篇》，让学生把本地新闻写出来。

如可将《驿路梨花》一文的拓展设计为，"如果你是小茅屋现在的主人，你会怎样'照料'这小茅屋呢?"，把学生引向思考最近国家倡导加快边远山区和少数民族地区的建设，因地制宜发展旅游业和特产农业的话题。这样的拓展加紧了和生活联系，使学生思考真正从课内走向课外，开始关注生活。

向生活拓展，就是让语文回归生活，让语文教学走向社会生活，让生活走进语文课堂，使教学成为生活的阐述，阅读成为生活的体验。比如让学生写观察日记、开展实践活动、进行社会调查、写信、写游记等。重视应用文的写作，让作文学以致用。这就是将语文知识向语文能力转化，将语文课堂和生活融合起来。

（3）拓展的方式方法

拓展是开放性思维的运用结果，拓展应该是围绕学生发展、紧扣教学目标的多角度、多方位、多形式的拓展。不拘一格，不断创新，是它的内在要求，教师可以根据自身的积累、可资利用的教学资源等条件，进行大胆的探索和实践。根据我的初步实践，以下方式方法可资借鉴:

①鉴赏式拓展。拓宽学生阅读视野，辅导学生鉴赏文学作品，并把同一作者不同时期的作品介绍给学生，如从巴金的《风·雷·电》到《家·春·秋》，从曹操的《观沧海》到《龟虽寿》。学习作者如何用不同手法表达多个主题，并结合作者当时所处的时代，引导学生领悟其丰富多彩的人生，启发学生对人生展开思考，在强化学生语文素养的同时，使其自身综合素质获得提高。

②主题式拓展。引导学生对出自不同作者之手、产生于不同时代的同一主题作品展开搜集学习。如同样是写离别的，在学习《送杜少府之任蜀州》时，可以抓住"海内存知己，天涯若比邻""无为在歧路，儿女共沾巾"所流露的感情联系，对比同题材的其他作品:《别董大》中的"莫愁前路无知己，天下谁人不识君"的豪放，王维的《送元二使西安》中的"劝君更进一杯酒，西出阳关无故人"的伤感。在教学时，有意识地将某些有着相似主题的课文进行对照分析，以更好帮助学生理解文章的主题思想，培养学生的发散式思维。

③体验式拓展。"文学的本质是始于感情终于感情的，文学家把自己的感情表达

出来，而他的目的不管是有意识的或是无意识的——总是要在读者心目中引起同样的感情作用的。"教学中，教师要调动学生各种感官，引领他们走进作者的感情世界去体验、熏陶、捕捉作者瞬息万变的情感旋律，引领学生走进作者内心情感世界，并结合学生已有生活经验，产生个性阅读体验，描绘心中的景与物，倾吐自己的情与意，激发心中的涟漪。教师根据课文特点设计一些简单易操作的活动来对学生进行知识拓展。如学生可在排演《皇帝的新装》、《变色龙》课文中，仔细揣摩人物形象，体会文章中的人物性格，品味他们各自的心理。这样学生就能在更好理解人物性格的基础上，发掘出人物更多的性格。

④发散式拓展。要求学生在较好地理解文章的基础上，用非常规式思维来进行拓展。学习《我的叔叔于勒》一文时，我设计了《我见到了发财的于勒叔叔》的拓展题，这样学生根据文章中菲力浦夫妇及周围人对待于勒的各种表现所展露的性格，构思出这些人围着发财后的于勒的种种丑态。通过完成拓展题目，加深学生对人物性格、文章主题的理解。

⑤ 续补式拓展。情节补充，主要是教师为了辅助学生更好地理解文章主题和人物性格，对文章进行的再创造。例如学习《鲁迅自传》时，我设计了一道"鲁迅往返药店场面描写"题目，让学生想象当时鲁迅是怎样的心理，展示鲁迅当时的心境。在思考和写作过程中使学生获得感同身受，体会幼小的鲁迅在生活艰辛境遇下的心境。在学习《茅屋为秋风所破歌》一诗时，我设计要求学生写出杜甫这位老者在邻村的孩童抱茅而去独立秋风中的情景和心情。

⑥思辨式拓展。辩论历来被视为智者的较量，容易激发学生探索欲。教师在研究分析教材后可选择紧扣主题，又具有可辩性的话题供学生辩论。有利于学生澄清某些模糊认识，加深对主题的理解。《与朱元思书》中吴均为朱元思描绘了美丽的山水世外生活。朱元思到底是不被吴均笔下的山水陶醉继续做他的官呢，还是到世外桃源去纵情山水呢？这样的辩题必然会把学生思维引到广阔的空间。学生会形成两种不同的观点，一种是主张积极地入世，另一种主张抛却功名追求体现自我精神的生活。这样的辩论必然会使学生对主题的理解上升到另一个境界。

⑦信件式拓展。此种拓展模式，要求学生在学完文章后能够找到自己感触最深的，或者是最易发表个人见解的地方进行拓展。写信的对象可以是作者，或是文中典型人物，甚至是授课教师。如我教《田忌赛马》，设计了让学生以不同身份给齐威

王写信的情景，并把写信、提建议、分析人物性格和续编故事等多项读写活动巧妙地整合，这是一项融观察、分析、想象、推理、判断为一体的多纬度、高效率的思维活动。让学生以不同的身份给齐威王写信，目的在促使学生学会从不同的角度看问题，与历史人物同惊喜，共悲欢，感受个性化体验。学生还可通过信件方式对教师授课情况提出看法和意见，使教师在不断反馈中改进教法，总结经验。

⑧素描式拓展。学生对文章中一些内容进行自主创意绘画，这样的方式侧重培养学生形象思维能力和创造潜能。学习《晓出净慈寺送林子方》这首诗时，我引导学生在理解因莲叶面积很广，似与天相接，故呈现出无穷碧绿的情景后，把诗的内容用简易图画展示出来，用形象的创造来辅助理解诗的意境。回过头来，学生还可根据所画的图画讲一个动人的故事，来加深对主题理解。

⑨比较参照式拓展。把同一作者的不同作品或不同作者的相同题材、风格的作品放在一起求同存异。如比较《世间最美的坟墓》中托尔斯泰墓与中山陵、金字塔、泰姬陵的视觉效果，比较毛泽东笔下的"秋"与郁达夫的《故都的秋》中的"秋"，等等。

⑩学科间渗透式拓展。

《语文课程标准》明确提出："应拓宽语文学习和运用的领域，注重跨学科的学习和现代科技手段的运用，使学生在不同内容和方法的相互交叉、渗透和整合中开阔视野，提高学习效率，初步获得现代社会所需要的语文实践能力。"语文教材中，社会学科性强的文学作品与文科知识息息相关，自然科学性较强的科技说明文与理科知识广泛联系。如学习《大自然的语言》，可结合地理、物候知识讲解。《奇妙的克隆》可以延伸到生物转基因技术的认识。如学习《死海不死》，可结合物理"咸度高浮力大"的问题讲解；学习《沙漠里的奇异现象》，可以渗透关于海市蜃楼的物理现象。这样可以打破学科界限，加强与其他学科的联系，拓展语文学习的天地。语文教学向其他学科拓展延伸可以促进文学的情感领域与科学的知识领域、形象思维与抽象思维的交合，全面提高学生的能力。

语文教学拓展模式还有很多，这些尝试无非是想让学生成为语文学习的主动参与者、实践者。目的是让学生的语文思维活起来，真正把语文课构建成为联结课文和生活的桥梁，真正地实现课内和课外的沟通。

（四）语文拓展教学应该注意的问题

1. 拓展不能脱离语文的宗旨

随着拓展研究的不断深入，拓展形式越来越丰富。有课内向课外的延伸，有文本与网络资源的链接，有语文学科向其他学科的渗透。但有些老师在教学实践中常常忘了语文"姓"什么。借助网络进行教学原本想丰富教学的资源，加深对教学内容的理解，但有些老师上成了如何上网查资料的电脑课；在教学中引进音像资料，本想通过音乐来感染学生，形象体验文本的情感，结果却成了音乐欣赏课。

有一位老师上《泊秦淮》诗歌欣赏课。在分析了诗歌之后，老师让三位同学上黑板画一幅画来表现诗歌的意境。这本是课堂的一个亮点，但因为老师没有注意引导，结果变成学生争论谁画得最像，老师也指导船如何画，人物如何画。花费十多分钟时间，冲淡了教学主题，语文课上成了美术课。

还有的老师将学生带到郊外或公园，体验"游历语文"的妙处，但学生没有学习目标，老师也没有作观察景物方法的指导，没有引导学生领略大自然的美妙，结果上成了"观光课"。

2. 拓展不能走形式主义的路子

拓展教学是扩大学生知识、帮助理解教学内容、扩张学生思维的有效手段，但是，如果是为拓展而拓展，追求形式，讲求过场，那就偏离了拓展的本意。所以，拓展要重实质求内涵，切不可流于形式。

我们时常可以在语文课堂上看到这样的现象：教师带着学生匆匆忙忙、囫囵吞枣地肢解完课文，就立即忙于所谓拓展，结果造成"丢了西瓜，捡了芝麻"的后果。拓展是一种教学手段，不能只搞形式。它必须围绕一定的主题和教学目标来展开。拓展的基点来源于课标，起源于教材，任何离开这个基点的拓展都是空中楼阁。囫囵吞枣学习课内知识而忙于拓展是"表演"和"作秀"。一位教师在教朱自清的《春》时，用了20多分钟带领学生归纳了课文"春花图""春风图""春雨图"等几大块内容之后，接下来运用多媒体手段，向学生展示了十几幅春天的画面和描写的文字，画面一幅接着一幅，真可谓形象扑面而来，热热闹闹，但并没有能够有效地辅助理解课文，也丝毫谈不上有思维的跃动，充其量是欣赏美图，这只能是形式上的拓展，没有多大的实际效果。

3. 拓展不能不着边际

拓展教学注重学生的自主学习，但我们不能因为尊重个性、开展个性化阅读，就没有原则。评价人物，不着边际；情节续写，荒诞离奇；表演课本剧，不尊重课本，随意添加，追求表面热闹。这些都将失去拓展教学的"信度"。

在某些课堂上，知识性的东西得不到落实，工具性的东西往往被忽视。不重视文本的解读和基本知识的理解与运用，不注重语文基本能力的培养，对课文内容匆匆带过，字词都没有理解清楚，就跨越课文进行拓展性教学。这样会造成学生的语感不强，语文能力得不到真正提高。我们听课时，常常会看见一些老师花大量时间和精力在所谓拓展教学，课堂上师生互动热热闹闹，但课文被搁置一边，一堂课下来，只见活动的热闹，不见字词的理解，不见句段的感悟，不见文本的有效阐发、挖掘和共鸣。像有学生表演《威尼斯商人》时，即兴添加跪地求婚情节，将《邹忌讽齐王纳谏》演成现代搞笑版等现象，都丢失了文本本身的精髓，虽能活跃课堂气氛，却谈不上提高语文素养。这种占用大量的时间"咬住拓展不放松"的教学，是一种典型的"种了别人的地，却荒了自己的田"的教学方式。

4. 拓展不能分散了教学重点

一位老师曾这样讲《春》这篇课文，先听音乐，再看画面，后朗读，最后讨论，教学似乎到这里也就结束了，但他接下来就是拓展了。老师说："其实，描写美好春天的不只是朱自清先生，还有巴金、鲁迅，中国、外国，古诗、散文、小说；还有电影，电视，流行歌曲，舞蹈；还有春天里的民间习俗……"然后带领同学们看图片，听音乐，朗诵诗歌、唱《北国之春》和其他流行歌曲，直到下课。课后教师的教学总结是："现在不是要推进拓展型课吗？我用较多的时间，让学生自主拓展，自我探求，自觉领悟，最后达到自我创造的目的。"

这节课本来是想加强课内外衔接，结果却导致画虎不成反类犬，在课堂上游离于课文主旨，肆意发挥，无端延伸，冲淡了文本解读，分散了教学重点。

5. 拓展不能蜻蜓点水

拓展教学的目的之一是帮助学生理解文本的。教师不能将拓展环节当作一个"卖点"来展示自己的才学，显示课堂教学的新意。拓展内容和形式一个接一个地抛出，容量是大了，但学生难以一下子掌握，甚至无所适从，课后没有什么印象，这

样的拓展就是蜻蜓点水，不会有良好的教学效果。

如一位老师教朱德的《回忆我的母亲》时，以母爱为拓展点，先让学生说说生活中母亲关心自己的细节，然后让学生欣赏海涅歌颂母爱的诗，又让学生收集咏母爱的名诗、名句、名篇在课上展示，最后还呈现老舍《我的母亲》、胡适《回忆我的母亲》，让学生进行比较阅读。拓展内容很丰富，学生活动形式也多样。但每一个教学环节都很匆忙，学生的收获又有多少呢？

我们要始终记住，拓展是为深入理解教学内容服务的，不能让内容为拓展服务。如果因为拓展冲淡了教学的主题，那这样的手段还不如不用。

（五）语文拓展式教学的体会

1. 拓展教学要把握好度，恰当延伸

教师作为课堂教学的引领者、参与者和合作者，必须深入理解新课程理念，在课堂教学中把握好拓展延伸的度，要避免因容量过度、浅尝辄止而导致表层理解、缺乏深度；避免因偏离文本、标新立异而导致舍本求末、瓜田言李；避免因图片影视、华而不实而导致脱离语言、弱化能力；避免因脱离实际、喧宾夺主而导致虚化阅读、转移重心。拓展延伸作为教学的一环，它出现的时机、力度需要教师准确灵活把握。

2. 拓展教学要源于文本，由此及彼

拓展延伸是针对课标、教材和课堂而言的，离开了课标、教材就无所谓课外衔接，也就谈不上向课外拓展。叶圣陶先生曾把教材定论为"例子"，既然是例子，就必须用好。语文阅读课外延伸必须建立在用好教材的基础上。

3. 拓展式教学对教师提出了更高的要求

教师要深入理解教育改革的内涵，不断更新观念，充实新知，不断提高自己的综合素养和教学水平。要创造性地理解和使用教材，积极开发课程资源，灵活运用多种教学策略。要引导学生在实践中学会学习，学会求知。注重培养学生的创新精神，开发学生的创造潜能，促使学生的持续发展。在教学过程中，要不失时机地对学生的参与进行科学的指导、点拨，对学生不能理解的问题进行必要的引导和讲解，使学生进一步明文晰理，总结规律，收到触类旁通的学习效果。

4. 拓展式教学需要教师树立"大语文"观念，把拓展引向课外

"语文的外延就是生活的外延"，这是一条重要原则，教师在着力进行课堂教学改革的同时，要强化语文活动，优化语文环境，加强语文课堂教学同课外活动的联系，加强语文教学同其他学科和各项教育活动的联系，加强语文教学同生活的联系，活化教学资源，帮助学生增扩阅读渠道，从而变封闭的语文教学为开放的语文教学，养成学生实践语文的习惯，提高学生实践语文的能力。

走进课堂

一、《唐雎不辱使命》教学设计

教学目标：

1. 积累重要的文言实词、虚词，体会不同语气词的表达效果。

2. 整体把握文章思路，理清故事情节。

3. 揣摩对话中不同人物的语气、口吻和神态，体会不同人物的思想性格以及文章的思想感情。

学习重点：

1. 朗读训练，注意句读，要读出人物的不同语气。

2. 体会作者塑造人物形象的主要方法——对话描写。

学习难点：

理解对话描写；人物语言个性化的特点及其作用。

教学方法：

1. 朗读、演读与研读。

2. 合作交流。

3. 拓展延伸。

课时安排：

两课时。

教具准备：

制作多媒体课件。

教学过程及步骤：

第一课时

教学要点：

了解背景；朗读课文，整体感知，把握文意，理清情节发展脉络，积累文言词语；分角色朗读课文，再现人物形象。

教学步骤：

（一）导入新课，解释课题

同学们好！今天我们学习《唐雎不辱使命》（板书课题）。唐雎：人名。辱：辱没、辜负。不辱使命：没有辱没了使命，意思是完成了出使的任务。

（二）走进作者，了解出处

这篇课文选自《战国策》，作者是西汉末年刘向。我们先了解一下关于《战国策》的知识，请同学们读注释①，了解作品、作者、编者等信息。

老师给大家补充一些有关知识（出示多媒体课件1：刘向的代表作及历史评价）。

刘向，西汉经学家、目录学家、杰出的文学家，为我国目录学之祖。他的著作有《权谋书》《战国策》《洪苑行传论》《新序》《说苑》《别录》《列女传》等。他校录群书时在皇家藏书中发现了六种记录纵横家的写本，但是内容混乱文字残缺，于是他将有关这段历史的各种资料编成一本书，取名《战国策》，从此，这一历史阶段被称为战国时期。

（出示多媒体课件2：屏幕显示如下。）

1.《战国策》是一部国别体史书，约12万字。上接春秋，下至秦并六国，纪事约二百四十年（前460—前220）。

2.《战国策》主要记述了战国时的纵横家的政治主张和策略，展示了战国时代的历史特点和社会风貌，是研究战国历史的重要典籍。

3.《战国策》所记人物是复杂的，有纵横家，如苏秦；有义士，如鲁仲连、唐雎；有不怕死的勇士，如荆轲、聂政。这些人物形象刻画得栩栩如生。

4.《战国策》的文章长于说事，喜欢渲染夸大，充分发挥，具有很强的说服力。

5.《战国策》文辞优美，常用寓言阐述道理，著名的寓言就有"画蛇添足""亡羊补牢""狡兔三窟""狐假虎威""南辕北辙"等，在我国古典文学史上亦占有重要地位。

本课的背景：公元前230年，即：秦王嬴政统一中国的前夕。秦王一心要吞并天下，在灭亡韩、魏之后，企图用威逼利诱的手段，谎称以"五百里地"换取"五十里地"的安陵国，试图这样轻而易举地夺取小小的安陵国，却遭到对方的坚决抵制。秦王大怒，安陵国危在旦夕，于是安陵国派遣使者唐雎出使秦国。由于唐雎坚持正义，敢于斗争，不畏强暴，拼死一搏，终于战胜秦王，胜利地完成了使命。

（设计意图：简要介绍作者、作品是为了让学生了解作者及作品，积累文学常识，介绍当时背景，便于学生初步了解唐雎出使秦国的原因以及初步了解唐雎其人。）

（三）初读课文，扫清文字障碍

1. 请同学们默读课文，读通课文，解决生字及句子的停顿。

2. 学习下面字音字义：（出示课件 3）

唐雎（jū）　　　怫然（fú）　　　跣（xiǎn）　　　抢地（qiāng）

韩傀（guī）　　　休祲（jìn）　　　缟素（gǎo）　　　色挠（náo）

休祲：休，吉祥。祲，不祥。

怫然：盛怒的样子。

色挠：变了脸色。挠，屈服。

徒跣：光着脚。跣，脚。

抢地：撞地。抢，撞。

3. 请同学们结合课下注释或工具书，读一句话，自己翻译一句话，了解课文内容。勾画出读不懂的句子，由老师讲解。

4. 文言知识积累（依序出示课件 4：通假字。课件 5：词类活用。课件 6：一词多义。课件 7：古今异义。）

通假字：

故不错意也　　　　（"错"通"措"，安放）

轻寡人与　　　　　（"与"通"欤"，语气词"吗"）

仓鹰击于殿上　　　（"仓"同"苍"，青色）

寡人谕矣　　　　　（"谕"同"喻"，明白、懂得）

词类活用：

请广于君　　　　　（广：形容词活用动词，"扩大，补充"）

轻寡人与　　　　　（轻：形容词活用动词，"轻视，看不起"）

天下缟素　　　　　（缟素：名词作动词，"穿戴丧服"）

伏尸百万　　　　　（伏：为动词的使动用法，"使……伏"）

且秦灭韩亡魏　　　（亡：动词的使动用法，"使……亡"）

一词多义：

使：秦王使人谓安陵君曰（派遣）

安陵君因使唐雎使于秦（前一个是"派遣"，后一个是"出使"）

虽：虽然，受地于先王（虽然，转折连词）

虽千里不敢易也（即使，假设连词）

徒：免冠徒跣（光着）

徒以有先生也（只，仅仅）

夫：此庸夫之怒也（fū 成年男子名词）

夫专诸之刺王僚也（fú 发语词，无义）

以：以头抢地耳（以：介词"用"）

而安陵以五十里之地存者（以：介词"凭借"）

徒以有先生也（以：介词"因为"）

古今异义：

岂直五百里哉 　　（直：　古：只，只是；今：不弯曲）

休祲降于天 　　　（休：　古：吉祥；今：休息）

长跪而谢之曰 　　（谢：　古：道歉；今：感谢）

5. 出示课件 8：重点句子（教师以提问的方式强调重点句子翻译）。

（1）安陵君因使唐雎使于秦。

安陵君因此派唐雎出使到秦国。

（2）以君为长者，故不错意也。

是因为我把安陵君作为忠厚的长者，所以不打他的主意。

（3）而君逆寡人者，轻寡人与？

但是安陵君却违背我的意愿，是轻视我吗？

（4）布衣之怒，亦免冠徒跣，以头抢地尔。

平民发怒时，也不过是摘了帽子，光着脚，把头往地上撞罢了。

（5）怀怒未发，休祲降于天。

心里的愤怒还没发作出来，上天就降示了征兆。

（6）秦王色挠，长跪而谢之曰。

秦王吓得变了脸色，跪直身子向唐雎道歉。

（四）朗读全文，整体感知文章内容

1. 学生自由朗读。

2. 教师范读课文。

3. 请同学们用自己的话简述课文故事情节。

学生自由发言。

示例：唐雎只身出使秦国，在秦王面前，不畏强暴，以死相拼，终于不负使命，完成任务。

（五）译读课文，把握文意，理清故事情节发展脉络

1. 学生自由读课文，参考注释，借助工具书，理通文句，改写成白话文。

（出示课件8：改写后的白话文）

（改写后的白话文：秦王派人对安陵君说："我要用方圆五百里的土地交换安陵，安陵君可要答应我！"安陵君说："大王给予恩惠，用大的交换小的，很好；虽然如此，但我从先王那里接受了封地，愿意始终守护它，不敢交换！"秦王不高兴。安陵君因此派唐雎出使秦国。

秦王对唐雎说："我用方圆五百里的土地交换安陵，安陵君不听从我，为什么呢？况且秦国灭亡韩和魏，而安陵君却凭借方圆五十里的土地幸存下来，是因为我把安陵君看做忠厚长者，所以不打他的主意。现在我用十倍的土地，让安陵君扩大领土，但是他违背我的意愿，是轻视我吗？"唐雎回答说："不，不是这样的。安陵君从先王那里接受了封地而守护它，即使是方圆千里的土地也不敢交换，何况仅仅用五百里的土地（就能交换）呢？"

秦王发怒了，气势汹汹地对唐雎说："您曾听说过天子发怒吗？"唐雎回答说："我未曾听说过。"秦王说："天子发怒，死人百万，血流千里。"唐雎说："大王曾经听说过平民发怒吗？"秦王说："平民发怒，也不过是摘掉帽子赤着脚，用头撞地罢了。"唐雎说："这是平庸无能的人发怒，不是有才能有胆识的人发怒。从前，专诸刺杀吴王僚的时候，彗星的尾巴扫过月亮；聂政刺杀韩傀的时候，一道白光直冲上太阳；要离刺杀庆忌的时候，苍鹰扑击到宫殿上。这三个人都是出身平民的有胆识的人，心里的愤怒还没发作出来，上天就降示征兆，（现在，专诸、聂政、要离）连上我，将成为四个人了。如果有才能有胆识的人要发怒，就要让两个人的尸体倒下，血流五步远，全国人民都要穿丧服，今天就是这样。"（于是）拔出宝剑站起来。

秦王变了脸色，长跪着向唐雎道歉："先生请坐！怎么会到这种（地步）！我明

白了：韩、魏灭亡，而安陵国却凭借五十里的土地幸存下来的原因，只是因为有先生啊。"）

2. 以小组为单位，按照先读后译的顺序逐段翻译课文，如有疑问，小组成员共同商讨解决。老师巡视各组，答疑解惑。

3. 小组展开竞赛，老师分发重要实词虚词及语句测试试题，每组一份，小组成员分工合作作答，以用时较短、准确率较高的小组为优胜小组。

（材料内容略。）

4. 学生分角色朗读课文。

（叙述者、安陵君由一人担任；秦王使者及秦王由一人担任，唐雎由一人担任。要求：准确把握人物所处地位、性格特点及在不同情节发展过程中的心态，突出人物语气、神态。学生自由组合，先试读，再让几组同学在全班范读。同学集体评议。）

5. 学生以小组为单位给课文划分层次，找出故事情节的开端、发展、高潮、结局。

全文可分为四个部分。

第一部分（第1段）交代唐雎出使秦国的原因。秦王"以五百里之地易安陵"为诱惑，企图吞并安陵国，遭到拒绝，秦王不悦，表明安陵危在旦夕，这部分是情节的开端。

第二部分（第2、3段）具体叙写唐雎出使秦国，与秦王进行针锋相对的斗争。这部分分为两层。

第一层（第2段）唐雎义正词严地驳斥秦王所谓不同意"易安陵"就是"逆寡人"的谬论，并表示鲜明的态度"虽千里不敢易也，岂直五百里哉"。这是情节的发展。

第二层（第3段）唐雎以"布衣之怒"与秦王"天子之怒"针锋相对，并效法"三子"，挺剑而起。这是情节的高潮。

第三部分（第4段）通过侧面描写"秦王色挠，长跪而谢之"及他所明白的道理，反衬唐雎出使胜利，点明了主题，这部分是情节的结局。

（设计意图：这部分的设计，在于引导学生总体把握，理清文章的思路，在此基础上了解唐雎的性格特征，明确文章的中心。）

（六）全班齐读课文。

（七）布置作业。（出示课件 9）

（1）积累文言知识。（2）把课文改写成白话文。（3）把课文改编成课本剧，三人一组进行表演。

第二课时

教学要点：

表演课本剧；品味课文中人物的对话描写，分析人物的性格特征，理解对话描写的作用；延伸拓展，对比阅读。

教学步骤：

（一）学生演读课文

三人一组表演课文内容，再现人物形象。师生评议，选出最佳表演者。

（二）重点研读课文，体会人物形象

1. 教师提问：本文除三句描写性语言和几句过渡性语言外，通篇几乎全部是人物对话，主要表现在秦王使者与安陵君的一处对白，秦王与唐雎的两处对白和故事结尾秦王面向唐雎的自白。这些对话反映了人物怎样的性格特征呢？

（学生自由发言，老师适时点拨。）

第一处，秦王使者与安陵君的对白。秦王要吞并安陵，却以诱惑的手段提出"以五百里之地易安陵"，当安陵君识破他的阴谋之后，义正词严地指出"受地于先王，愿终守之，弗敢易"时，"秦王不说"，由此可看出：秦王的狡诈与专横和安陵君不卑不亢的性格。

第二处，秦王与唐雎的对白，秦王气势汹汹地指责安陵君不同意易地，就是"逆寡人""轻寡人"的行为，唐雎针锋相对地予以驳斥，"受地于先王而守之，虽千里不敢易也"，由此可看出：秦王蛮不讲理，以势压人的丑恶嘴脸和唐雎坚持正义、维护尊严、忠于君主的形象。

第三处还是秦王与唐雎的对白，当秦王怫然大怒时，企图以"天子之怒"的淫威来征服唐雎，而唐雎毫不示弱，以"布衣之怒"拼死一搏，这一组对话，使秦王的骄横狂妄，不可一世的性格与唐雎激越慷慨，不畏强暴的精神形成了鲜明的对比。

秦王最后面向唐雎的自白，反映了唐雎不辱使命，取得了胜利；也反映了秦王在正义与勇敢面前色厉内荏，归于屈服和失败。

2. 教师提问：本文的对话描写有什么作用？

（学生各自发表自己的看法。）

师：通过人物对话的描写有力地渲染了人物活动的环境。这主要表现在第 1 段。文章一开始，秦王在灭亡韩、魏之后，提出要"易安陵"，安陵君却"愿终守之"，而"秦王不说"，这就形成了不可调和的矛盾，表明安陵危在旦夕，这正是唐雎出使秦国的缘由。所以，与其说这是一段对话描写，不如说这是一段巧妙的环境描写。

通过人物对话描写巧妙地推动了故事情节的发展。故事开端秦王以希望的语气提出"安陵君其许寡人"，当对方不同意时，秦王便指责"安陵君不听寡人""逆寡人""轻寡人"，这时矛盾更加激化，更加深了安陵的危机。故事情节进一步发展，乃至发展到唐雎以"布衣之怒"对抗秦王的"天子之怒"，"挥剑而起"，使矛盾发展到白热化的程度。

通过人物描写刻画人物形象，展示人物不同的思想、性格。安陵君貌似恭顺实则坚定的思想，唐雎智勇双全、不卑不亢的表现，秦王狂妄蛮横、外强中干的丑态，全通过对话描写揭示出来。

3. 全班齐读课文。

（设计意图：抓重点、破难点是阅读教学的关键，使学生不仅懂得本文的学习重点是对话描写，更重要的是使学生理解，人物语言个性化的特点及其作用，这将有利于提高学生的阅读能力和写作能力。）

（三）总结全文，归纳要点

写作特点：（出示课件 10：写作特点）

本文通过人物对话描写刻画人物形象，展示人物不同的思想、性格。通过人物对话的描写有力地渲染了人物活动的环境和巧妙地推动了故事情节的发展。

中心思想：（出示课件 11：中心思想）

本文写唐雎受安陵君之命出使秦国，坚持正义，勇抗强秦，终于使秦王威风扫地，胜利完成了使命。文章用人物对话生动地塑造了唐雎的形象，表现了唐雎维护国土的严正立场和不畏强暴、敢于斗争的布衣精神。从而揭示了弱国安陵能够在外

交上战胜强秦的原因。

（四）拓展延伸，比较阅读

（出示多媒体课件 12，屏幕显示如下）

下面的短文《唐雎说信陵君》出自《战国策》，请将此文与《唐雎不辱使命》进行比较阅读，说说两文的异同点。

唐雎说信陵君

信陵君杀晋鄙，救邯郸，破秦军，存赵国。赵王自郊迎。唐雎谓信陵君曰："臣闻之曰：事有不可知者，有不可不知者；有不可忘者，有不可不忘者。"信陵君曰："何谓也？"对曰："人之憎我也，不可不知也；我憎人也，不可得而知也①；人之有德于我也，不可忘也；吾有德于人也，不可不忘也。今君杀晋鄙，救邯郸，破秦军，存赵国，此大德也。今赵王自郊迎，卒然见赵王②，愿君之忘也！"信陵君曰："无忌谨受教③。"

注：①不可得而知也：不可让别人知道。②卒然：同"猝"，突然。③无忌：即信陵君。谨受教：真诚地领受教诲。

通过比较，学生明确：

1. 相同点：文体上都是记叙文；内容上都是写唐雎的事；形式上都用了人物对话描写；语言上都具有个性化的特点。

2. 不同点：主要是两篇文章表现的中心不同。课文主要写唐雎与秦王进行针锋相对的舌战，表现了唐雎不畏强暴的英雄主义精神，而本文主要写唐雎忠告信陵君：切忌以恩人自居。话虽不多，却发人深省。表现了唐雎的为人处事之道。

（设计意图：以比较阅读的形式进行延伸思考，区别其异同，换个角度去分析课文。这个题的设计，旨在引导学生既要走进课文，又要跳出课文，使学生进一步掌握通过理解对话了解人物性格特点；同时丰富学生对那个时代及其本文主人翁的了解，激发学生对文史知识的兴趣。）

（五）布置作业（出示课件 13，屏幕显示如下）

1. 你学了本文后，一定为唐雎的过人的胆识和睿智的论辩所折服。你认为，我们要像他那样能言善辩，需要从哪些方面准备，培养自己的能力？

学生自由发言。

2. 你还能举出像唐雎那样的敢于与强权斗争，有理有节地坚决捍卫祖国的主权与领土完整的具有崇高精神的外交家吗？查找资料，了解外交史上那些出使他国而不辱使命的人和事。

　　附：**板书设计**

唐雎不辱使命

战国策　　刘向

起因	以地易安陵（狡诈狂妄）	愿终守之	（不卑不亢）
	秦王不悦	使唐雎使于秦	
发展	故不错意也　（恩威并施）	非若是也	（从容镇定）
	逆寡人轻寡人（骄横狂暴）	虽千里不敢易	（据理力争）
高潮	天子之怒　（盛气凌人）	若士之怒	（胆识兼备）
	伏尸百万　（威力恐吓）	伏尸二人，流血	（义正词严）
	流血千里　（不可一世）	五步，天下缟素	（能言善辩）
	拔剑而起　（不畏强暴）		
结局	长跪而谢之　（色厉内荏）		

教学反思：

　　本文写唐雎受安陵君之命出使秦国，坚持正义，勇抗强秦，终于使秦王威风扫地，完成了使命。文章用人物对话生动地塑造了唐雎的形象，表现了唐雎维护国土的严正立场和不畏强暴、敢于斗争的布衣精神，从而揭示了弱国安陵能够在外交上战胜强秦的原因。基于此，教学中应引导学生体会作者塑造人物形象的方法，即在尖锐的矛盾冲突中通过对话鲜明地表现人物各自的性格特点。着重体味人物的对话描写，特别是秦王和唐雎的两处对白，并探究人物对话描写的作用，从而感受人物形象，感悟作者的思想感情。这是本文的重点，也是难点。

　　为了解决重点，突破难点，在本课的教学中，也运用了拓展延伸法。根据本课实际，我运用了三种拓展延伸法：一是编演课本剧；二是用《唐雎说信陵君》和本课进行比较阅读；三是在最后的布置作业中，我设计了这样一道题："查找资料，了解外交史上那些出使他国而不辱使命的人和事。"

编演课本剧，是一种体验式拓展方法。"文学的本质是始于感情终于感情的，文学家把自己的感情表达出来，而他的目的不管是有意识的或是无意识的——总是要在读者心目中引起同样的感情作用的。"教学中，教师要调动学生各种感官，引领他们走进作者的感情世界去体验、熏陶、捕捉作者瞬息万变的情感旋律，引领学生走进作者内心情感世界，并结合学生已有生活经验，产生个性阅读体验，描绘心中的景与物，倾吐自己的情与意，激发心中的涟与漪。教师根据课文特点设计一些简单易操作的活动来对学生进行知识拓展，编演课本剧就是这种拓展方式。

本文人物对话描写生动，矛盾激烈。基于此，本课可通过编演课本剧的方法充分调动学生主动参与的积极性，并在编演课本剧的过程了解对话描写的作用，体会人物鲜明的性格，品味他们各自的心理，了解情节的发展过程，从而感悟文章中人物语言个性化的特点，加深对文本的理解。

比较阅读，是一种主题拓展式。即在教学时，要有意识地将某些有着相似主题的课文进行对照分析，以便更好地帮助学生理解并深化文章的主题思想，培养学生的发散式思维。

在本文中，我选用了同样选自《战国策》的《唐雎说信陵君》，让学生和本课进行比较阅读，通过认真阅读、比较，学生得出了两文的异同点。

这种延伸思考、比较阅读，其实是让学生换了个角度去分析课文，既走进课文，又跳出课文，对人物对话又进行了一次体验，对课文又进行了深入理解。

最后的问题设计，也是一次拓展。这是一次课外拓展。通过查找资料，学生知道了好多外交使节出使他国而不受屈辱的人和事。古代就有齐国相国晏子出使楚国而不受屈辱的故事。今天，有我们的敬爱的周总理出使他国沉着机智、不卑不亢的故事。通过这一系列的人和事，使学生更加佩服唐雎的英勇、机智与不卑不亢的精神。

这些拓展和延伸，都是对课文教学的一个有机整体，它们都是围绕课文的重点、难点而进行的，互相映衬、互相阐发、互为补充，有机联系，解决了重点，突破了难点，使课文的学习目标得到了有效落实。

二、《三峡》教学设计

教学目标：

1. 掌握生字新词，积累一些常见的文言实词、虚词、句式，完成对古文的翻译。

2. 熟读课文，理解文意，欣赏三峡的优美风光，品味语言的精妙。

3. 在反复朗读中形成初步的文言文语感。掌握方法，轻松背诵。

4. 学习本文突出自然景观特点的描写方法，体会文章整体布局的妙处。

5. 感受大自然的美，培养学生对祖国山河的热爱。

教学重点：

1. 掌握生字生词，完成古译今，理解课文。

2. 学习文中描写景物的方法：突出景观特征，动静结合，情景交融；体会生动、传神、精美的语言。

教学难点：

1. 理解和掌握文言实词、通假字。

2. 体会作品的意境和作者的思想感情，逐步提高鉴赏能力。

教学方法：

1. 比较拓展

2. 讨论点拨

3. 合作探究

教时安排：

两课时。

教学准备：

1.《话说长江》中关于三峡的影片剪辑。

2.《三峡》课文示范录音磁带、录音机。

3. 制作辅助教学的多媒体课件。

教学过程及步骤：

第一课时

（一）导入新课　板书课题

同学们，三峡像一幅连绵不断的画卷，雄奇秀丽。古往今来，关于它的诗作竟然有近万首，唐朝伟大的诗人李白《早发白帝城》可谓名传千古。请同学们和老师一起吟诵：朝辞白帝彩云间，千里江陵一日还。两岸猿声啼不住，轻舟已过万重山。三峡到底有什么魅力吸引无数文人墨客驻足流连，抒情感慨呢？今天就让我们走进三峡，领略三峡的神韵。（板书课题：三峡）

（播放《话说长江》中有关三峡的一段录像。）

（从录像入手，提问，引导。由三峡的"峡"字破题，导入课文。）

刚才，我们看到了壮丽的三峡，在看的过程中有没有考虑过，"峡"是什么意思呢？注意它的偏旁和字义。三峡就是位于我国最长河流——长江之上的举世闻名的长江三峡，它是瞿塘峡、巫峡和西陵峡的总称。但本课内容主要是写巫峡。

北魏地理学家郦道元为《水经》作注释时，向我们展示了三峡的美景。（板书：郦道元）

（二）走进作者　了解出处

首先，让我们结合书下注释，共同走进文章的作者。哪位同学可以为大家介绍一下呢？其他同学注意用笔圈画出要点。（学生朗读。）

老师再为大家补充一下。（出示课件，学生齐读）

1. 郦道元。"自幼好学，历览群书"，著有《水经注》。

2. 《水经注》不仅是一部具有重大科学价值的地理著作，而且也是一部颇具特色的山水游记和民俗风情录。

今天我们一起欣赏他笔下的三峡是怎样一番景色。

（三）读通课文　正音清句

1. 接下来，让我们通过自读课文的方式共同走进美丽的三峡。同学们在朗读的过程中将你认为难以理解的字词句勾画出来，同你所在小组的同学们研讨。（学生自读，圈点勾画，小组交流。）

2. 优美的文章需要富有表现力的朗读。现在让我们来听听名家朗读，请同学们注意听准字音，听清句读，并加以圈点勾画。（播放课文朗读，学生听读并圈点勾画。）

3. 这篇课文虽然短小，但生字比较多，而且又是文言文，大家要想把它读得自然流畅，既要闯过字词关，还要掌握文言文字、词、句式等方面的知识。下面我们一一来闯关。（依序出示多媒体课件，配合白板使用。）

（1）正音：（自由读，连读三遍后，抽学困生读。）

阙（quē）　　　曦（xī）　　　襄（xiāng）陵

溯（sù）　　　湍（tuān）　　　哀转（zhuǎn）

属（zhǔ）　　　巘（yān）　　　飞漱（shù）

（2）正字："溯"、"曦"、"巘"

"溯"，由"氵"和"朔"两部分组成，"氵"是形旁，"朔"是声旁。

"曦"由两部分组成，"日"为形旁，"羲"为声旁。"羲"的上边部分为羊字头，下面左上是"禾"、左下是"丂"字，右边是"戈"字。

"巘"字是传承字，由两部分组成，"山"是形旁，"獻"是声旁；"獻"是"献"的繁体字，左边部分上面是虎字头，下面是"鬲"字，右边是"犬"字。

（3）解释字词。

大家都很好地阅读了本文的注释，哪位同学给大家讲讲下列注音的字词是什么意思？（学生讲。）

①属（zhǔ）引（连续不断。属，连缀［zhuì］，连续）

②飞漱（shù）（激流冲荡。漱：冲刷）

③曦（xī）月（日月。曦，早晨的阳光，这里指太阳）

④沿（yán，顺流而下），溯（sù，逆流而上）

⑤素湍（tuān）（白色的急流，素，白色。湍，急流的水）

好！哪位同学可以不看注释给大家讲讲这些字词的意义？（学生讲。）

很好！哪三位同学敢于上台把括号里的字词的意思写出来？其他同学在自己作业本上写。（学生分别写。）

（4）通假字：

①略无阙处："阙"通"缺"，断缺。

②哀转久绝："转"通"啭"，鸟叫声。

（5）古今异义：

①略无阙处（略：古义：一点。今义：省略）

②或王命急宣（或：古义：不确定，这里指有时。今义：常用于选择复句的关联词）

③至于夏水襄陵（至于：古义：一个动词"到"和一个介词"于"。今义：常连在一起表示另提一事）

④虽乘奔御风（虽：古义：即使。今义：虽然）

⑤良多趣味。（良：真，确实。今义：好）

（6）一词多义：

自（在）三峡七百里中

自（如果）非亭午夜分

绝（断绝）沿溯阻

绝（极、最）巘多生怪柏

哀转久绝（消失）

（7）词类活用

①虽乘奔御风不以疾也。奔：动词用作名词，飞奔的马；疾，迅速、快。

②回清倒影。清：形容词用作名词，清波。

③晴初霜。霜：名词用作动词，结霜。

④空谷传响。空谷：名词作状语，在空荡的山谷里。

（8）特殊句式

①两岸连山。省略句，省略定语"三峡"。

②重岩叠嶂。省略句，省略主语"两岸"。

（9）重点句翻译

①自非亭午夜分不见曦月：如果不是正午和半夜的时候，连太阳和月亮都看不见。

②虽乘奔御风不以疾也：即使骑上快马驾着疾风也不如它快。

③至于夏水襄陵，沿溯阻绝：到了夏天，江水上涨，漫上小山包的时候，上行和下行的船支都被阻绝了，不能通航。

④素湍绿潭，回清倒影：雪白的急流，碧绿的潭水，回旋着清波，倒映着各种景物的影子。

⑤悬泉瀑布，飞漱其间：悬在空中的泉水和瀑布在峰峦间飞速冲荡。

⑥清荣峻茂，良多趣味：更显出水清山峻，草木茂盛。（这情景）确实给人带来无限的情趣。

⑦每至晴初霜旦，林寒涧肃：每逢初晴时节或下霜的早晨，树林寒气逼人，山涧清冷寂静。

⑧常有高猿长啸，属引凄异：山上的猿群常常长声呼叫，声音连续不断，非常凄凉怪异。

⑨空谷传响，哀转久绝。空旷的山谷里传来猿叫的回声，哀声回转，很久很久才消失。

（四）读懂课文　感受美学

1. 闯过这一关，就能流畅地朗读课文了。可是要读出文章的韵律美，还要注意语句的节奏。请再听录音，根据录音划出朗读的节奏。

（第 1 自然段：自/三峡七百里中，两岸连山/略无阙处。自非/亭午夜分，不见曦月。

第 2 自然段：至于/夏水/襄陵，沿/溯/阻绝。或/王命急宣，有时/朝发白帝。其间/千二百里，虽/乘奔御风，不以疾也。

第 3 自然段：则/素湍/绿潭，回清/倒影。绝巘/多生怪柏。清/荣/峻/茂。

第 4 自然段：每至/晴初/霜旦。故/渔者歌曰："巴东三峡/巫峡长，猿鸣三声/泪沾裳!"）

2. 根据标示的节奏，自由朗读，遇到困难，可以同桌互相请教，也可以和老师交流。读课文注意不错读、漏读，把握好节奏。我相信随着大家对课文理解程度的加深，逐步感悟到三峡之美时，朗读得会更好。

（1）大家读得都很好，哪些同学愿意为全班同学展示你的朗读？（两名学生读，分别为上、中成绩的学生代表，若有读错的及时请学生纠正。）

（2）全班齐读

3. 好，经过我们的努力，我们初步感知了文章的韵律美，既要读出感情，还要了解文章的内容。

以六人为小组，结合课下注释及工具书，圈点翻译文章，小组不会的字、词、句挑拣出来，我们共同解答。（学生以小组活动，提出问题小组共同解答，学生解答不了的老师点拨。）

4．带着感情再次朗读课文。

5．再次仔细听课文录音，教师指导学生朗读。

6．全班集体朗读课文，再男女学生分读，再齐读。

7．试着读出译文，体会三峡的美。（同桌之间可交流讨论，共同解决问题。）

8．由两名成绩优秀学生口头示范改写课文。

【改写课文】在三峡七百里的中段，峡谷的两岸都是山连着山，没有一点缺口。山岩重重叠叠，如屏障似的遮住了天日；如果不是（晴朗的）正午或半夜，是不能见到太阳或月亮的。

到了夏季，江水上涨，淹没丘陵，顺流而下、逆流而上的航行都被阻绝了。有时遇到急需乘船传达皇帝的旨令，早上从四川的白帝城出发，傍晚就到了湖北的荆州。这中间相隔一千二百多里，即使是乘御快马疾风，也没有这样迅疾。

在春冬季节，白色的急流清波回旋，绿色的水潭倒映出各种景物的影子。极高的山峰之上，大多生长着奇形怪状的松柏；悬在空中的泉水和瀑布在峰峦间飞速冲荡，更显出水清山峻，草木茂盛。（这情景）确实给人带来无限的情趣。

每逢到了天气放晴或降霜的早晨，在凄清的林木、静寂的涧谷中，常常听到高处传来猿猴的叫声，凄厉异常，绵延不息。那叫声在空谷中回荡，哀婉凄切，久久不绝。所以，打鱼的人往往唱道："巴东三峡哦，巫峡最长；听那绵绵不息的猿猴叫声哦，不禁泪湿衣裳。"

（五）课堂小结　布置作业

这样美的三峡，作者仅用 150 余字就描绘得如此传神入化，其语言之美，其笔法之妙，实在不能不令人称奇。

作业：背诵课文；做课后研讨与练习二；把课文改写成白话文。

第二课时

（一）回顾课文　划分层次

1．上节课我们学习了《三峡》这一课，欣赏了三峡的美，哪位同学给大家展示一下你带着感情朗读？（抽成绩相对较差学生读。）

2．又有哪位同学可以给大家翻译这篇美文？（抽成绩中下的学生。）

3．大家看看课文可以分为几部分？各部分分别写了什么？

（《三峡》可分为两部分。第一部分［第1段］，总写三峡的形势；第二部分（第2至4段），分写三峡四季不同的景色。）

（二）精读课文，赏析美景

师：作者描绘三峡美景首先抓住什么景物来写的？看书找答案，自由回答。（先写山。）（板书：山。）

师：描写山的句子在第几段？大声读出来。

（在第一段，大声齐读第一段："自三峡七百里中，两岸连山，略无阙处，重岩叠嶂，隐天蔽日。"）

师：作者写了山的哪些特点？

（写山的高大。）

师：请找出说明山高大的关键字词。

（关键字词：连山、无阙、重岩叠嶂、隐天蔽日。）

师：（板书：两岸连山　　隐天蔽日）

师：作者先写山高峡深，连绵不断。"自三峡七百里中，两岸连山，略无阙处"是写两岸山峰连绵不断。"重岩叠嶂，隐天蔽日"是写山高峡深

师：请同学们回忆学过的描写大山的字词句。

【为强化新旧知识和相关知识的链接，增强学生对知识的准确理解和把握，教学时用比较式拓展法。在授课过程中，以教材为主线，把相关知识放在一起进行比较，通过比较拓展，让学生尽快领略三峡风光的特别之处和作者行文的良苦用心，既巩固旧知识，又引出新知识；在比较中提高学生对字词句的敏感度；用比较、辨析的方法准确、深刻的理解字词句。】

（预设答案：群山连绵、崇山峻岭、孤峰突起、悬崖峭壁、险峻、嶙峋、峻峭、突兀、巍峨、逶迤、千山万壑。）

师：那么，以前学过的词语跟课文中的"重岩叠嶂、隐天蔽日"有什么区别呢？大家小组讨论讨论，选代表发言。

（小组讨论，选代表发言。）

师：直立像屏障的山峰称"嶂"，且岩嶂重重叠叠，这与"连绵"不同，与"孤峰"不同，写的更不是"崖"或"壁"，作者抓住"岩、嶂"这一具体形象，突出了它"重、叠"的特征；"隐天蔽日"不是直写山，而是写山的客

观效果，且有夸张的意味，这与过去学过的描写大山的手法有根本的不同。这就是三峡风光的特别之处和作者行文的良苦用心。

师： 山有多高，峡有多深？作者这样写道：以致"自非亭午夜分，不见曦月"，不仅极尽映衬，而且极尽夸张之妙。山势雄浑高耸，给人以壮丽绚美之感，即高俊美。

师：（板书：高俊美。）

师： 请同学们根据以上特点，结合关键字词来背诵描写山的语句。

（学生背诵描写山的语句。）

师： 三峡之美，虽以山高水急为主要特征，但也不仅仅如此。七百里的山山水水中，还回转着无尽的俊姿秀影，恰似一条曲折漫长的彩色画廊，一奇一转之间，向你展现的，都是令人流连的绝美画境。作者描绘三峡美景再下来是抓住什么景物来写的？

（学生看课文找答案，回答问题：水。）

师：（板书：水。）

师： 对，继写水势。请学生朗读有关水的语句，说出是按照什么顺序写的。

（学生读课文中描写水的句子，回答按季节顺序：夏、春冬、秋。）

师： 作者是按季节顺序夏春冬秋来写，但没有严格按照春夏秋冬四季交替季节顺序来写，是因为作者还根据丰水期与枯水期的不同来写。

师： 请学生找出关键字词说明夏季水的特点。

（学生看课文找答案，回答问题：夏水襄陵，沿溯阻绝，乘奔御风，水大，流速快。）

师： 非常好！（板书：夏——夏水襄陵　　乘奔御风）

师： 作者用层层铺展来写水势浩大、流速迅猛，突出了一个字——险。这叫水的奔放美。（板书：奔放美）

师： 请同学们回忆学过的描写水的字词句。

（预设学生回答：奔腾　咆哮　汹涌澎湃　浩浩荡荡　波澜壮阔　惊涛骇浪　万丈狂澜 飞瀑溅玉）

师： "夏水襄陵，沿溯阻绝"，写水之盛；"虽乘奔御风，不以疾也"，写水之速。不仅如此，作者还以"朝发白帝，暮到江陵"来烘托，更加写出水之盛与水之速，即奔放美。（板书：奔放美。）这样的描写，生动而神妙，以致触动了大诗人李白的灵感，写出"朝辞白帝彩云间，千里江陵一日还；两岸猿声啼不住，轻舟已过万重山"的不朽诗篇。大家刚才回忆的描写水的字词：奔腾、汹涌澎湃 、浩浩荡荡 、波澜壮阔，虽然同样描写是水势浩大、流速迅猛，但本课描写得更具体、更形象、更直观。

师：请同学们根据以上特点，结合关键字词来背诵描写夏季水的语句。

（学生背诵描写夏季水的语句。）

师：请学生找出关键字词说明春冬季节水的特点。

春冬　关键字词：素湍、绿潭、回清倒影；清荣峻茂

特点：水退潭清（较为平静）悬泉瀑布（动静结合）——趣

师：（板书：春冬——素湍绿潭　　悬泉瀑布）

师：请同学们回忆学过的描写较为平静的水的字词句。

（预设学生回答：潺潺　淙淙　涓涓　汨汨　烟波浩渺　碧波荡漾）

春冬之景，则既写"素湍绿潭，回清倒影"，又写"悬泉瀑布""良多趣味"。相对于夏季而言，春冬较为平静。（春冬为枯水之季，山水直下雪浪飞溅，此为"素湍"；水清流缓可谓"绿潭"。）此段写了碧绿的潭水，回旋的清波，美丽的倒影。这是从静的角度来描写；还写了悬泉瀑布，素练飞泻，这又是从动的角度来描写的。作者的描写是动静结合的，即清幽美。（板书：清幽美）

此段作者用了"素"、"绿"绘其色，"怪"绘其形，"飞漱"绘其声，仿佛听到了瀑布飞流而下急流冲荡的水声，作者绘形绘声绘色地写出了三峡春冬之时的特点。而潺潺、淙淙、涓涓、汨汨、烟波浩渺、碧波荡漾却不具备这些特点。

三峡深幽俊逸，别是一种清奇秀脱的模样：碧绿的潭水，浮漾着峰峦花树的倒影；而那些"吸翠霞而夭矫"的怪柏，把根扎在悬崖峭壁上，倾斜着躯干，真是情态百出。还有那些挂在山崖上的大大小小的瀑布，正带着欢畅的笑声，从高处飞冲而下。面对着这种水清、树荣、山峻、草茂的幽秀景象，你是否也要与作者一起，发出"良多趣味"的感叹呢？

师：请同学们根据以上特点，结合关键字词来背诵春冬季节水的语句。

（学生背诵春冬季节水的语句。）

师：第 2、3 段写了夏、春、冬三季的三峡，文中是否还写到三峡之秋？

（回答问题：第 4 段写了秋景。）

师：你们从哪些词知道的？

（"霜"字点出这时是秋天。）

师：对，三峡的秋天又有一番怎样的景致呢？

（回答问题：水枯气寒、猿鸣凄凉。）

师：文章怎样描写凄凉的？

（回答问题：通过猿群的大呼小叫来描写的。）

师：大家讲得很好，"晴初霜旦，林寒涧肃"，并不点出"秋"字，而是以一个"霜晨"又以"寒"、"肃"二字渲染，三峡秋景遂变成清寒之景，给人带来的心情也是凄凉之情。

作者不再写山、写水，而写猿啼，以此来烘托萧瑟的秋景，写出人们身处此时此地的伤感。真可谓：有形有色，有声有情。

秋季　关键字词：寒、肃、凄、哀

特点：水枯气寒、猿啼声远（侧面描写）——悲

在文章结尾，作者又引用了渔歌，有何作用？可以相互讨论。

（讨论后作答，相互补充。）

师：它进一步渲染了三峡秋天的凄凉，这段写出了三峡秋天的凄清肃杀，林寒涧肃，即凄婉美。

（板书：秋 ——林寒涧肃　　高猿长啸　　凄婉美）

师：请同学们结合关键字词来背诵描写秋季的语句。

（学生背诵描写秋季的语句。）

（三）归纳总结　布置作业

师：全文分为 4 个自然段。第 1 段先以"自三峡七百里中"点明地点和范围，接着用 26 字概写巍峨绵亘、隔江对峙的三峡总貌，重点在山。然后用 3 小节描写夏季、冬季和秋季的壮丽景色，刻意写水。既能从大处落墨，又能洞察幽微，缓急相间，动静相生，笔依物转，情随景迁，于寥寥 150 余字中，历历如绘地再现了三峡（主要是巫峡）的险峻奇秀。这就是《三峡》这课的写作特点。

本课通过三峡形势和四季景色的描绘，显示了祖国河山的雄伟壮丽，表现了作

者深爱祖国河山之情，同时抒发了对渔民艰险、痛苦生活的悲悯。这就是《三峡》这课的中心思想。

同学们带着对祖国大好河山无限热爱的情感背诵本文，还可以把你喜欢的句段默写下来。（出示课件）

（1）背诵本文。

（2）默写你喜欢的句段。

（3）模仿本课写法写一篇游记。

（四）比较阅读，拓展延伸

郦道元笔下的山水画卷已成为三峡历史的美好回忆，今朝的三峡正放射着世人瞩目的光辉，宏伟的葛洲坝，世界上最大的水利枢纽工程——长江三峡大坝已成为世界奇观。三峡如此美丽，但它仅是中华大地上的一朵奇葩，有更多的中华美景值得我们去领略，去为之骄傲。课后我们做个阅读拓展：老师要求大家完成两个作业：（出示课件）

1. 补充阅读刘白羽的《长江三峡》和余秋雨的《三峡》，比较三者之间的异同。

2. 找一篇介绍中华美景的文章加以赏读。

附：板书设计：

三　　峡

郦道元

		两岸连山	隐天蔽日	高俊美
山				
	夏 _____	夏水襄陵	乘奔御风	奔放美
水	春冬 _____	素湍绿潭	悬泉瀑布	清幽美
	秋 _____	林寒涧肃	哀猿长啸	凄婉美

教学反思：

《三峡》是一篇文质优美的文言文，它是郦道元所写的《水经注》中的一篇典范

之作，不仅详细介绍了三峡的地貌体征，而且具有很高的文学价值，为了让学生理解并感受文章的美，在教学时，我设置了以下学习目标：（1）熟读课文，理解文意。（2）反复朗读，欣赏三峡的优美风光，品味语言的精妙。（3）掌握方法，轻松背诵。这样的设计既让学生了解了三峡的景物特点，还能够使学生欣赏到文章语言的魅力。

对于《三峡》一课的教学，我尽量不设计一个个零敲碎打的问题，始终以"读"贯穿全过程，让学生通过对课文多遍不同形式的读，如：默读、精读、朗读等，在读中完成学习目标。整个课堂都是学生在读，在说，在品，在记，老师只是引导的作用。为强化新旧知识和相关知识间的链接，增强学生对知识的准确理解和把握，教学时我用比较式拓展法。在授课过程中，以教材为主线，把相关知识放在一起进行比较，通过比较拓展，让学生尽快领略三峡风光的特别之处和作者行文的良苦用心，既巩固旧知识，又掌握新知识；在比较中提高学生对字词句的敏感度；用比较、辨析方法准确、深刻的理解字词句。学生的主体作用得以最大程度的发挥。语文课"语文味"的特点得到充分体现。

在学生对《三峡》一文精读细品的基础上，我顺势引导学生掌握背诵的方法，分清层次，理解文章，掌握重点字词，整堂课有诵读，有品位，有积累，有方法指导，高效、实在。

三、《江城子·密州出猎》教学设计

教学目标：

1. 培养学生欣赏词的能力。

2. 感知苏东坡豪放的词风。

3. 了解"用典"这种诗词表现手法，并理解其重要作用。

4. 通过与秦观《江城子·西城杨柳弄春柔》比较，体会豪放词与婉约词的差别。

教学重点：

1. 了解"用典"这种诗词表现手法。

2. 品读诗词；提高阅读鉴赏能力。

教学难点：

1. "用典"这种诗词表现手法。

2. 联系时代背景分析苏轼在这首词中抒发的思想感情。

教学方法：

1. 朗读法。

2. 分析讨论法。

3. 拓展对比法。

教学课时：

一课时。

课前准备：

1. 制作有关多媒体课件。

2. 配乐课文朗诵。

教学过程与步骤：

（一）诗词导入，简介作者

同学们，下面这些诗句"闭门书史丛，少有凌云志"；"平生五千卷，一字不救饥"；"谁道人生无再少？门前流水尚能西！休将白发唱黄鸡"；"但愿人长久，千里共婵娟"出自哪位诗人？

答：苏轼。（出示课件1：苏轼简介）

苏轼：北宋文学家、书画家，字子瞻，号东坡居士，眉州眉山人，"唐宋八大家"之一；他与父亲苏洵、弟弟苏辙，合称"三苏"；散文与欧阳修并称"欧苏"；诗歌与黄庭坚并称"苏黄"；书法与黄庭坚、米芾、蔡襄并称"四大家"；词风豪放与辛弃疾并称"苏辛"。

苏轼仕途坎坷，几次自请外调，多次被贬。苏轼是豪放派词人的代表之一，他的词豪放洒脱，如行云流水，自然流畅。今天，我们就来共同学习他的一首有代表性的词：《江城子·密州出猎》。（板书课题：江城子·密州出猎）

请同学们看标题，说说你从标题中知道了哪些信息？

词牌名是江城子，题目是密州出猎，地点是在密州，事件是打猎。

（二）解题及简介写作背景

苏轼是北宋词坛的大革新家，他作词时，正当柳词风靡一时之际，他有志于改变"花间"以来柔媚的词风。熙宁四年（1071）因对王安石变法持不同政见而自请

外任。朝廷派他去当杭州通判，他以豁达豪放的态度面对，并且政绩显赫，深得民心，在杭州完成了一项重大的水利建设，疏浚西湖，用挖出的泥在西湖旁边筑了一道堤坝，也就是著名的"苏堤"。宋神宗熙宁八年，西北边事紧张，西夏大举进攻，刚四十岁的苏轼调任密州知州。因干旱去常山祈雨，归途中与同僚会猎于铁沟，写下了这首出猎词。

（三）初读课文，整体感知

1. 下面同学们就用自己喜欢的方式来自由朗读这首词，要求结合课下注释，读准字音，初步理解词意，同时把你难以理解的词句圈出来。

（1）为下面的字注音释义。（出示课件2：生字注音释义）

聊（　　）擎（　　）裘（　　）冈（　　）

骑（　　）酣（　　）鬓（　　）遣（　　）

（2）出示课件3：锦帽貂裘：名词作动词，头戴着华美鲜艳的帽子。貂裘，身穿貂鼠皮衣。这是汉羽林军穿的服装。

（3）讲解"用典"。

（出示课件4：引导学生回顾"用典"）

怀旧空吟闻笛赋，到乡翻似烂柯人。

闲来垂钓碧溪上，忽复乘舟梦日边。

其中"闻笛赋""烂柯人""垂钓碧溪上""乘舟梦日边"都是用典。讨论"用典"的概念以及作用。

明确一：用典就是援引史实或故事来表达自己思想感情的一种表现手法。

寻找本词中引用典故的词句，分析他们的含义，体会"用典"的作用。

师生分析，寻找出如下"用典"的句子。（出示课件5："用典"句子）

（1）亲射虎，看孙郎。

（2）持节云中，何日遣冯唐？

（3）西北望，射天狼。

分析：

（1）孙权曾经马前射虎，作者以孙权自比，表示要像孙权那样马前射虎打猎，表现了无限的豪情。

（2）汉武帝曾派遣冯唐手持符节到云中赦免获罪削职的魏尚。作者在这里用

"问句"是说：皇帝什么时候派遣使者到密州赦免我呢？表达了希望被启用、为国效力的愿望。

（3）"天狼"代表侵略，这里用来指从西北进犯的西夏军队。表达了作者渴望奔赴战场，保家卫国的强烈愿望。

明确二：用典的作用：

（1）大大丰富了诗歌的内容，语言却很精炼。

（2）增强了表达的生动性和含蓄性。

（3）增强作品的表现力和感染力。

2. 再读，同桌之间彼此读，听听字音读准了没有。

3. 教师范读，听的时候仔细体味本首词的风格：豪迈奔放，高亢激昂。

4. 学生大声朗读，根据课下注释初步理解课文的意思。

5. 播放课文配乐朗读，注意细听读词时的节奏、语气和语调。

6. 推荐朗读好的学生读。注意总结词性发生变化的词语，例如，锦帽貂裘：戴着锦帽，穿着貂裘。

7. 学生齐读，注意字音的准确、语速和情感的基调。

（四）精读课文，鉴赏分析

在诗词中，往往看似小小的一个字，却有着极重的分量、极大的张力。

1. 请同学们说说哪个字既直接又集中地体现了本首词的豪放风格？"狂"

为什么是"狂"字而不是别的字？哪些词句体现了"狂"，谈谈你们的理解？

2. 我们先从词的上阕中来研读。一起读，注意把握词的豪放风格。（板书：上阕）

3. 刚才同学们读得很认真，讨论也很积极，下面我们结合具体的词句谈谈"狂在哪里"，当然也可以是疑难问题或不同意见。

（1）"左牵黄，右擎苍，锦帽貂裘。"牵黄狗，擎猎鹰，这是古代围猎的基本装备，一"牵"一"擎"两个动词用得极好。（板书：牵、擎）这是从哪个方面来写太守出猎的？装备（齐全）。你用自己的话帮我们再现一下太守当时的装备：只见苏轼左手牵黄狗，右手擎猎鹰，头戴锦绣帽，身穿貂皮衣。

狂在装备齐全，何等威武！

（2）随从众多（阵容庞大）："千骑卷平冈。"请你展开想象，描写一下当时的画面。成千的骑士情绪高昂，浩浩荡荡，纵马奔驰，疾风一般，腾空越野，马下是尘

土飞扬。

"卷"能不能换成"过"或者"踏"？不能，体现不出人马之多、速度之快，无法体现出恢弘的气势。朗读指导："卷"字重读，我们给"卷"字画上着重符号。（板书：卷）

狂在随从众多（阵容庞大），何等雄壮！

（3）倾城观猎（场面热烈）："为报倾城随太守。"人们倾城而来，万人空巷，只为观看太守出猎。

这样的出猎在当时也算不上稀奇，怎么竟然能够吸引全城的百姓都来观看，达到万人空巷的程度呢？让百姓倾城相随的会是一位怎样的太守呢？

受百姓衷心爱戴的太守。很对。有了解苏轼政绩的同学吗？苏轼一生勤政爱民，每到一处，皆为百姓拥护爱戴。在任杭州通判时，疏浚运河，就给我们后人留下了宝贵的物质遗产——苏堤。

狂在倾城观猎（场面热烈），何等感人。

（4）自比孙郎（豪气冲天）："亲射虎，看孙郎。"太守倍受鼓舞，气冲斗牛，为了报答百姓随行出猎的厚意，决心亲自射杀老虎，让大家看看孙权当年搏虎的雄姿。词人活用这个典故，暗示了什么？想要表达什么？暗示了自己也和孙权一样有雄才大略，希望自己像孙权一样意气风发。

狂在自比孙郎，何等豪气！朗读指导：所以这里要读出满满的自豪和自信。和上句连起来叫同学们齐读。

（5）"老夫聊发少年狂"的"聊"是什么意思？

有点无奈和落寞，因为苏轼年纪已大，而且只能姑且、暂且发一回少年般的狂气。

这英雄少年只能暂时做一回。其实当时苏轼年纪不老，刚四十岁，人生正当年，他却自称"老夫"，你体味到了什么？苏轼勤政爱民，从外在形象上看确实已是两鬓斑白；更重要的是，由于身陷北宋当时的新旧党争之中，长期不受重用，让苏轼感到自己仿佛已经老了。

朗读指导：这一句的重音应该放在哪里？"少年狂"。并且要读得激扬一点。而"老夫聊发"语速和音量读呢？缓慢、低沉。读这一句的时候情感应是丰富的：前四个字是缓慢、低沉的，要包含淡淡的无奈和不受重用的积郁；后三个字是一种蓄势待发的张狂，要读得铿锵有力。集体朗读这一句。

4. 总结上阕。

集体有感情地朗读上阕。

在上阕中，词人给我们展示的其实是一幅什么图？出猎图。

哪位同学能在这幅出猎图的前面用点修饰语吗？气势磅礴。

确实是气势磅礴的出猎图。（板书：密州出猎）

5. 作者此时已近不惑之年，却仍心怀少年狂气，是一种怎么样的精神力量在支撑他？作者又为何而狂呢？接下来，我们读下阕，说说那个词集中抒发了作者怎样的豪情壮志？具体表现在哪些诗句上？齐读下阕。（板书"下阕"）

（1）"酒酣胸胆尚开张，鬓微霜，又何妨。"出猎之际，痛痛快快喝了一顿酒，胸怀还很宽阔，胆气还很豪壮，尽管"老夫"老矣，鬓发斑白，但又有什么关系！因老当益壮而狂！这句话要读出老当益壮的气概来，重音要落在哪几个词上？"开张""又何妨"。

这种老当益壮的豪情是苏轼人生态度的主基调之一。

（2）"会挽雕弓如满月，西北望，射天狼。""天狼"，即喻指辽和西夏。作者以形象的描画，表达了自己渴望一展抱负、杀敌报国、建功立业的雄心壮志。

"会"是什么意思？是定将的意思。那要读得坚定有力。那我一定要拉开雕弓圆如满月，随时警惕着西北方，勇敢地将利箭射向入侵之敌。句中的"挽""望""射"这三个连贯的动作，（板书"挽""望""射"）勾画了一个动感鲜明的特写镜头，诗人是以挽弓射箭的壮举，来表达内心建功立业、杀敌报国的强烈愿望，词人因雄心壮志而狂的感情在这里达到了高潮。我们的朗读在这里也到达最高潮。一起读。

（3）但这是实际已经发生的事吗？不是，是想象。如果要实现得有一个什么前提？"持节云中，何日遣冯唐？"以魏尚自喻，希望朝廷能像派冯唐赦免魏尚那样重用自己。（板书：盼遣冯唐）

苏轼写这首词的时候正好经历了由杭州通判被贬官为密州太守的人生转折。当英雄老去，建功立业还只是一种向往的时候，这句"持节云中，何日遣冯唐"要读出什么样的意味来？这句要读出怀才不遇的无奈和淡淡的悲哀。这其实就是中国古代文人典型的壮志难酬的无奈。

但这句话中更多的情感是什么？是渴望建功立业的紧迫感。

6. 上阕描绘的是一幅气势磅礴的狩猎图，下阕描写的是一幅怎样的画面？

壮怀激烈的报国图。赤胆忠心的杀敌图。（板书"盼遣冯唐"）

（五）总结全文，布置作业

本词通过上阕叙事，下阕抒情，（板书：叙事 抒情）塑造了一个雄心勃勃，英武豪迈，渴望建功立业，挽弓劲射，保家卫国，征战沙场的英雄形象。（板书：渴望建功立业，保家卫国的豪情）全词音调高亢，感情充沛，充满着一股不可遏止的豪情。

我们听听名家诵读，然后用热情、豪放的感情一起完整地朗读全词，再次感受苏轼的狂举豪情。注意词的风格，把握词人在情感上细微变化。

1. 播放课文配乐朗读，再次感受苏轼的狂举豪情。

2. 师生一起完整地朗读全词，注意词的风格，把握词人在情感上细微变化。

3. 口头改写本首词。出示课件5：改写的白话文。

让老夫也暂且抒发一回少年狂，左手牵扯着黄犬，右臂托着苍鹰。头上戴着锦缎做的帽子，身上穿着貂皮做的大衣，带领千余骠马席卷过小山冈，威武雄壮。为了酬报太守，人们倾城出动，紧随身后。我要亲自搭弓射虎，看！咱多像当年的孙权，英姿勃发，意气豪放

酒意正浓时，胸怀更开阔，胆气更豪壮。两鬓已生出白发，这又算得了什么！遥想当年，冯唐手持文帝的符节去解救战将魏尚，使其免罪复职，什么时候朝廷能派遣冯唐式的义士来为我请命，让我像魏尚一样受到重用，戍边卫国呢？我也能拉开雕弓圆如满月，随时警惕地注视着西北方，勇敢地将利箭射向入侵之敌。

4. 作业

（1）背诵本文。

（2）改写本文。

（六）比较阅读，拓展延伸

出示课件6：江城子·西城杨柳弄春柔

江城子·西城杨柳弄春柔

秦 观

西城杨柳弄春柔，动离忧，泪难收。

犹记多情曾为系归舟。

碧野朱桥当日事，人不见，水空流。

韶华不为少年留。

恨悠悠，几时休？

飞絮落花时候一登楼。

便做春江都是泪，流不尽，许多愁。

1. 学生朗读，小组合作交流，理解其大意

西城细嫩的杨柳轻轻逗弄着春光，这勾起我离别的忧伤，止不住热泪盈眶。还记得你深情地为我拴紧归来的小舟，当时那碧绿的原野和朱红的小桥虽历历在目，但你已离去，只剩下河水不知为谁在空流。美好的青春不为少年停留，悠悠的离别恨，何时是个头？柳絮飞舞，落花满地时节我登上高楼，即便春水都化作泪水，也流不尽我心中的忧愁。

相同点：都是"江城子"的旋律

不同点：

（1）内容：前者描写出猎的场景，抒发渴望为国效力的豪情。文辞健拔，情感豪迈；后者写离愁别恨，表达了无限伤感的心情。文辞清丽，情感凄婉。

（2）基调：前者豪放，表现了自己的雄心壮志；后者婉约，表达了对故人的怀念。

出示课件7：豪放派和婉约派的区别

2. 拓展思考

结合你对苏轼的了解，结合我们课前做的准备谈谈你对苏轼的认识。

要点把握：

（1）在诗、词、散文、书法、绘画等多方面都有很高造诣的人。

（2）生活坎坷却豁达乐观的人

（3）感情豪放而又细腻的人

（4）自始至终热爱国家，渴望有所作为的人。

3. 课外延伸

这一节课我们进一步走近宋词，初步接触风格迥异的宋词两大流派，对诗词的意境、形象、风格的分析方法有了更多的了解，希望大家下去以后广泛阅读，深入思考，认真分析，对中国文学史上的两座丰碑有更深刻的了解和认识。

附：板书设计：

江城子·密州出猎

苏轼

	叙			渴 杀
上阕		密州出猎	牵 擎 卷	望 敌
	事			建 卫
				功 国
				立 的
	抒			业 豪
下阕		盼遣冯唐	挽 望 射	情
	情			

教学反思：

这是北宋著名诗人苏轼的一首有名的词。"词"这种文体，学生可能是不熟悉的。所以，对于诗词的教学，非读无以探其义。让学生多朗读，运用多种形式读，以达到深入理解的目的。

本词的难点是"用典"这一表现方式。为了突破这一难点，选取了学生熟悉的用了"典故"两句诗，通过教师的讲解，学生自然就理解了。这是一种拓展。是一种有同一表现形式的拓展。学生通过以前学过的熟悉的内容，通过知识的迁移，进而达到对新知识的掌握。

另外，关于豪放词和婉约词，应该是学生了解的知识。为了使学生轻松了解，选用了同一词牌，但内容、风格迥异的另一首词。学生通过阅读，比较出二者在用语表达、情感表露、基调展现等方面的不同特点，感受豪放词、婉约词的区别。

四、《孔乙己》教学设计

教学目标：

1. 探究小说人物的性格内涵，理解文章的主题思想。

2. 学习用人物的外貌、语言、动作描写来展示人物思想性格的写法。

3. 品味小说辛辣深刻的语言，理解社会环境对人物个性形成巨大影响。

4. 理解作者对腐朽罪恶的封建科举制度和病态冷酷的社会的揭露和批判。

教学重点：

1. 分析孔乙己这一人物形象，学习小说多角度鲜明、生动刻画人物的写法。

2. 理解、把握小说主题，深入理解小说思想内涵。

教学难点：

深刻领会小说的思想意义。

教学方法：

1. 朗读法。通过反复朗读，仔细揣摩鲁迅小说含蓄、富有表现力的语言，以深刻理解人物形象，进而整体把握内容。

2. 质疑探究法。引导学生从多个角度思考，理解作者对人物丰富、鲜明、生动地刻画。引导学生结合时代背景，深入分析和思考小说人物的性格内涵，理解作品的思想意义。

3. 拓展延伸法。将本文与《范进中举》对照比较，进一步了解封建末期知识分子的心态，加深对封建科举制度腐朽性认识。

教具准备：

多媒体课件、投影仪、孔乙己画像、"咸亨酒店"的图片资料等。

课时安排：

两课时。

教学过程与步骤：

第一课时

课时教学目标：

1. 朗读，梳理小说的情节结构。

2. 分析孔乙己的生活环境及人物形象。

教学步骤：

（一）谈话导入，板书课题（多媒体展示孔乙己画像）

同学们，作为中华民族 20 世纪伟大的文学家、思想家和革命家的鲁迅，以

"笔"作"刀枪"，实现他改变"愚弱的国民精神"的伟大抱负。在他一生所创作的三十多篇小说中，他最喜欢的是收在小说集《呐喊》中的《孔乙己》。巴金称赞《孔乙己》写得好，日本一位著名作家说孔乙己是最完美的艺术典型。今天，我们就来认识一下孔乙己这个不朽的艺术形象。（板书课题、作者）

（二）出示资料，了解背景（投影）

《孔乙己》写于 1918 年冬天，当时以《新青年》为阵地虽已揭开了新文化运动的序幕，但是封建复古的逆流仍很猖獗。科举制度虽于 1906 年废除，但是培植孔乙己这样的人的社会基础依然存在，新的"孔乙己"有可能继续产生。要拯救青年一代，不能让他们再走孔乙己的老路。鲁迅选取了社会的一角——鲁镇的咸亨酒店，艺术地展现了 20 多年前社会上的这种贫苦知识分子的生活，启发读者对照孔乙己的生活道路和当时的教育现状，思考当时的社会教育和学校教育，批判封建教育制度和科举制度。

（三）通读全文，整体感知

师：默读课文，扫除文字障碍。

1. 迅速将注释中的生字注音搬到文中相应的字上，并准确读出。

咸亨（hēng）酒店　　砚（yàn）　　附和（hè）　　孱（chán）

蘸（zhàn）　　舀（yǎo）　　打折（shé）了　绽出（zhàn）

2. 熟记下列词语，并造句。

不屑（xiè）置辩：认为不值得申辩。

颓唐（tuí táng）：精神萎靡不振。

分辩——辩白：努力加以解释说明。

师：现在老师给大家朗读一遍课文，请大家根据故事情节发展和人物活动场景变换划分段落层次。

生：认真听读，快速讨论，选代表发言，分段如下：

第一部分（1～3）介绍孔乙己活动的社会环境咸亨酒店。

第二部分（4～13 节）：写孔乙己的悲惨遭遇。

第一层（4～9 节）写孔乙己一生的四个片断。（开端、发展）

1. 酒客揭短，取笑孔乙己偷东西；

2. 酒客讥笑孔乙己没有进学；

3. 孔乙己教小伙计识字；

4. 孔乙己分茴香豆给孩子吃。

第二层（10～11）孔乙己最后一次到酒店喝酒。（高潮）

第三层（12～13）孔乙己的悲惨结局。（结局）

师： 下面我们请 4 位同学分段落朗读全篇小说，朗读过程中，请同学们理清故事情节，关注孔乙己这个中心人物，对你感兴趣的词语做出标记。

甲、乙、丙、丁朗读课文。

师： 刚才 4 位同学朗读得有声有色。下面我们一边看课文一边填写孔乙己的履历表。请同学们紧扣原文，注意抓关键词句。

［师用多媒体展示履历表］

姓名	
年龄	
学历	
生活时代	
活动地点	
习惯及特长	
生活来源	
社会地位	
结局	
认识与评价	

师： 下面我们来填写孔乙己的小档案。姓名——

生 1： 孔乙己。

师： 姓孔名乙己吗？

生 2： 不是，是别人给他起的绰号。

师： 从哪里可以看出？

生 3： "因为他姓孔，别人便从描红纸上的'上大人孔乙己'这半懂不懂的话里，给他取下一个绰号，叫做孔乙己。"

师：从别人起的绰号可看出孔乙己并不被大家所尊重。那么，他的社会地位到底如何呢？请大家在课文中寻找最能概括地说明孔乙己地位的一句话，并解释为什么。

生4："孔乙己是站着喝酒而穿长衫的唯一的人。"

师：为什么是这句话呢？

生4：句中"站着喝酒"，说明他和"短衣帮"在一个阶层，比较穷苦。

师：那他和"短衣帮"一样吗？

生5：不一样！他是"穿长衫"的。

师："穿长衫"的是些什么样的人？他们在哪里、怎样喝酒呢？

生5：他们是"阔绰"的人、读过书的人，他们"踱进店面隔壁的屋子里，要酒要菜，慢慢地坐喝"。

师："踱"是什么意思，是一种什么样的神态？

生6：大摇大摆、不紧不慢、迈着"八字步"走，神态自傲！

师：好！这说明这些"穿长衫"的不仅阔绰而且有地位。

师：同学们分析得很好！从上述的分析可以看出，鲁镇的人群可以大致分为几类？

生7：两类，一类是穷困者，特点是"短衣帮""站着喝酒"，处于社会底层；另一类阔绰者，特点是"穿长衫"，在屋里坐着喝酒，处于社会上流。

师：孔乙己是穿长衫的，那他到底属于哪个阶层的呢？

生8：孔乙己应该属于社会底层这个群体。他虽然穿长衫，但他很穷，是一个读过书的穷人，或者说他是一个因念书而什么也不会做，好吃懒做，最终沦落为穷人的人。

师：好！所以鲁迅说他是站着喝酒而穿长衫的……

生众：唯一的人。

师："唯一的"，点出了孔乙己的特殊性，他与上层人、下层人都有距离。

师：课文看得很仔细，分析得很细致。那么，孔乙己的年龄有多大？

生5："从一部乱蓬蓬的花白的胡子"，可以推测他年龄应该是五十来岁。

师：同学们回答得都有理有据。这说明同学们都掌握了分析问题的方法。分析问题不能空穴来风，必须有依据。他的学历呢？

生6：童生。

师：依据——

生6："连半个秀才也捞不到""终于没有进学"。这说明孔乙己五十多岁了，不
　　　过还是一个童生。老师，不知道童生的文凭究竟有多高？

师：童生，就是相当于现在的初中毕业吧。下一项内容，孔乙己生活在什么年
　　　代？生活地点在什么地方？

生7：鲁迅这篇小说写于1918年冬，依据小说中鲁迅12岁的年龄推算，孔乙
　　　己应该生活在清朝末年。生活地点在"鲁镇咸亨酒店"附近。

师：清朝末年的历史背景如何？科举考试处于怎样的状态？请运用所学历史知
　　　识来回答。

生8：是一个半殖民地半封建社会。外国侵略，清廷腐败，民不聊生；科举制
　　　度已穷途末路。

师：孔乙己有哪些特长？

生9：写得一笔好字；会"茴"字的四种写法，满口"之乎者也"。

师：会"茴"字的四种写法和满口"之乎者也"，也算是孔乙己的特长吗？

生9：我想是的。会"茴"字的四种写法和满口"之乎者也"，在孔乙己眼里体
　　　现了他知识的渊博，是有学问的表现。我想，这也算是孔乙己的一个特
　　　长吧？

师：你说话很有分寸，我很赞赏。大家再考虑一个问题，他的生活来源是什
　　　么呢？

生10：抄写、偷窃。

师：书生还偷人家的东西，这太不可思议了。鲁迅先生是怎样叙述他的偷窃行
　　　为的呢？

生10："免不了偶然做些偷窃的事"，而且，在别人说他偷窃的时候，他还极力
　　　为自己争辩，"窃书不能算偷……窃书！……读书人的事，能算偷吗"？

师：这说明什么呢？说明孔乙己还有廉耻之心。作为一个读书人，从一般意义
　　　上来说，孔乙己受雇于人抄书，却将人家的书籍纸张笔砚偷走当然不对。
　　　那么孔乙己为什么会偷窃呢？

生10：是因为抄书不能维持生计，又不会或不愿劳动，所以要偷。

师：那么，周围的人对他的这些行为是怎样的态度呢？

生 11：讥讽，嘲笑！

师：仅仅如此吗？请大家再看课文。

生 12：被人打了！

师：何以见得？

生众："脸上又添新伤疤了"，"偷了何家的书，吊着打"，"打大半夜，打折了腿"。

师：谁打的呢？

生 13：有钱人、读书家的人，最后一次是丁举人的家丁。

师：孔乙己被有钱有地位的人打了，那么，讥讽嘲笑孔乙己的都是哪些人呢？请同学们再读课文，仔细找。

生众：众人！

师：众人是怎样的一个群体呢？

生 14：主要是站着喝酒的"短衣帮"，还有咸亨酒店的掌柜。

师：刚才我们已经分析出鲁镇大致有两个群体，有钱有势的阔绰者在"打"孔乙己，站着喝酒的短衣帮在讥讽嘲笑孔乙己，这是为什么呢？又说明了什么呢？孔乙己的社会地位又该怎样定位呢？请同学们边读课文边思考，大家有什么高见请发表。

生 15：有钱人打孔乙己不仅仅在于孔乙己偷了人家东西，而主要在于有钱人不仅阔绰而有权势；如此狠毒打孔乙己说明社会压迫很残酷。

生 16："短衣帮"们之所以讥讽嘲笑孔乙己，是因为他们并不认为孔乙己与自己同处于社会最底层，没有认识到孔乙己不幸遭遇的社会根源，讥讽嘲笑说明社会底层的冷漠。

师：上述两位同学的分析、认识十分准确，也很深刻。值得表扬！这里我们实际上正在使用一种分析方法，即把事实摆出来，归纳总结不同对象或群体对事实的不同态度，分析不同态度产生的原因及其效果，然后得出结论。这种方法叫分类分析法，请同学们领会掌握，我们会经常用到。

师：孔乙己的社会地位到底如何呢？鲁迅先生在文中有这样一句话"孔乙己是这样的使人快活，可是没有他，别人也便这么过"。从这句话你能看出鲁迅先生是怎样给孔乙己定位的呢？请大家讨论。

生众：孔乙己是被人当作笑料的人！

孔乙己是可有可无的人！

孔乙己是个对社会无用的多余的人！

孔乙己是被社会抛弃的人！

师：好！同学们对这句话理解较为深刻。孔乙己结局是怎样的呢？

生17："我到现在终于没有见——大约孔乙己的确死了。""大约"表示这是"我"的猜测，但孔乙己当时已无力维生，加上二十多年也没有见到，在那样冷酷无情的社会里，孔乙己肯定是活不下去的，所以用"的确"肯定表示"我"猜测的结论。

师：好！孔乙己的履历表我们已经填写完毕，最后，我们用最简洁的语言来总结孔乙己这个人以及周围人群对孔乙己的态度。

（四）师生共同归结：

对孔乙己评价：穷困潦倒、迂腐不堪、凄苦惨绝、麻木不仁，同时又有质朴善良的一面。

社会群体对孔乙己的态度：残酷迫害；冷漠嘲讽。

师：这一课时，我们认识了孔乙己，了解了孔乙己周边的人群对孔乙己的态度。那么鲁迅先生在这篇小说里是如何展现孔乙己的呢？他对孔乙己及"孔乙己现象"又是怎样的态度呢？请同学们积极思考，我们下一课时共同探讨。

第二课时

课时教学目标：

学习人物刻画方法；了解社会环境描写对刻画人物的作用；探讨课文深刻的思想内涵；与《范进中举》加以比照阅读，拓展延伸。

教学步骤

（一）学习人物刻画方法。

师：上节课我们给孔乙己填了履历表，分析了孔乙己的性格，了解了孔乙己周围的人群对孔乙己的态度。本节课，我们主要分析《孔乙己》的艺术特色。现在，我们通读全文，思考下列问题：

小说是从哪些方面对孔乙己进行个性化刻画的？

（学生小组研讨）

生 1： 先是进行概括介绍，"孔乙己是站着喝酒而穿长衫的唯一的人"。这种矛盾现象充分说明孔乙己的特殊身份和性格特征，对孔乙己进行了总体介绍。

生 2： 对孔乙己进行了肖像描写。写他第一次出场：写他"身材很高大"，说明他尚有劳动能力；"青白脸色"，说明他穷困潦倒，营养不良又不肯劳动的结果；脸上"时常夹些伤痕"，是他因穷困而偶然偷窃被人打伤的标志，也是他走向没落的重要标志。"一部乱蓬蓬的花白胡子"既表明他年龄较大而又精神萎靡颓唐。他那件长衫"又脏又破，似乎十多年没有补，也没有洗"，说明他穷困潦倒、懒得出奇的经济状况和性格特征。

师： 还有肖像描写吗？

生 3： 写了孔乙己的第二次出场，"他脸上黑而且瘦，已经不成样子，穿着一件破夹袄"，说明他衣食无着，穷途末路。"盘着两腿，下面垫着一个蒲包，用草绳在肩上挂住"，"满手是泥"，说明他被打折了腿，丧失生活能力。断腿前后肖像的对照，更显出他遭遇的悲惨。

师： 除了肖像描写，还用了哪些描写方法？

生 4： 还有语言描写、神态描写。"他对人说话，总是满口之乎者也，教人半懂不懂的。"这是神态描写，说明他以读书人自居，卖弄学问，性格迂腐可笑。

生 5： 孔乙己睁大眼睛说，"你怎么这样凭空污人清白……"这有神态描写，还有语言描写，说明他死要面子，怕人嘲笑。

生 6： 孔乙己便涨红了脸，额上的青筋条条绽出，争辩道，"窃书不能算偷……窃书！……读书人的事，能算偷么？"这是神态描写加语言描写。说明他自命清高、迂腐不堪、自欺欺人、死要面子的性格。

生 7： "孔乙己看着问他的人，显出不屑置辩的神气。"这是神态描写，说明孔乙己自命清高。

生 8： "孔乙己立刻显出颓唐不安模样。脸上笼上了一层灰色，嘴里说些话；这回可是全是之乎者也之类，一些不懂了"，这是神态描写，说明孔乙己深受封建科举制度毒害，至死不悟。

生 9： 有动作描写。"便排出九文大钱"，"排"这一动作，恰如其分地显示了他的心理。既表现他拮据而穷酸的本相，又在酒店显示分文不少，自己是规矩人，并对短衣帮的耻笑装出若无其事的样子。

生 10： "他从破衣袋里摸出四文大钱，放在我手里"，"摸"这一动作说明他穷困潦倒到了极点，表明了他悲惨的境地。这也是动作描写。

师： 描写人物的方法有这么四种，"他长得什么样"——肖像描写；"他怎么说的"——语言描写；"他怎么做的"——动作描写；"他怎么想的"——心理描写。本文主要用了肖像描写、语言描写、动作描写，把孔乙己这个可悲又可怜、可气又可叹，"怒其不争，哀其不幸"这一"多余人"的形象表现得淋漓尽致。在作文练习中，对人物的描写，我们也要运用这些描写方法，使人物性格更加鲜明、深刻、生动。

（二）质疑研讨，深入理解文意

1. 学生与学生互相质疑

一组学生问：课文的前三段，也即"序幕"部分，一开始没有直接写孔乙己，而是介绍咸亨酒店的格局和顾客的情况。这样写的用意是什么？

二组学生回答：小说开头对咸亨酒店的介绍，交代了孔乙己生活的社会环境，渲染"短衣帮"与"穿长衫"的两大泾渭分明的社会群体，表现了社会严重的阶级对立，人和人之间冷酷的关系，这样一个势利、冷酷、虚伪的社会环境，为我们渲染了一种冷漠、悲凉的社会气氛，为情节的发展奠定了基础，预示着人物悲剧的必然性。咸亨酒店可以说是当时中国黑暗的半封建半殖民地社会的缩影。

六组学生问：作者没有采用小说常用的第三人称的写法，而是以"小伙计——我"的口吻来叙述。这样安排的作用是什么？

五组学生回答：本文要在短短的篇幅中交代孔乙己的一生，是件不容易的事情，而以一个小伙计"我"的角度审视观察周围世界，既方便叙述，减少叙述文字，又显得客观、真实、可信。连一个12岁的小伙计都鄙视孔乙己，更能说明这个社会对不幸者的冷漠，有利于表达一种悲喜交融的气氛。另外，小伙计涉世未深，还不像掌柜的那样冷酷，表现出对孔乙己的同情。

2. 师与生质疑：思考讨论文章的"笑"；深层领会小说的思想意义

（1）课文几次写到笑，各有什么不同的含义？如何理解各种人对孔乙己的取笑？

学生互相补充回答：

第一次，写"掌柜是一副凶脸孔，主顾也没有好声气，教人活泼不得；只有孔乙己到店，才可以笑几声"，这里突出"笑"字，既造成悬念，又笼住全文。冷酷的氛围中突出"笑"，这种"笑"带着冷酷的意味。

第二次是孔乙己第一次出场，酒客们拿孔乙己的伤疤来取笑，就是拿孔乙己的不幸和痛苦来取乐，勾画出这些人麻木冷漠的嘴脸，笑声里蕴蓄着悲凉的意味。酒客们还取笑孔乙己偷书，孔乙己自欺欺人的辩驳更引得众人都哄笑起来。

第三次是酒客们取笑孔乙己"连半个秀才也捞不到"，孔乙己颓唐不安的模样和之乎者也的听不懂的话又引起众人的哄笑。文章着力渲染哄笑的声浪和快活的空气，笑声迭起，悲凉的意味也就更浓。

第四次是孔乙己分茴香豆给孩子们吃，在年幼无知的孩子的面前才能得意忘形的乐一乐，于是这一群孩子都在笑声里走散了。分豆的动作和语言将孔乙己迂腐可笑得穷酸相尽显。而孩子们的笑则是天真无邪的笑。

第五次是孔乙己第二次出场，孔乙己被打折了腿，已经不成样子了，然而掌柜仍然同平常一样取笑孔乙己。这种笑声越发显得悲凉，毫无人性，显示当时社会人跟人之间冷漠无情。

（2）《孔乙己》是一幕悲剧，然而全文没有一个"悲"字出现，贯穿全文的一个字是什么？作者这样安排线索用意何在？

师补充总结：小说以"我"为见证人，以"笑"为线索，孔乙己在笑声中出场，在笑声中活动，在笑声中走向死亡。这哄笑是麻木的笑，这使孔乙己的悲剧更笼上一层令人窒息的悲凉的意味。一面是悲惨的遭遇和伤痛，另一面不是同情和眼泪，而是无聊的逗笑和取乐，以笑衬悲，更令人悲哀，表示孔乙己的悲剧不是个人的悲剧，而是社会的悲剧，作品反封建的意义就更加深刻了。

孔乙己自身的可笑，是对封建文化、封建教育制度的嘲笑和讽刺、揭露和批判。作者对孔乙己被侮辱被损害的内心痛苦与悲哀，寄予了一定的同情。小伙计的笑，是不经意的、附和着的、解脱的笑。邻居孩子的笑，并非恶意，是"听得笑声""赶热闹"天真无邪的笑。短衣帮的笑，是为孔乙己不伦不类的样子、故弄玄虚的语言、迂腐无能的性格而笑，以求得无聊生涯中的片刻快活。这是"病态社会"所致，是麻木不仁的笑。掌柜及穿长衫人的笑，是以欺凌、玩弄为目的自私而卑劣的笑。"笑"是作者进行人物塑造的一种艺术手段。

（三）总结课文，布置作业

师生共同探究归纳小说的主题。

这篇小说，作者将孔乙己的肖像、神态、语言、动作诸方面交织在一起，使这个被科举制度欺骗愚弄了一辈子的下层知识分子的形象，富有立体感地展现在读者眼前：功名不就，却自命清高；四体不勤，却好吃懒做；贫困潦倒，却死爱面子；受尽摧残，却麻木不仁。在风烛残年之际，这个受"万般皆下品，唯有读书高"封建思想毒害的孔乙己爬着离开了人世。作者用嘲讽的笔触，通过对孔乙己思想性格的刻画，把批判的矛头直指封建制度和封建教育。小说通过对主人公孔乙己后半生几个悲惨生活片段的描述，成功地塑造了封建末世备受科举制度摧残的下层知识分子的形象，深刻反映了封建文化和封建教育对下层知识分子的严重毒害，有力控诉了科举制度的罪恶；真实地反映了当时国民的冷漠麻木，也使读者从一个侧面认识到封建社会的腐朽和黑暗。

布置作业

1. 请你设想一下，孔乙己用手爬着走出咸亨酒店后的景况。请以"走出咸亨酒店的孔乙己"为题，续写小说。

2. 写作练习：记叙一个使你印象深刻，性格特别的人物的活动片断，要有适当的外貌、动作、语言的描写。

（四）比照阅读，拓展延伸

师：请同学们阅读《范进中举》，与课文进行对照、比较，分析两位人物性格和主题思想上的差异。（学生在课外已经阅读了《范进中举》）

教师点拨：两篇文章都揭露了封建科举制度的罪恶，孔乙己和范进都是科举制度的受害者和牺牲品，孔乙己坐着用手爬进"坟墓"。范进光着一只脚走进"天堂"，可以说，他们虽结局不同，但却是"殊途同归"。

《范进中举》是以科举使人狂迷来讽刺其罪恶的，而《孔乙己》是以封建科举吃人来揭露其罪恶的，揭示封建末世的病态，意义更深刻。范进的形象是"丑"，孔乙己的性格是"悲"。两篇文章不同的批判角度，主人公不同的遭遇和结局，周围人对

主人公不同的态度，显示了作者对封建科举不同的批判力度，也使得社会对两种读书人的态度截然不同，从而揭示了世态的炎凉、人心的势利。

附：板书设计：

孔　乙　己

鲁迅

开端	站着喝　穿长衫	肖像　动作		封建科举毒害
发展	酒客揭短——哄笑	动作　神态　语言		欺凌　侮辱
	酒客讥笑——哄笑	神态		冷漠无情
	教写"茴"——笑声迭起	语言　动作　神态		玩弄
	分茴香豆——笑声中走散	动作　语言		迂腐可笑
高潮	被打折腿——仍取笑	语言　神态　动作		世态炎凉
结局	大约的确死了			民众麻木

教学反思：

鲁迅先生的短篇小说《孔乙己》是初中语文教材的传统名篇。对于初中语文教师来说，《孔乙己》是越教越不会教。因为教育改革和发展要求语文教师更新理念，改革教法。需要语文教师不断创新，常教常新。传统教法已不能适应时代对教学的要求了。时代给语文教师提出了新的更高的要求。

这是一篇教读课文，传统的教法是这样的：以教材为本，传授必要的学科知识，培养学生的阅读能力，发展学生的思维能力，提高学生对人物形象的认识。一般的教法是这样的：将本小说视为一个整体，抓住主要问题以勾连有关内容。解读人物是读懂小说的主要途径，准确把握人物的性格，理解他性格中的矛盾性。在此基础上，深层探究人物悲剧的社会原因，从而达到理解全文主题思想的目的。这种教法是无可非议的。

但站在时代的高度审视这一课，运用新的教学理念解读教材，就感到这种教法落后了。因为这种教法还是以教师为中心，学生还是处于从属、被动地位，也就是说，学生的主体地位没有充分发挥出来。

为发挥学生的主体作用，培养学生分析问题的能力和探究兴趣，我深入学习课标，研究教材，了解学生，在教学方面进行了两处创新。一是用为孔乙己填写履历表的方法，二是运用了拓展延伸法。

为孔乙己列履历表，学生兴趣深厚。教师在引导让学生为孔乙己填履历表的过程中，学生自主自觉地走进文本，学生对孔乙己的种种遭遇，感同身受，对主人公的认识准确而深刻，从而达到了对作品主题的深入理解和把握。

关于拓展延伸，在本课的教学中，我设计了两个拓展点：其一，是将本文与《范进中举》从主题表达、手法运用等方面进行比照；其二，在最后的作业中，设计了这样一个问题：请你设想一下，孔乙己用手爬着走出咸亨酒店后的景况，请以"走出咸亨酒店的孔乙己"为题，续写小说。

之所以把《孔乙己》和《范进中举》放在一块进行比较阅读，是因为二者有共同的主题，都是用辛辣的语言讽刺了封建的科举制度对知识分子的毒害，不管你最后"进学"不"进学"，二者最后的命运都是一样的，他们都是封建科举制度的受害者和牺牲品。作者对他们所抱的态度都是"哀其不幸，怒其不争"。把二者放在同一天平上称量，其不幸就更一目了然了。《范进中举》这一课排列在前，学生对这篇课文已经进行了深入的学习，想必对这一课也有不同程度的理解。二者放在一起做个比较，有利于学生更全面更深刻地理解封建科举制度对知识分子的毒害。

课后作业的设计也是处于这一目的，也就是使学生达到对课文更深一层的探究，达到对人物形象更进一步的把握，达到对主题更进一步的理解。学生对这一类开放性的作业兴趣盎然，探究欲强烈，所以做起来也就不畏难了。

鲁迅先生的作品主题是那样的深刻，反映时代离学生也较远，理解起来肯定困难，把《范进中举》这篇课文放在前面，既为学习《孔乙己》做了铺垫，又为深化对封建科举制度的认识，起到了相互印证的作用。

总之，这一课的设计，贯穿了以教师为主导，学生为主体的教育教学理念。

五、《雪》教学设计

教学目标：

1. 品味文中优美的词句。

2. 体会作者生动描写南方雪的深刻用意，领会朔方雪的象征意义，感受鲁迅对理想的向往和在孤寂中不屈的斗争精神。

3. 学习借景抒情的表达方式。

4. 通过仿写，内化情感，引导学生坚强地面对生活。

教学重点：

领会朔方雪的象征意义，感受鲁迅对理想的向往和不屈的斗争精神。学习借景抒情的表达方式。

教学难点：

1. 深入体会作者作为思想斗士的性格，品味文中一些富含深意的语句。

2. 对作者思想感情的理解。

教学方法：

创设情境、合作交流、拓展延伸。

课前准备：

1. 配乐朗诵课文录音带。

2. 制作媒体课件。

教学课时：

两课时。

教学过程与步骤：

第一课时

（一）创设情境　导入新课

师： 在中国现代文学史上，有一人被誉为"民族魂"。他时刻以深沉的情怀、睿智的目光关注着我们民族的生存状态和精神世界。在他逝世之时，举国哀悼，举世震惊。一友人送挽联内容如下：（出示课件1）

译书尚未成功，惊闻陨星，中国何人领呐喊；

先生已经作古，痛忆旧雨，文坛从此感彷徨。

大家默读一遍，不妨来猜猜对联描绘的是谁？

生： 默读、思考、猜想、回答。

师： 对，鲁迅先生。（板书：鲁迅）。《呐喊》和《彷徨》是他的两本小说集的名字，其作品思想深刻，刻画形象生动，文风犀利。

（接着出示课件 2）

"有一个人/当我凝望着他/悲痛化为力量/懦弱亦变得坚强"——江天《鲁迅赞·有一个人》

师：屏幕上有一小节诗，让我们一起来读一下，好吗？

生：好！（学生齐读。）

师：这是马来西亚诗人江天的诗《鲁迅赞·有一个人》中的一小节，为什么他会有这样的感受呢？

今天，我们学习鲁迅的作品——《雪》。（板书：雪，出示课件 3）也许，读了鲁迅的《雪》之后，我们能找到答案。

（二）了解作品及写作背景

《雪》选自鲁迅的散文诗集《野草》。《野草》是鲁迅的散文诗集，收录了鲁迅在 1924—1926 年间的 23 首散文诗。1927 年结集出版时有增写《题辞》。诗集收录了鲁迅在极为苦闷和彷徨时期写的作品。

本单元所选课文为散文诗。（出示课件 4）散文诗：介乎诗与散文之间，是兼有诗与散文特点的一种现代抒情文学样式，从本质上看，它有诗的意境、诗的情绪和诗的形象；从形式上看，它和散文一样，不押韵不分行，形式比较自由。往往通过对具体形象的描写抒发作者的某种感情。象征、比喻是这种文体经常运用的表现手法。

生：看课件 4 读记什么是散文诗 。

师：《雪》写于 1925 年 1 月。当时正处于北伐革命的前夜，国共两党结成统一战线，革命形势出现了可喜的局面。但鲁迅当时生活的北平仍在北洋军阀的黑暗统治下，反动势力猖獗，斗争极其激烈。

（三）熟读课文，整体感知

1. 初读课文，正音释词

师：鲁迅的《雪》是一篇非常优美的散文诗，学这首诗我们应确定怎样的学习目标呢？（出示课件 5：学习目标），齐读课件 5——学习目标。

现在打开课本，请参看课文注释静静地默读一遍课文，注意学习积累生字新词。

生：默读课文，学习字词。

师：（出示课件6），看下面的字词，自由朗读，正音释词。

磬（　　）　　衾（　　）　　朔（　　）方　　凛冽（　　）（　　）：

解释下列词语。

博识：见识广博。

凛冽：刺骨的寒冷。

天宇：这里指天空。宇，上下四方。

精魂：精灵，魂灵。

消释：消融。

升腾：向上升起。

生：学生自由朗读，正音释词。

师：抄写这些生字新词，注意写字的姿势。

生：低头认真书写。

2. 再读课文，勾画重点

师：同学们已经读完一遍课文了，对课文有大致的了解，下面听老师读课文，在听的过程中，注意用笔勾画出作者给我们描写了哪几个地方的雪景。

生：听老师范读课文，用笔勾画。

师：请同学们回答作者给我们描写了哪几个地方的雪景。

生：江南的雪和朔方的雪。

师：板书：江南　北方。

3. 配乐朗诵课文，理清思路

师：这两个地方的雪有何不同？从哪些地方可以看出？请听配乐朗诵。（出示课件7：雪景，播放配乐朗诵）

生：听读课文。

师：哪位同学说说这两个地方的雪有何不同？

生：两名学生回答、归纳：南国的雪滋润美艳，朔方的雪寒冷孤独。

师：板书：滋润美艳，寒冷孤独。问：从哪些地方可以看出？

生：两名学生主要发言，其他多名补充完善。

师：边听边板书，等同学们发完言。（出示课件8：南北两地雪景的不同）

生：齐读课件内容。

师：《雪》这课可分为几部分，怎样分？各部分都写了些什么？小组讨论，选代表发言。

生：6位同学发言。（分两部分，前三段和后三段，前三段写南国的雪，后三段写朔方的雪。）

（四）小结本课　布置作业

1. 小结本课

师：回答得很好！这节课我们一起熟读了鲁迅先生的散文诗《雪》，《雪》是鲁迅作品中为数不多的色彩明丽的文章之一。文中对江南雪景的描绘有声有色、动静结合，对朔方的雪更是倾情讴歌，极力赞美、美丽的雪景，美丽的文字，都吸引着我们去欣赏，去品读，下面齐读课文。

生：齐读课文。

师：画出课文中你认为最优美的句子，并背诵它。

生：勾画背诵。

2. 布置作业

阅读课后附录：孙玉石先生的《追求美好理想的心声》，探究课后研讨与练习二的三个问题。

第二课时

（一）复习回顾，引入分析

师：上节课我们熟悉了《雪》这篇课文，知道课文分两部分，前三段写江南的雪，后三段写朔方的雪。这节课继续学习这篇课文。现在同学们齐读课文。

（二）精读课文，欣赏分析

师：认真品读前三段，思考下列问题：（出示课件9：思考的几个问题）

1. 江南的雪有什么特点？

生：学生讨论后发言

"色彩斑斓""洁白""明艳""闪闪发光""滋润美艳之至""水晶模样"，这些都反映了南方雪景洁净明亮的特点。

2. 从哪些地方可以看出这些特点来？

生："极壮健的处子皮肤""滋润美艳""血红的宝珠山茶""白中隐青的单瓣梅

花""深黄的磬口的腊梅花""雪下面还有冷绿的杂草"。

师： 刚才，我们说鲁迅先生把江南的雪描写得色彩斑斓，这主要体现在哪里呢？

生： 鲁迅先生突出"雪野中""雪下面"花草颜色的描写，以血红、白、青、深黄、冷绿衬托江南雪的色彩斑斓。

师： 找得很好，作者的这些水彩般地描绘，给我们呈现了一副绚丽的图画。具体分析这些意象，我们不难发现，这雪野中埋藏的似乎就是一个生机盎然的春天。

师： 再往下看，作者又写了些什么呢？

生： 写了蜜蜂，写"蜜蜂们忙碌地飞""嗡嗡地闹"。

师： 鲁迅先生写江南雪时，写花草的绚丽，写蜜蜂们的"飞""闹"，一动一静，描写得极好。这段描写给你什么感受？板书：飞、闹、动、静。

生： 可能会回答——隐含着青春的消息、活泼、富有生命力……

师： 对。是青春的消息，是活泼而富有生命力的。但是，作者又说"记不真切了"。又使得这种感觉似可见非见、似听非听，是一种朦胧的暗含希望的美。

3. 接下来是写"雪罗汉"，给大家两分钟的时间再仔细阅读这一段，读的过程中思考作者为什么要写雪罗汉。

师： 雪罗汉是由谁怎样堆起来的呢？他们的状态怎么样？

生： 孩子们，谁的父亲帮忙，用龙眼做眼珠，偷来胭脂涂在嘴唇上，"冻得通红"，"紫姜芽一般的小手"，"七八个一齐来塑"，积极性很高。

师： 堆好了的雪罗汉是个什么样子呢？

生： "分不清是葫芦还是罗汉，然而很洁白，很明艳，以自身的滋润相粘，整个地闪闪地生光"，"这回确是一个大阿罗汉了"，"目光灼灼地嘴唇通红地坐在雪地里"。明艳至极，可爱至极。

师： 鲁迅先生为什么用这么大的篇幅写儿童及其所堆雪人呢？

生： 赞美、怀念江南的雪，对未来（儿童）寄予希望。

师： （板书：赞美。怀念）但是，"雪罗汉"的命运最终怎样？用原文回答。

生： "但他终于独自坐着了。晴天又来消释他的皮肤，寒夜又使他结一层冰，化作不透明的水晶模样；连续的晴天又使他成为不知道算什么，而嘴上的胭脂也褪尽了。"

师：罗汉"独坐了"——"消释了"——"冻结了"——融化了——风采褪尽——如水般美丽柔弱的生命的消亡——惆怅，这些其实是写作者对江南雪的遗憾和惋惜。

师：写江南的雪寄寓了作者怎样的情感？

生：喜爱、希望、怀念、惋惜。

师：作者用了大部分的篇幅来写"江南的雪"，但是第四段作者笔锋一转到了"朔方的雪"。齐读课文最后三段，思考下面的问题：（出示课件10：思考的几个问题）

1. 朔方的雪有哪些特点？

生：寒冷、孤独、强劲。

2. 从哪些地方可以看出来？用课文原话回答。

生："永远如粉，如沙，他们决不粘连"。

师：还有什么特点？

生：强劲，富有生命和能量。

师：何以见得？

生："在日光中灿灿地生光，如包藏火焰的大雾——"，"旋转而且升腾，弥漫太空；使太空旋转而且升腾地闪烁"，"在无边的田野上，在凛冽的天宇下，闪闪地旋转升腾着的是雨的精魂"。

师：（边听学生回答边板书）写北方的雪的这段写得也非常逼真。雪花纷飞时，如粉、如沙；包藏着火焰；晴天之下，旋风忽来，弥漫太空；使太空旋转而且升腾地闪烁。

师：本文是散文诗，她情感真挚，语言凝练优美，把不同地方的雪刻画得极富个性，甚至赋予它生命。

师：由此可以看出作者对朔方雪是什么态度？表现他怎样的思想感情？

生：赞美、歌颂！

师：（板书：赞美、歌颂）

师：作者在文章的最后称朔方的雪是什么？

生：那是孤独的雪，是死掉的雨，是雨的精魂。

师：鲁迅为什么要给朔方的雪下这样的结论呢？

生：自觉围成小组进行探讨。

生：赞颂之中有悲悯。

师：回答得好极了！（继续引导）作者这样写雪有没有更深层的意义呢？雪又代表着什么，代表着谁呢？孙玉石先生在附录《追求美好理想的心声》一文中写道：《雪》这篇散文诗寓意深邃，作者在优美的自然景物的描写中，象征和寄托了更为深远的情思。会不会通过赞美雪体现作者一个什么精神或者什么愿望？【这是本课的难点，要耐心细致地引导，让学生在引导点拨中升华。】

生：讨论激烈，逐渐入题。

师：（适时点拨）作者写江南的雪，动静结合，各种颜色的花，蝴蝶、蜜蜂的"飞"和"闹"，给了你春天的感觉，春天是富有生命力的季节，富有活力是人们的追求——这体现作者的什么精神？

生：描写江南的雪体现作者对美好理想的追求。

师：好极了！但江南雪所堆的雪人却融化了。那朔方的雪寒冷孤独却如此豪迈，像什么？

生：像一个勇士，一个斗士，一个奔放的挑战者，一个不怕死的英雄。

师：好！那作者的更深层的意义是在赞美什么？

生：赞美斗争精神，赞美不屈意志，表达对黑暗现实的抗争。

师：说得好，这就是作者独立张扬的个性和斗争的激情以及勇于献身的精神。

（三）总结全文，归纳要点

1. 写作特点

师：作者通过描写江南的雪滋润美艳，体现对美好理想的追求，描写朔方的雪寒冷、孤独、强劲，赞美斗争精神，赞美不屈意志，表达对黑暗现实的抗争。这种写作手法就叫做托物言志。这就是本课的写作特点。

师：（出示课件 11：写作特点：作者运用了托物言志和象征的写作手法。用具体的事物表现某种特殊的意义，就是本课的写作特点。）齐读写作特点。

生：（齐读。）

2. 主题思想

师：按照我们以往总结主题思想的方法，"这篇_____通过_____

表达了＿＿＿＿＿＿＿＿＿＿＿体现了＿＿＿＿＿＿＿＿＿＿＿＿＿。"请同学们填写。

　　生：自主完成，全班交流。

　　师：（出示课件12）主题思想：这篇散文诗，通过对江南雪和北方雪的生动描
　　　　写和强烈对比，表达了作者对南方雪的明艳美的怀念与希望，对北方雪的
　　　　强劲不屈壮烈美的赞颂与悲悯，体现了作者直面惨淡人生的不屈不挠的战
　　　　斗精神。

　　（四）布置作业，巩固提高

　　1. 熟记本课生字新词。

　　2. 背诵你喜欢的句段。

　　3. 对雪及雪景，不同的人有不同的感受，不同的年龄对雪有不同的认识，不同
的时期则使人对雪寄寓不同的情感。课文中写堆罗汉，《从百草园到三味书屋》中写
雪地捕鸟，描写得都非常生动传神。你在雪地里做过什么游戏？试写一段文字描写
出来。

　　（五）比较阅读，拓展延伸

　　师：你所知道的文学作品中，那些是借写雪来抒发感情的？

　　师：（出示课件13：沁园春•雪，配乐朗诵）

　　尝试通过描写一种自然景物来抒发自己的某些情感，写一篇文章，字数不限。

　　附：板书设计：

雪

鲁迅

江南的雪——滋润美艳　　静：血红、冷绿、　　　　（对美好理想的追求）
　　　　　　　　　　　　　白中隐青、深红
　　　　　　　　　　　　　动：飞、闹

朔方的雪——升腾旋转　　孤独坚强　　　　　　　（面对惨淡人生不屈不挠）

教学反思：

　　《雪》虽然是《野草》中色调相对明朗，最适合中学生阅读的一篇，但作者语言
比较隐讳，深刻的思想内涵对学生来说理解起来有些困难。

　　该如何基于学生的生命体验与可接受程度去实施教学呢？我想，在教学程序上应充分发挥教师的引领作用，深文浅教，由浅入深，让学生走进文本，帮助学生在思想上自然内化作者的写作情感。

　　首先从文字入手，在作者有声有色、动静结合的描绘中去感受江南雪的热闹美好与朔方雪的孤独奋飞。然后，在两幅雪景的比较中体会作者内心的孤独、对美好生活的向往以及对朔方雪的赞美之情。再进而走近鲁迅的生命，去感受他那在孤独中仍奋然前行的精神，并以此激励自己去坚强面对今后的人生。

六、《谈生命》教学设计

　　教学目标：

　　1. 掌握"枭、荫、憩"等字和"巉岩、休憩、挟卷、云翳、骄奢、清吟、荫庇、芳馨、怡悦、璀璨、一泻千里"等词语。

　　2. 反复朗读课文，理清行文思路。

　　3. 理解文章主旨，体会作者对生命的本质的认识。

　　教学重点：

　　揣摩文章重要的语句或段落，理解其哲理意蕴。

　　教学难点：

　　感知作者的情感变化，把握作者的感情基调。

　　教学方法：

　　1. 朗读法。

　　2. 谈话法。

　　3. 延伸拓展法。

　　教具准备：

　　制作多媒体课件

　　课时安排：

　　两课时。

　　教学过程与步骤：

第一课时

（一）创设情境，导入新课

请同学们欣赏几幅画面（伴着优美动听的《春之歌》欣赏几幅画面：繁花似锦，绿草如茵；一江春水东流入海；破土而出的嫩芽，不断生长的小树。）看到这些画面，你联想到了什么？

生1：春天，万物苏醒，草木生长。

生2：奔腾不息，生命不止。

师：万物都有生命，生命是什么？我们该如何谱写自己的生命之歌呢？世纪老人冰心用澎湃的激情和文字为我们描绘了壮丽的生命之图，诠释了生命的真谛。这节课我们就来学习这篇散文《谈生命》（板书课题：谈生命）

（二）走进作者，了解作品

了解作者：请同学们根据课下搜集的资料介绍作者，谁来介绍？

生1：冰心，原名：谢婉莹。（板书：冰心）

生2：现代著名女作家。（出示课件：冰心照片）

生3：主要作品有小说集《超人》，诗集《繁星》《春水》。

生4：以宣扬母爱、自然、童心为内容的《悟》《寄小读者》等。

师：同学们搜集得不少，介绍得很全面。《谈生命》是世纪老人冰心在仙逝前不久发表的一篇文质兼美的"生命体验"散文，它不仅哲思深邃，鲜明生动，而且文字精练、老到，像一篇精美的散文诗。

（三）初读课文，扫清障碍

1. 教师配乐朗读课文，学生听读，注意正音，并勾画出自己喜欢的语句。（多媒体展示）

2. 学生互读课文，一人读，一人听，纠正读音，勾画生字新词。

3. 借助书下注释和字典完成字词题。（出示多媒体课件）

①给下面的字注音：

云翳（yì）　　巉（chán）岩　　羞怯（qiè）　　惊骇（hài）　　休憩（qì）
荫（yìn）庇　　枭（xiāo）鸟　　芳馨（xīn）　　丛莽（mǎng）　　骄奢（shē）

②解释下列词语：

　　巉岩：高而险的山岩。

　　惊骇：惊慌害怕。

　　休憩：休息。

　　荫遮：枝叶遮蔽。

　　骄奢：骄横奢侈。

　　喧闹：喧哗热闹。

　　清吟：这里指清脆地鸣叫。

　　枭鸟：猫头鹰之类的鸟。

　　荫庇：大树枝叶遮蔽阳光，比喻保护、照顾。

　　芳馨：芳香。

　　云翳：阴暗的云。

　　丛莽：大片茂盛的草。

　　一泻千里：形容江河水流迅速。

　　叶落归根：比喻事物有一定的归宿。

　4. 小组交流检查。

（四）再读课文，整体感知

1. 选三位同学范读课文，每人读一部分，其余同学评点。

教师评点：朗读时要注意语调的把握。感情激越处声音要响亮，情调应激昂；感情平静处要读得深沉些。

　2. 学生放声读课文，力求声情并茂。

（五）精读课文，把握文意

1. 理清行文思路

师：整篇文章如一璧玉，结构紧凑，文脉畅通，词采华丽，感情丰沛，寓意深刻。这是本文的特点。通过朗读，请你说说作者的思路是怎样的？

生1：我认为作者开篇即生波澜，作者用"我不敢说生命是什么，我只能说生命像什么"领起全文。全文就是围绕着"生命像什么"而用了两个比喻阐发自己感受的。

生2：文中"生命像向东流的一江春水"到"也不敢信来生"，描写了生命的状态和过程，应该独立成段。

生3：从"生命又像一棵小树"到"也不敢信来生"，描写生命像一棵小树成长和衰亡的状况。这部分是一个意思，应该独立成段。

生4：最后一句话是在前文对生命的现象作比喻性的充分描写后，总结上文，抒发感想，阐发哲理，深化主题，对全文起着总结作用，应是文章的最后一段。

师：同学们分析得很好！全文分为四个层次，层层深入，阐明了生命由生长到壮大再到衰弱的过程和一般规律，以及生命中的苦痛与幸福相生相伴的共同法则，表达了生命不止奋斗不息的意志和豁达乐观的精神。

2. 精读重点段落，领会全文主旨

师：作者描写"一江春水"的全部生命历程，喻示着人的生命历程的哪些状况和境遇？

生6："一江春水"的历程也就显示了人的生命的全部历程。

生7：人生是丰富多彩的，有激越也会有困阻，有阳光也会有幽暗。在生命的历程中，它会遇到许多困难和挫折，但遇到困难时要具有冲倒一切的勇气。正如文中所说的那样："他曲折地穿过悬崖峭壁，冲倒了层沙积土，挟卷着滚滚的沙石。"穿过""冲倒""挟卷"这几个词多么富有气势，把春水那种冲破一切的豪气描写得十分精彩。

师：你说得真感染人。那几个动词找得也特别好！

生8：前面同学其实说的是人生的逆境，遇到逆境要毫不屈服，勇于搏斗。人生也有处于顺境的时候，像课文可描写的那样："有时候他经过了细细的平沙，斜阳芳草里，看见了夹岸红艳的桃花，"人遇到顺境应该怎么办？

师：好，这个问题很独特，很有价值！人到底该怎样面对顺境呢？作者对此是怎样的主张呢？

生9：文中接下来的几句话就是作者的主张："他快乐而又羞怯，静静地流着，低低地吟唱着，轻轻地度过一段浪漫的行程。"

师：你真聪明，你真的是会读书了！那你知道作者用"快乐而羞怯"以及"静静地、低低地、轻轻地"三个修饰词来表达她的主张，其内涵是什么？

生9：大概是不要张扬，不要骄傲，要冷静面对和享受！

师：太好了！很准确！那同学们同意作者的主张吗？

生众：同意！

师：完全同意吗？

生10：顺境时还应当学会和大家一起分享。

师：很棒！我们还要学会分享，但分享且不可自傲！古代有句话叫做"放荡功不遂，满盈身必灾"，意思是身处顺境切不可放荡，否则事情不能成功；有成就的人切不可骄傲，否则必然给自身带来灾难。还有句古语叫做"虚己者进德之基"是说要把顺境作为前进的起点。

人在不同的境遇中，到底该持怎样的态度呢？请同学们就这个问题展开讨论，可联系以前学过的文章进行论述。

生11：当遇到困难险阻时，首先应该不畏惧，要勇敢，要有克服困难的勇气。就像小说《热爱生命》主人公那样，在生死关头表现出的那种大无畏精神，足可征服一切困难。正如冰心老人所说的那样，"他遇到险岩前阻，他激愤地奔腾起来"。

生12：在逆境的时候，应该鼓起勇气，永不停步。这也如冰心老人所说的那样"他想憩息的时候，总有一股力量促使他前进，永不停步"。

生13：古人有句话说得非常好，"置之死地而后生"，正像是《热爱生命》的主人公那样，在生死关头，他表现出的求生欲望是那样的强烈！生命本身潜在的能量是那么的巨大，即使是在生命非常微弱的情况下，也要冷静想办法战胜凶残的恶狼。

师：引经据典，令人信服！

生14：老师，我还有话要说。我还想到了初一时学过的《生命、生命》那一课，当小飞蛾在危险中极力挣扎，香瓜子在没有生长条件下萌芽，这些幼小的生命即使再微弱，也要奋力抗争，这表现了生命的坚韧和顽强，激励每个人以积极的态度对待人生，珍视生命，坚强勇敢，让有限的生命发挥出无限的价值。

师：你的话像诗一样，那样的优美，你的感悟又是那么的深刻，很好！

生15：老师，我想到了《紫藤萝瀑布》中对生命的感悟："花和人都会遇到各种各样的不幸，但是生命的长河是无止境的。"这是生命枯木逢春的写照。

生 16：生命是由渺小、微弱到强健、壮大，终而归于消亡，其间幸福与痛苦、顺利与曲折相伴相随。所以我们要乐观地对待一切困难与不幸，要勇敢面对，以积极的态度对待人生。

（六）教师总结，布置作业

师：大家分析得都不错！生命是大自然的奇迹，是值得赞颂、值得讴歌的。我们对待生命应抱什么态度呢？一是必须对生命高度负责。正像《钢铁是怎样炼成的》里边主人公所说的一句话"人的生命只有一次，全看你怎么样度过？"所以，我们要好好地珍惜自己的生命；二是生命短暂，谁也捉摸不定，要使有限的生命发出无限的价值。

作业：

1. 背诵全文。

2. 你认为生命像什么？为什么？请用一个比喻句把它表达出来。

第二课时

（一）复习回顾，引入分析

师：上节课我们学习了课文，冰心老人以拟人的手法形象地揭示了生命的一般规律，表达了坚强的意志和豁达乐观的精神。这节课我们继续学习本文。先集体朗读一遍课文。

生：（集体朗读，读得有声有色）。

师：这篇文章情、景、理交融，是一篇难得的美文。下面我们将从意境、哲理、语言三方面欣赏本文的美。

（二）赏析课文的意境美（教师提示：美在形象，美在情感。）

师：下面请同学们分小组学习"生命像一棵小树"这一部分，体会课文的意境美。（学生齐读"生命又像一棵小树……也不敢信来生"讨论，交流。）

学生自主品评，回答。

生 1：小树生命历程中的几个连续的阶段代表了人的童年、青年、中年、老年、生命终结。

生 2：聚集、欠伸、破壳、伸出、吟唱、跳舞、挣脱、挺立、抬头等词体现了小树生命的力量。

生3： 勇敢快乐、宁静怡悦体现了小树勃发的生机、恬淡从容的情怀。

生4： 在描写一江春水时充满激情，从"愤激""怒吼""奔腾"等词可以读出这种感情来；继而面对种种境遇，心情是快乐的、平静的；最后描写春水流入大海，表达的心情是平静的，没有快乐，也没有悲哀。

描写一棵小树则不同，一开始充满喜悦、希望，继而是"宁静和怡悦"，最后冬天来临，叶落归根，则怀有超乎寻常的平静。

教师总结：作者将抽象的生命形象化、人格化，将生命的流程物象化，描绘出一幅幅优美、生动的图画，倾注了自己的满腔深情。让我们在充分感受意境美的同时，领悟、认识生命的本质。

（三）鉴赏哲理美

品味关键语句，理解其深层含意。

生1： "她多么辽阔，多么伟大！多么光明，又多么黑暗！"中的"大海"指生命的归宿。"光明"象征生命达到辉煌的顶点，"黑暗"指生命的终结。生命是一个客观的过程，"光明"与"黑暗"相生相随。

生2： "他消融了，归化了，说不上快乐，也没有悲哀！"生命是一种过程，应当从容镇定地面对死亡，显示了作者"生而何欢，死而何惧"的平常心。

生3： "在宇宙的大生命中，我们是多么卑微，多么渺小，而一滴一叶的活动生长合成了整个宇宙的进化运行。"虽然每一个生命是卑微渺小的，但组成整个人类却可以创造历史，推动社会前进。表现出作者浩渺的思绪、宽广的胸襟。

生4： "在快乐中我们要感谢生命，在痛苦中我们也要感谢生命。"这一句话与孟子的"生于忧患"表意相同，我们要学会享受痛苦、感谢痛苦。

（四）鉴赏语言美

师： 本文语言清新，明朗，富有韵味。而且文中在许多语句含义深刻隽永。试找出来，认真品读，谈谈你的理解。

生1： "生命中不是永远快乐，也不是永远痛苦，快乐和痛苦是相生相成的。"这句话阐述了生命中快乐和痛苦的辩证法，表明对生命规律的判断、认识。

生2： "在快乐中我们要感谢生命，在痛苦中我们也要感谢生命。"这句话很有哲理，告诉我们对生活要抱着感激的态度。

生 3："快乐固然兴奋，苦痛又何尝不美丽？"这句话写得很好，意思是说对待生命历程中的一切，我们都要正确对待，苦痛也是生命历程中的一种财富。

生 4：结尾"愿你生命中有够多的云翳，来造成一个美丽的黄昏。"这是诗一般句子，"云翳"喻指丰富多样的经历、体验；"美丽的黄昏"喻指人活到一定的年龄，或者说到了老年，具有无限感慨又感到幸福和欣慰的景况。冰心老人诚挚地祝愿，希望我们的一生有丰富多样的经历，真正体验人生的美好。

师：同学们说得都非常有道理。这些句子也都是文章的主旨句，精警语句。那么通过作者对生命本质的阐述，表明作者怎样的人生态度呢？

生 5：积极、乐观的人生态度。

生 6：一种健康、进取的人生观。

生 7：正确看待生命中的快乐和痛苦，不断进取，勇往直前的人生态度。

教师总结：是啊，生命是快乐的，也是痛苦的；它是伟大的，又是平凡的。人活着，就要有一种顽强进取的人生态度和奋发有为的昂扬斗志，这样，才构成了一个人美丽的人生。

（五）拓展延伸

师：通过学习《谈生命》这一课，我们形象地认识了生命的丰富与伟大，请同学们联系初中学过的有关论述生命的课文，以"生命"为话题，写一篇作文。

附：【板书设计】

谈生命

冰心

形象美（一江春水、一棵小树）

哲理美（生命——生长、流动；感谢——快乐、痛苦）

语言美（灵动、蕴藉、反复、诗意）

教学反思：

《谈生命》是世纪老人冰心在逝世前不久发表的一篇文质兼美的"生命体验"散

文，它不仅哲思深邃，宏阔形象，鲜明生动，而且文字精美，很像一篇散文诗。

　　教学本文，应引导学生运用多种朗读方法，如朗读、精读和品读，展开联想和想象，揣摩品味意蕴深邃的语句。在此基础上，理清行文思路，体会文章景、情、理和谐相融的意境，欣赏文章的意境美、哲理美和语言美，最终达到提高对语言文字的感悟、理解能力，同时培养了学生的审美趣味的目的，体现了语文教学的以情育人、以美怡人的特点。

　　关于对"生命"这一主题的思考和阐述，在现行的语文教材中，就有不少，而且都是一些名家、大家的优秀文章。这些文章分布于学生初中各个阶段。应该说，学生对"生命"这一主题已有一个不同程度的认识。如七年级上册的《生命　生命》《紫藤萝瀑布》《散步》等；七年级下册的《荒岛余生》《斑羚飞渡》等；八年级下册的《再塑生命》；九年级下册的《热爱生命》。本文也被编为九年级下册。可以说，人教版这套初中教材，关于"生命"的主题，有中有外，主题各异，风格多样，情感丰富，可以自成体系，组成一个以"生命"为题材的主题单元，也可以组建成一个以"生命"为主题的绿色长廊。这些，都是课内重要的教育教学资源。对于这些教育教学资源，我们不能视而不见，而要充分运用。常见到许多《谈生命》的教学设计，在拓展延伸方面，往往选取的是课外的许多有关谈论生命的材料。这不能说不可以。但是，课本中许多现成的资源不运用，或是视而不见，也不能不说是一个损失。

　　在上冰心的这篇《谈生命》的课时，要充分利用、整合这些教育教学资源。一是有必要对初中教材中有关生命的课文作一个总结，这也是初中最后阶段语文总复习的要求；另一方面，作为世纪老人，冰心先生的这篇《谈生命》的文章，说出了自己历经百年沧桑、备尝酸甜苦辣的生命"体验"，从宏观上揭示了生命的巨大意义。对这篇富有哲理又深邃的散文精品，如果不利用这些教学资源形成的知识积累进行迁移，那么，对这篇散文的教学，势必是教师难教，学生难学。如果选用课外有关材料，那对学生来说，要领会这个材料，也是一个负担，从而造成"少、慢、差、费"的现象，教学效率低下，教学效果不佳。

　　在处理教材，利用这些教学资源上，我的方法是：让学生精读课文重点段落"一江春水"。这一段落是学生领会全文主旨的关键所在。虽然课文是用了比喻这一浅显明白的修辞，但让学生明白生命的意义还是有一定的难度的。在这种情况下，

　　我不失时机地让学生联想到课内学过的谈生命的文章，学生通过对比、印证、阐发、联想，对课文中谈到的生命各个阶段的特征及对生命的态度、生命的主旨都有了一个全面、深刻的理解。同时，学生对初一、初二学过的有关课文的理解又上升到了一个新的高度。

　　最后的布置作业，又是一个拓展延伸。如果说，在第一课时的拓展延伸是"口头"上的。那么，这个作业的布置，是有第一课时的基础上，从"笔头"方面对学生的要求。通过写让他们再次联系这一系列课文，进行深入的理性思考，并把思考结果形诸笔端，是一种更高形式的拓展延伸，是一种更高层次的要求。

　　而这一切的拓展延伸，都是基于对"生命"的思考，是教师驾驭教材能力，并对新课标理念理解的全面体现。学生在这样的教学方式指导下，知识与能力，过程与方法，情感、态度与价值观肯定会有一个新的飞跃。

七、《那树》教学设计

教学目标：

1. 通读课文，把握大树的精神品质。

2. 逐层分析，体会作者的思想感情。

3. 概括主题思想，理解人与自然的关系。

4. 提取细节，把握文章的艺术特色。

教学重点：

1. 体会作者在文中表达的思想感情。

2. 理解人与自然的关系。

教学难点：

掌握托物写意的表现手法，体会比喻、拟人等修辞手法的表达效果。

教学方法：

五步教学法。

教学课时：

一课时。

教学过程与步骤：

（一）检查预习

1. 了解作者

王鼎钧，台湾散文家。他的创作内容很广，有短篇小说、长篇小说、散文、随笔、杂文、小品、电视剧、影评、小说批评，等等。他的主要作品有散文《人生三书》《开放的人生》《人生试金石》《我们现代人》《人生观察》《长短调》《世事与棋》《情人眼》《碎玻璃》《灵感》，小说《单身汉的体温》《透视》。

2. 检查字词落实情况

倒坍　　引颈受戮　　　星临万户　　周道如砥

（二）阅读课文，整体感知

要求：通读课文，寻找线索，给文章分出层次。

提示一：以时间为线索。

提示二：以大树的命运为线索。

层次：（1）早期的大树（和谐环境中坚强奉献的大树）

（2）近期的大树（生长在矛盾中的大树）

（3）眼前的大树（被砍伐的大树）

（三）精读课文，逐层分析

1. 教师提出阅读提示：

（1）关于各个阶段的大树，作者都写了些什么？（把握大树的精神品质。）

（2）品味语言，体会作者的思想感情。

（3）归纳总结（注意寻找概括关键词）：

早期的大树：生长

生长环境：路边

生长年代：久远

大树的外貌：整体：老　坚固稳定　　树顶（生命力旺盛）

　　　　　　　细节：皮（老）　　根（极其坚强）

大树的功德：抗击台风的勇士（成为人们的精神寄托者或榜样）、夏日的绿伞、鸟类的乐园、土地的荫庇者。

大树的精神：生命力旺盛、无私奉献。

作者的感情：对大树的赞美之情、对大树营造的环境的向往之情。

存疑：大树营造的是一种怎样的环境？

近期的大树：矛盾

矛盾的客观环境：现代文明与自然环境的矛盾，现代文明迅速发展（柏油路……）所有原来地面生长的东西都被铲除。

大树与所处环境的矛盾：周围死灰般的颜色，计程车，乘客等的诅咒，大树的荫庇、绿色、诗意。

大树本身的矛盾：不能逃走只能等待死亡。

大树的精神：无私奉献、豁达开朗、忍辱负重。

作者的感情：对大树的赞美、对现代文明吞噬自然家园的不满。

眼前的大树：死亡

醉汉驾车出事（起因）：以滑稽可笑的事件表达作者的批判。

电锯锯倒树身（发展）：以细腻的描写表达刽子手的惨无人道。

蚂蚁搬家（高潮）：以自然生灵的惺惺相惜创设悲壮的氛围，批判人类的无情。

挖树根平路面（结局）：以平淡的叙述隐隐地传达一种无可言状的悲哀、幽怨、愤恨的感情，此地无声胜有声。

大树的精神：悲壮。

作者的感情：悲愤、幽怨。

2. 概括主题：作者以一棵长年造福人类的大树在与现代文明发生矛盾的情况下被砍伐的命运，表达了对大树生命顽强、无私奉献、忍辱负重、豁达乐观的精神的赞美，对人类砍伐大树的愤慨和悲痛之情。

3. 深入探讨：大树象征着什么？作者的感情还可以延伸到哪里？结论要点：大树象征着优美和谐的田园风光，作者借大树的故事启发人们思考都市文明与自然环境的关系，引导人们认识"文明"对自然的残酷破坏，提醒人们用进一步的文明解决"文明"造成的灾害。

4. 提取细节，分析艺术特色。

要点归纳：

（1）以叙述和描写为主，以饱含感情的叙述和描写表达思想感情。

（2）语言生动、老练、简洁。

（3）设置铺垫、层层深入、环环相扣。

（4）感情变化：赞美——担忧——悲愤——无声（以幽怨引人思考。）

（四）拓展延伸，比较写法

阅读《巨木之死》，比较两文的写法。

巨木之死

轶名

不久以前，在温哥华岛舍间附近，有个人用锯机向一株参天蔽日的花旗松树下手，把这株长了好几百年的大树伐倒了。我在树墩上细数它的年轮，数到七百零三时，这些圈圈——也就是最近时代的记录，已经细得肉眼辨别不出。那人说，他新盖了个车房，这株树挡道，只好把它锯掉。

他是个实际的人，不多思考，也不注意历史。可是任何史学家，一看到这个锯断得利落的大树桩，以及地上那大堆断木，就会联想到许多事情。

英国的约翰王在伦尼米德签署大宪章时，在一片未知的大地上、林地内许多种子中，有粒种子发了芽，萌生一点儿大的绿枝。哥伦布发现新世界时，那幼苗已是一株两百五十年之久的树了。一柄英国斧斩在斯图亚特王朝查理一世的颈上时，这株接近中年的树没有遭受斧头的损伤；在滑铁卢的时候，它开始衰老。

这株树有多少次捉住春风，把它化作柔美的竖琴乐；用它数不尽的手指弹出夏日干爽的飒飒声；又在冬日发出风琴般的狂风怒号，却没有人在场聆听！

没有一位数学家能算得出这些年来，它从泥土吸取了多少亿万吨的水，输入树干和树枝。没有一位科学家能说得清楚它如何从土壤里吸取矿物质，把它们变成了树皮、形成层、树心和绿针叶。没有一位工程师能显示这么庞大的树身，怎么能在如此脆弱的树根上，直挺挺地承受了七百年的隆冬寒风和重压的积雪。

在这株树的晚年，头一次见到它的，一定是漫游的印第安人，他的石斧太钝，砍不倒这些巨大的树做柴薪。随后来了钢斧和横切锯的伐木白人，领着一队牛车，在树干上砍了锯了几下，徒劳无功，只留下一些痕迹。后来又有个猎人把一根长钉钉进树干，或许是为了挂起一只鹿来剥皮，多少年来，长钉已经锈烂，我用手指一捏就碎了。

只有用犀利工具的现代人，才能了结一个享年七百多岁的生命。他开始动手，只花二十多分钟就毁掉了它。这株大树只稍微摇摆一下，锯开的木头厉声哀叫，枝叶像翅膀那样扑打，仿佛想飞逃，老树跟着倒下，大地像擂鼓般发出轰隆巨响。那人对自己干的事很满意，而今他可以把自己的车，方方便便地开进新车房了。

学生阅读，讨论两篇文章各自的写法，然后交流。

教师提示：同课文一样，也是一篇带有很浓抒情味的记叙散文，半纪实性的语言完全可以让人感到一种强烈的震撼力。两篇文章的作者都和许多热爱环境和生命的人一样，发出了带泪的沉闷的呐喊——保护地球，保护自然，保护我们赖以生存的环境。

在写法上，二者也有许多相同点，都用托物寓意的手法，都通过描写"大树"形象来表达自己对环境恶化的担忧，所以都具有悲剧色彩。

（五）布置作业

请以"我是一棵即将被伐倒的树"为题，写一篇作文。

附：板书设计

那 树

王鼎钧

早期

庇护　造福人类

那树　　近期　　　　　　　　　　托物寓意

眼前　　惨 遭 杀 戮

教学反思：

《那树》读起来让人心酸。之所以心酸，是因为人类在把一个人类赖以生存的美好的地球糟蹋得没个样。这是人类自己在给自己挖掘坟墓啊！本文用了托物寓意的手法，通过对"那树"的描写，对赖以生存的环境表示了担忧，并表达了对人类自己的痛恨，全文被蒙上了一层很重的悲剧色彩。

在讲解本文的过程中，我选择了和《那树》有很多相似点的《巨木之死》，来和课文进行对比阅读，目的是用来加重同学们的忧患意识，从而自觉担负起保护环境的重任。在最后的布置的作业中，我设计了一个这样的题："请以'我是一棵即将被伐倒的树'为题"，写一篇作文，让学生感同身受地去思考怎样保护自己赖以生存的地球，保护我们赖以生存的环境。

在本课的教学过程中，同学们积极参与，表示要当大自然的"守护神"，说明这样的教学设计达到了唤醒人们保护自然的目的。

八、《草虫的村落》教学设计

教学目标：

1. 学会本课生字，理解由生字组成的词语。

2. 学习作者如何细心观察大自然，体会作者通过联想和想象来表达自己独特感受的方法。

3. 正确、流利、有感情地朗读课文，积累自己喜欢的语句。

教学重点：

学习作者如何细心观察大自然，从中感受作者热爱自然、热爱生灵的情怀。

教学难点：

体会作者通过联想和想象来表达自己独特感受的方法。

教学方法：

情境激趣、合作交流、探究发现，拓展延伸。

教学准备：

1. 录音：夏日里大自然的虫鸣声。

2. 影片《昆虫总动员》。

3. 制作生字词语的幻灯片。

4.《草虫的村落》动画朗读视频。

课时安排：

两课时。

教学过程与步骤：

第一课时

（一）情境激趣，导入新课

1. 播放夏日虫鸣的声音。

交流：你听到了什么？你仿佛看到了什么？

大自然的声音和色彩总能让人陶醉，走进去使人流连忘返。让我们去享受大自然为我们带来的丰富多彩吧！

2. 播放影片《昆虫总动员》片断。

师：谁知道这部影片的名字？

这是法国动画片《昆虫总动员》片断，在一片宁静的丛林里，在人类的行迹之下，掩藏着一个生机勃勃、热闹非凡的昆虫世界。一只瓢虫遭遇丛林各色虫类追赶，又闯入红黑蚂蚁的战斗现场，亲身见证一场昆虫界的"特洛伊攻城"。影片想象力天马行空，不断抛出新的昆虫物种及各色设计感丰富的道具，笨拙的蜘蛛、卖萌的瓢虫、精明的蚂蚁，轮番登场，叫人目不暇接。整部影片没有对白，以 3D 形式呈现出昆虫王国的微观世界，动画与实景拍摄结合，创造与好莱坞动画趣味大有不同的法式动画大片。能说说你观看了这一片断后的感受吗？

（学生感觉自己好像身临其境；原来昆虫的世界是如此的丰富多彩……）

3. 今天，我们就来学习一篇关于昆虫的课文。

（板书课题：草虫的村落。）

师：读题，释题。草虫的村落，知道什么是草虫吗？

生：回答，交流。

师：草虫，泛指草木间的昆虫。读到"村落"这个词，你想到了什么画面？

（生交流。）

师：村落，原本是人聚居的地方，而课文中，作者赋予草虫人的生活形态。草虫的村落，其实就是草虫居住的洞穴，但在作者的眼里，它和人类的生活天地没有两样，表达了作者对草虫的喜爱之情。题目就令人感到很新奇，读文章会给你带来更多惊奇。

4. 这篇文章的作者是谁？打开课本，看课下作者介绍。

生：（自学作者介绍。）

师：他是一位台湾作家，这篇文章也是一篇想象力独特的散文。今天，我们就一起欣赏我国台湾作家郭枫的优秀散文——草虫的村落，看作者是怎样描写草虫世界的。

（二）初读课文，整体感知

1. 师：播放《草虫的村落》视频。

生：在优美的配乐声中看视频欣赏课文。

2. 自由读课文，自学生字词语，要求：

（1）生僻的词句多读几遍。把课文读通顺，读流利。

（2）画出概括文章主要内容的句子。

师：出示课件，学习词语。

第一组：寒暄、亲戚、僻静、红鸠鸟、熙熙攘攘。

1. 请两名学生认读。有不理解的地方吗？

生：学生提问，学生回答。（可能会提问：寒暄、熙熙攘攘、红鸠鸟。）

2. 点拨，肯定。

（1）观察"暄"的偏旁，就是暖的意思。见面说些天气冷暖、问候的话就叫寒暄。

（2）熙熙攘攘，形容人来人往，非常热闹。这两个词都是用来形容人的，文中却是形容草虫。

（3）可出示红鸠鸟图片，一起观看认识。

第二组：街巷、静谧、烘烤、音韵、勤勉。

1. 请两名学生读，注意到了红色的字了吗？这些字都是本课要求会写的字，写的时候要注意什么？有哪些地方要给大家提个醒。

（1）巷：上面两横，下面是个"巳"，不是"已"也不是"己"。

（2）谧：左右结构，右边下面是"皿"，不是"血"。

（3）勤勉："勤"字下面是两横，一提。

（4）烘烤：火字旁，跟火有关，捺变成点

2. 这些生字会读了，有不理解的吗？

（1）你怎么理解静谧：安宁而平静。

（2）你理解"音韵"的意思吗？字典里有两种解释：①和谐的声音，②汉字字音的声、韵、调。文中的音韵是哪种意思？读读这个句子。是哪种意思？——和谐的声音。是谁演奏出来的优美的音韵？——甲虫音乐家们。

第三组：花色斑斓、驻足痴望、悠悠忽忽、行色匆匆、学生分四人小组，交流一下不理解的词语。若是小组讨论无法解决的，提出来全班讨论。

（花色斑斓：色彩艳丽，灿烂夺目。

驻足痴望：指停下脚步痴痴地看着。

悠悠忽忽：本文有形容神志恍惚的意思。

行色匆匆：匆忙赶路的神态。色：这里指神态。）

3. 齐读第二、三组词语

师：大家读准了字音，了解了字义。请把要写的字和词语在课堂本上写一遍，一定要看准每个字的笔画，工整地把每一个字写好，注意写字的姿势。

（三）精读课文，感受情趣

1. 默读课文，边读边画出自己感受较深的语句。

2. 想一想，小组讨论讨论，用课文中的原话回答下面问题。

（1）"草虫的村落"在哪儿？

生：交流反馈：它们的村子散布在森林边缘的小丘上。

师：草虫的村落在"森林边缘的小丘上"。这个森林是在作者的想象中通过放大构成的。

（2）作者怎样通过想象放大构成了森林。

生：交流反馈：空间在我眼前扩大了，细密的草茎组成了茂盛的森林。一只小虫、一只生着坚硬黑甲的小虫，迷失在这座森林里。我想它一定是游侠吧！

（3）作者是怎样想象的？

生：交流反馈

（通过交流，让学生明白，作者的想象力很丰富，他把一个草丛边上有甲虫的小土堆想象成了一个"草虫的村落"。）

（4）随着作者的目光，你在"草虫的村落"里看到了什么？

生：交流反馈：这里，很多的黑甲虫村民，熙熙攘攘地往来。

（5）你在"草虫的村落"里看到的，印象最深的是哪些？

生：交流反馈。

"我想它一定是游侠吧……终于走出一条路。"

"蜥蜴面前围拢了一群黑甲虫……到处参观远房亲戚的住宅。"

"甲虫音乐家们全神贯注地振着翅膀……这是只有虫子们才能演奏出来的!"

师: 作者为我们描绘出了一个名副其实的"村落":有建筑,有形形色色的"人们",他们还有各自的工作、交往和生活。

(6)说说本文的主要内容。

生: 交流反馈:主要写"我"躺在田野里,目光跟踪着爬行的小虫,作一次奇异的游历。

(四)再读课文,理清脉络

1. 学生自由练习朗读课文。喜欢的段落就多读两遍。

2. 按课文顺序,请学生分段朗读课文。一人读一自然段。

3. 小组讨论本文可以分为几部分?各部分主要写了什么?

生: 交流、反馈。

师: 一(1~2)我又躺在田野里,目光跟踪着爬行的小虫,作一次奇异的游历。二(3~9)具体介绍我的目光在草虫世界游历的所见所感。三(10~11)夕阳西下,我才醒来,心里感到很得意。

(五)总结回顾,布置作业

这节课我们跟随着作者在草虫的村落里作了一次奇异的游历,在那里,我们发现了一个草丛中小虫子的快乐天地。为什么说这是个小虫子的快乐天地呢?我们到下节课再去学习。

作业:抄写生字词。

第二课时

(一)复习回顾,引入分析

今天这节课我们继续学习《草虫的村落》。(板书:草虫的村落)

1. 放声读一遍课文。

2. 简单说一说课文的主要内容。

结合学生回答内容板书:小甲虫迷路进森林　　村落景观

(二)品读课文,深入探究

1. 默读第4—9自然段,重点品读分析5—8自然段

师: 上节课我们跟随归来的游侠从森林走进草虫的村落,这节课我们将继续在

草虫的村落中游历？

默读 4—9 自然段，重点品读 5—8 自然段，说一说哪些场景让你印象深刻？哪些描写令你深有体会；再联系生活实际，谈谈你的感受。

生：默读思考。

（1）分析第 4 自然段

"一只娇小的从洞里跑出来迎接远归者。它们意味深长地对视良久，然后一齐欢跃地走回洞穴里去。"

师：这句主要写什么？

生：自由回答：迎接远归者，情侣相见。

师：多像是一对令人羡慕的情侣啊！原来，草虫们也有着人类社会一般的生活。

（2）品读分析第 5 自然段

全班交流，教师相机指导，并让学生读出感受。

师：大家齐读第一句。

生（齐读）："大街小巷里，花色斑斓的小圆虫，披着俏丽的彩衣。在这些粗壮的黑甲虫中间，它们好像南国的少女，逗得多少虫子驻足痴望。"

生：小圆虫的花色斑斓和俊俏引得村民们驻足痴望。

师：作者把小圆虫比喻成什么？

生：南国少女。

师：（板书：南国少女）

品味"驻足痴望"：黑甲虫驻足痴望可能会想……

师：从你们的朗读中我似乎捕捉到快乐和友好，这里以比喻和拟人的修辞手法，写出了花色斑斓的小圆虫的妩媚多姿，也写出了虫子们懂得欣赏美的一面。写得活灵活现，小小的圆虫，也是那样的迷人！请带着你的感受读一读。

生：带着感受读。

师：大家齐读第二句。

生（齐读）："蟋蟀面前围拢着一群黑甲虫，对这庞然大物投以好奇的目光。它们友好地交流着，好像攀谈得很投机似的。看啊！蟋蟀好像忘记了旅途的劳倦，它背着几个小黑甲虫，到处参观远方亲戚的住宅。"

师：这句主要写了什么？

生：大蜥蜴的友好。

师：（板书：大蜥蜴）

师：带着友好的感受读一读。

生：（带着友好的感受齐读。）

（3）品读分析第 6 自然段

"甲虫音乐家们全神贯注地振着翅膀，优美的音韵，像灵泉一般流了出来。"

师：这句主要写了什么？

生：写音乐演奏会。

师：（板书：音乐演奏会。）

师用鉴赏式拓展法指导点拨：

1）灵泉是指什么？（有生命的，富有灵性的。）

2）作者把甲虫音乐家们演奏的音乐比喻成——灵泉，这让你感觉到甲虫音乐家们演奏的音乐怎么样？（非常优美，一听就心旷神怡，非同一般，独特。）

师：（概括）这句话以比喻和拟人的修辞手法，饱含深情地赞美了甲虫富有灵性的聪明才智。这是作者对小虫子们最高的赞美！（板书：喜爱小生灵）作者此时已全身心进入了虫子的世界，为甲虫音乐家们的演奏所深深地陶醉！

师：他用的不是音乐这个词，而是音韵，真美，带着这种感受读句子。

一位学生带着喜爱、赞美的感受读这一句。

师：读得好！你让我仿佛听见这优美的音韵。哪位再来读一读？

又一位学生带着喜爱、赞美的感受读这一句读。

师：哎呀，读得真好！你让大家仿佛听见这优美的音韵。大家一起来读这一句。

师：这普通的虫鸣，在作者听来是那样优美，像诗一样富有韵味。我们常把自然界的声音称为天籁之声，通过同学们的演绎这种美就更浓了。这样的音乐已经融入作者的心里，他深深地陶醉了，所以觉得……读第二句——

生："此时，我觉得它们的音乐优于人间的一切音乐，这是只有虫子们才能演奏出来的！"

师：汉语真是具有极大的魅力，强调了"只有……才……"就把句尾感叹号的感觉读出来了。此时，人间的一切音乐已经无法与它相比，

师：让我们一起读——配乐齐读。（播放夏日虫鸣的录音。）

总结：作者用他丰富的联想和想象表达了这种独特的感受，生动地描绘出这幅有声有色的画面。

（4）品读分析第7自然段

师： 下面咱们来品读第7自然段。

生： （读第7自然段）"我的目光顺着僻静的小路探索，我看到'村民们'的劳动生活了。它们一队队不知道从什么地方来，一定是很远很远的地方吧？现在它们归来了，每一个都用前肢推着大过身体两三倍的食物，行色匆匆地赶着路。是什么力量使它们这么勤勉地奔忙呢？"

师： 说说你的读书感受。

生： 说明黑甲虫村民们很勤劳。

师： 你从哪些词语当中感受到的。

生： 行色匆匆。

师： 说明它们非常忙碌，脚步匆忙。谁也从这个句子当中懂了它们的勤勉？

生： 从"每一个都用前肢推着大过身体两三倍的食物"看出它们勤勉，因为黑甲虫体积较小，推动大过身体两三倍的食物一定很累。

师： 在我们看来，食物就像一座山一样压在这纤弱的身躯上，要承载这样的重负，可见小虫子太努力了。小虫子的勤勉令我们惊叹。

师： 那让我们一起来读读这句话，赞叹小虫子的这种勤勉，这种力量。

（5）品读分析第8自然段

师： 下面咱们来品读第8自然段。

生： 读第八自然段"我完全迷惑了，在小虫子的脑海中，究竟蕴藏着多少智慧？我看见测气候者忙于观察气象，工程师忙于建筑设计……各种不同的工作，都有专门的虫子担任。"

师： 作者又看见了什么？

生： 气象员，工程师。

师： （板书：气象员，工程师。）

师： 从各种不同的工作都有专门的虫子担任，说明了虫子们劳作的什么特征？

生： 分工明确。

师： 当我们置身于虫子们的世界，我们会发现，原来世界是这样的丰富多彩！

　　这里作者想象丰富，感受独特。哪位同学说说"蕴藏"是什么意思？

生：蓄积而未显露或未被发掘。

师：用"蕴藏"造个句子。

三名学生展示造句，全班学生分享。

师：你们小小的脑瓜里面竟然蕴藏着这样大的智慧，老师佩服你们。草虫小小
　　的脑瓜里面竟然也蕴藏着这样大的智慧，你佩服吗？谁通过朗读来表达你
　　的这种佩服的心情，谁来读这句话？

生：两名学生读。

师：你们觉得蕴藏着多少智慧？

生：很多很多。因为它们分工明确，和人类一样。

师：无穷的智慧，咱们一起来读。

师生齐读。

师：这一段的写法，与前面的场景有什么不同？

生交流。（这段写得简单。）

师：是的，一篇文章有详有略，才能突出重点。

2. 默读1—2和10—11段，重点品读第1段和第10段，欣赏作者巧妙的构思。

（1）欣赏开头

师：齐声朗读第一段。

生："今天，我又躺在田野里，在无限的静谧中，忘了世界，也忘了自己。"

师：这是开篇的第一句，一个"又"和一个"躺"字，点出作者与田野不寻常
　　的关系，正是有了这种与田野的特殊情感，才会如此关注田野中的小生命；
　　"静谧"不仅是环境的清幽，更是心境的宁静，在这样的环境与心境中，作
　　者才与大自然相融为一。作者摆脱了尘世的纷扰和喧嚣所带来的心灵重负
　　和枯寂，使自己的身心重新融于大自然之中，这样才有了他对草虫村落的
　　这一次奇异的游历。

（2）欣赏结尾

师：齐声朗读第10段。

生齐声朗读"我悠悠忽忽地漫游了一个下午，直至夕阳亲吻着西山的时候，红
鸠鸟的歌声才把我的心灵唤回来"。

师： 谁来说说悠悠忽忽在这里是什么意思？亲吻又是什么意思？

生： 2名学生回答：形容神志恍惚的意思。"亲吻"指太阳下山了。

师： 这一句以"夕阳亲吻着西山"和红鸠鸟归巢的鸣叫声点明时已傍晚。作者对草虫村落的奇异游历竟花了一个下午的时间，那是一种沉醉。"悠悠忽忽"道出了作者对奇异游历的痴迷；"才把我的心灵唤回来"更点明了心灵沉浸在奇异游历中的欢快和得意。

（三）回归整体，进行练笔

1. 配乐朗读全文，尽情抒发"草虫的村落"给我们带来的情趣。

师： 你能运用以前课文中学过的写作知识，分析一下本课中，作者是如何把一个草虫世界生动地展现在大家面前的吗？

多名学生相互交流补充完善。

（1）丰富的想象。作者看到一只孤零零地在草丛中爬行的小虫，把它想象成了一位"游侠"；看到花色斑斓的小圆虫，把它们想象成"南国的少女"；看到振动翅膀的甲虫，把它们想象成"音乐家"；看到推着食物行走的甲虫，把它们想象成从远方归来的"劳动者"……丰富的想象，赋予小甲虫以勇敢、勤劳和智慧的特质，从而使一只只美丽的小甲虫深深地印在读者的心中。

（2）拟人和比喻的修辞手法。村落，原本是人聚居的地方，而课文中，作者赋予草虫人的生活形态。草虫的村落，其实无非就是草虫居住的洞穴，但在作者的眼里，它和人类的生活天地没有两样。那里有街道，有小巷，还有形形色色的人们，它们不仅有着丰富的情感世界，更有着高雅的艺术追求，它们不但会享受生活，还会创造生活。

师： 大家说得很好，这是一篇极富想象力的描写景物的一篇散文，它在表达上颇具特色。作者充分发挥丰富的想象，运用拟人、比喻等修辞手法，将一个草虫世界生动地展现在大家面前。（板书：丰富想象、独具特色、拟人、比喻）

布置作业：（出示课件）

1. 课文作者想象丰富，感受独特，向我们展示了一个丰富多彩、富有情趣的虫子们的世界。你有没有类似的经历，讲出来和大家共同分享。

2. 写一写自己观察过的小虫，注意展开想象，融入自己的感受。（随堂落实

"小练笔")

3. 抄写自己喜欢的语句。

（四）拓展延伸，提高升华

1. 观察昆虫，仿照本课的写作方法写一篇观察日记。

2. 好书好影片推荐：

这里向大家推荐一本也是关于昆虫的好书——法布尔的《昆虫记》。《昆虫记》是法国著名昆虫学家法布尔耗费毕生心血著成的一部昆虫学巨著。"像哲学家一般的思，像美术家一般的看，像文学家一般的写"，这是法国文学界给予它的极高评价。

再向大家推荐一部美国大片《虫虫危机》。《虫虫危机》讲述的是蚂蚁飞力历经辛苦，终于在昆虫朋友的帮助下打败了恶霸蝗虫的故事。

板书设计

草虫的村落

台湾作家郭枫

小甲虫迷路"森林"：游侠、左冲右撞、打招呼

草虫的村落　　　　（想象丰富、拟人、比喻）　　　　　　热爱大自然

村落景观：熙熙攘攘的村民、勇敢的远归者、南国少女　　　喜爱小生灵

大蟋蟀、音乐演奏者、气象工作者、工程师

教学反思：

《草虫的村落》是一篇在表达上颇具特色的散文。文章中作者发挥丰富的想象，运用了拟人、比喻等修辞手法，把平常人们忽视了的草虫世界描绘得情景交融，亦真亦幻，将一个生动、活现的草虫世界展现给大家，带学生进入这个神奇的世外桃源。

体会作者对大自然，对小生灵的爱恋之情，是本文的教学重点，也是难点。在本课的教学中，我充分利用学生对小动物、小昆虫的喜爱之情，激发了学生的学习兴趣。学生拿到这样的文章，喜读，乐学。在品读感悟文章，领会文章的表达方法时，以读代讲。我采取了不同形式，不同程度的朗读，让学生在读中感悟，让学生在反复品读重点语句的过程中，加深印象。在教师的引导和充分的朗读中展开交流，学生活动的时间充足，活动的范围广泛，能够积极讨论自己的感想，能够展开合理的想象。在此基础上，我让学生回忆自己亲近、观察过的小虫，由此产生共鸣。学

生心里的声音犹如一股股清泉不断涌出。学生们各个挥笔跃跃欲试，十几分钟过后，学生们那一段段充满童趣、丰富多彩的小虫世界得以展现，孩子们眼中的童话世界展现得淋漓尽致，写出了自己独特的感受，也能够模仿《草虫的村落》的写作特点，采用拟人、比喻的修辞手法。由"小练笔"反馈而知，学生从中感受到了对大自然和小生灵的热爱，这课教学目的达到了。

为了拓展延伸，提高升华，我又向大家推荐了法国著名昆虫学家法布尔耗费毕生心血著成的一部昆虫学巨著——《昆虫记》和美国大片《虫虫危机》。一方面是继续激发学生对虫虫世界的兴趣，另一方面也渗透正义、友情、勇敢等思想教育在内。

九、《真理诞生于一百个问号之后》教学设计

学习目标：

1. 学会"澡、械"等 5 个生字，正确认读"诞生、洗澡、漩涡、花圃、逆时针、司空见惯、无独有偶、见微知著、锲而不舍"等词语。

2. 正确、流利、有感情地朗读课文。

3. 熟悉三个关于科学发现的故事，了解三个故事在写法上的相同点，理解作者在文章开头和结尾议论及本文主旨。

4. 体会文中含义深刻的句子，引导学生认识凡事多问几个为什么的重要性。

5. 体会本文语言生动、准确的特色，学习用事实说明道理的写法。

教学重点：

学习本课生字新词，理清文章的写作思路，学习作者运用三个典型事例证明中心论点的方法。

教学难点：

理解"真理诞生于一百个问号之后"的含义。

教学方法：

探究发现，拓展延伸。

课前准备：

1. 教师准备与本文事例相关的图片或录像资料，生字、新词、重点语句的课件。

2. 鼓励学生通过各种途径查阅相关资料。

学情分析：

六年级学生具备了一定的读写分析、概括和归纳的能力，具有一定的语言表达能力，但学生对议论文不熟悉，对议论文的写法更是比较陌生。本课作为小学阶段唯一一篇真正意义上的议论文，可指导学生学习课文用具体典型的事例说明观点的写作方法，了解议论文简单的文体知识，为初中议论文的学习作一铺垫。因此，在教学中我根据学生实际，利用交互式电子白板平台的优势，引导学生自主学习和探究，注重对学生进行语言文字和逻辑思维的训练，启动议论文的写法指导。

教学过程与步骤：

第一课时

（一）谈话激趣，导入新课

1. 有很多同学特别崇拜科学家，能说一说你最崇拜的科学家是谁吗？

2. 你们知道科学家们主要依靠什么取得了伟大的成就吗？（学生自由发言，如：善于思考、勤奋刻苦、锲而不舍，等等。）

3. 教师小结：纵观千百年来的科学技术发展史，那些定理、定律、学说的发现者、创立者，差不多都是从细小的、司空见惯的现象中看出问题，不断发问，不断解决疑问，追根溯源，最后把"？"拉直变成"！"，找到了真理。所以有人说过这样一句话：真理诞生于一百个问号之后。（板书课题）

（二）走进作者，简介作品

叶永烈（1940—　）著名科普作家、传记文学作家。是《十万个为什么》的主要作者。

著有科幻故事《小灵通漫游未来》，影响较大。还著有《历史选择了毛泽东》《毛泽东和蒋介石》《星条旗下的中国人》《胡乔木传》《马思聪传》等传记。

（三）初读课文，学习生字词

1. 自由朗读课文，注意把课文读通、读顺，特别注意生字的读音。

2. 检查生字和词语掌握情况。（依序出示课件。）

（1）生字注音：澡　械　逆　玫　域

（2）掌握"锲""诞""械""逆""域"字的写法。

指导书写："锲"字声旁为"契"字，古文字的"契"字，右边是一把刀，左边的一竖三横表示是用刀在小木条上刻下的三个记号，后木误写为大，就是今天的"契"字。

"诞"字，先写言字旁，再写"廴（引）"字儿里面的"丿、止"，最后写"廴（引）"字儿。

"械""域"字。"械"的声旁为"戒"和"域"的声旁"或"都有"戈"。"戒"的来历是双手拿一把长戈作"防备敌人"状。"或"最早的意思为"持戈在边境巡逻"。了解了他们的来历，我们就不会写错了。书写时还应注意"戈"的长撇应与里面的部分相互避让。

"逆"字是里面是"屰（ni）"，外面是"辶"。

（播放笔顺动画，学生书空。）

（3）组词

澡（　　）　诞（　　）　玫（　　）　偶（　　）　漩（　　）
燥（　　）　涎（　　）　枚（　　）　遇（　　）　旋（　　）

（4）词语认读：诞生、洗澡、漩涡、花圃、逆时针、司空见惯、无独有偶、见微知著、锲而不舍

（5）解释"无独有偶""打破砂锅问到底""锲而不舍""见微知著""司空见惯"。

指名解释词语：

提出自己不理解的词语，全班交流。（预设：司空见惯。）

教师讲解司空见惯的故事：唐朝的时候，有一个吟诗和做文章都很出色的人，名叫刘禹锡，他中了进士后，便在京做监察御史。因为他放荡不羁的性格，在京中受人排挤，被贬做苏州刺史。在苏州刺史的任内，当地有一个曾任过司空官职的人，名叫李绅，因仰慕刘禹锡，邀请他饮酒，并请了几个歌妓来在席上作陪。在饮酒间，刘禹锡一时诗兴大发，便做了这样的一首诗："高髻云鬟新样妆，春风一曲杜韦娘，司空见惯浑闲事，断尽苏州刺史肠。""司空见惯"这句成语，就是从刘禹锡这首诗中得来的。这首诗中所用的司空两个字，是唐代一种官职的名称，相等于清代的尚书。从刘禹锡的诗来看，整句成语的意思，就是指李司空对这样的事情，已经见惯，不觉得奇怪了。

（6）指名分段读课文，正音，疏通难读的句子。

正音预设：重点掌握"转"的读音。

难读的句子预设：

A．纵观千百年来的科学技术发展史，那些定理、定律、学说的发现者、创立者，差不多都善于从细小的、司空见惯的现象中看出问题，不断发问，不断解决疑问，追根求源，最后把"?"拉直变成"!"，找到了真理。

B. 当然，见微知著、善于发问并不断探索的能力，不是凭空产生的。

【白板上学生书写生字、组词，再使用漫游功能将书写的内容移上，既方便学生书写，又方便全班同学交流订正，对错误的地方用橡皮擦掉，再用醒目的颜色补上，既避免了黑板书写的凌乱，又增强了记忆效果，节约了时间，提高了课堂教学的有效性，遮屏效果的使用激发了学生学习积累词语的兴趣。】

【设计意图】：本课出现了不少的四字词语和专业术语，专业术语不作为学习的重点，但根据教材特点和学情，词语也应该是本课的一个教学点。本环节对于学生会的不教，教学生不会的或容易出错的，引导学生学会在生活中理解和运用词语。

（四）细读课文，理清条理

1. 默读课文，想一想课文是围绕哪句话来写的，把这句话画出来。

2. 教师范读课文，学生边听边思考，课文每个自然段都写了什么，给课文划分段落。

3. 学生交流段落划分，说明分段理由。

课文可分为三大部分：第一部分（第1自然段）开门见山，提出观点。第二部分（第2自然段至第6自然段）运用事例，证明观点。这是文章的主体部分。第三部分（第7自然段至第8自然段）总结全文，重申观点。

（五）布置作业，巩固提高

1. 熟读课文。

2. 抄写生字新词。

第二课时

（一）复习回顾，引入分析

1. 听写"锲""诞""械""逆""域"五个字，了解学生对本课生字的掌握情况。（第一组学生代表读生字，其余五组各出一名代表到台前白板上听写。）

2. 齐读课文。

上节课我们熟悉了课文，把课文分为三大部分，哪位同学说说这三大部分是怎么分的？（点一学困生回答。）接着出示分段课件：第一部分（第 1 自然段）。第二部分（第 2 自然段至第 6 自然段），这是文章的主体部分。第三部分（第 7 自然段至第8 自然段）。

现在我们分部分来学。先学第一部分。

（二）开门见山，提出观点

（1）同学们齐读第一部分，想想通过这一部分作者要告诉我们什么？

（2）作者是用什么方式来告诉我们的？

非常好！作者用开门见山的方式直截了当地提出了自己的观点：真理诞生于一百个问号之后。

（三）运用事例，证明观点

1. 学习第二自然段

请同学们默读，思考问题。（出示课件）

（1）文中的"？"和"！"分别指什么？

（2）作者这样表达有什么好处？

文中的"？"是指发现的问题，是不断的追问；"！"是指通过探索，解决了疑问后总结出的真理。

这样表达的好处是把一个抽象的道理，用直观形象的方法进行表述，给人留下了深刻的印象。

把"？"号拉直成为"！"号，既说明解决了问题，又代表解决问题后的一种心情和成就感。

（3）在理解的基础上，一起再读一读这一段。

设计意图：抓住"标点"的借喻用法，引导学生理解这种用法的好处，通过换符号培养学生深入思考问题的习惯。第二段是对课题的解释，第七段是对观点的总结，通过对这两段的学习，更进一步理解了文章课题的含义。

2. 作者用什么来证明这是一个真理呢？请同学们快速浏览课文回答这个问题。

（用事例来证明这是一个真理。）

3. 作者讲述了哪几个事例来证明自己的观点？请同学们认真默读课文，尝试完成课后练习中的表格。填写好表格后，先在小组内交流自己所填写的内容，互相补充，一会儿请大家再来汇报。

4. 学生小组活动，交流表格。

5. 指名一位学生上台展示自己所填表格内容。台下同学评议。

6. 这三个事例有相同之处，那就是都是从生活中细小的、司空见惯的现象中找到了真理。看来真理就在我们的身边。老师想问一问，你发现了真理吗？为什么我们很多人都不能发现真理，这就说明真理的发现也是有条件的，那么科学家们凭借着什么在这漫漫的科学长途中寻找到真理了呢？

（1）科学家：敏感地发现问题、不断地追问

你是透过事例中的语言文字体会到的吗？

（谢皮罗教授敏锐地注意到；波义耳立即敏感地意识到；那位奥地利医生是感到很奇怪，连忙叫醒儿子。这些词语中可以看出他们都具有敏锐的观察力，很善于从小的地方看出大的问题的。）课件出示，指导朗读。注意读好"敏感、敏锐、很奇怪、连忙"等重点词，读好一个个问号。

（2）科学家：不断探索

分别说说你从哪儿看出来的？

（谢皮罗教授紧紧抓住问号不放，进行了反复的实验和研究；波义耳呢，对一连串的问题，进行了许多次的实验；那位奥地利医生带着一连串的疑问，以儿子、妻子、邻居为实验对象，进行了反复的观察实验。他们都是反复试验才得出结论的。）课件出示，抓住"紧紧抓住""反复""许多次的实验""反复的观察实验"体会科学家的探索精神，并指导朗读。

7. 所以作者用了三个事例来证明自己的观点"真理诞生于一百个问号之后"，又作了一个小结。

（1）课件出示第六自然段。齐读。

（2）"打破砂锅问到底"的人是什么样的人？（不断发问、追根求源）

（3）文中哪些是"发现"？哪些是"发明"？发现和发明有什么不同？

（4）对啊！发明是一种创造，而做出重大科学贡献的创造才称得上"成就"。发

现、发明、创造、成就，这四个词语表明了科学贡献的类别和层次。一起再读一读这个语句。

（5）这三个故事都清楚地告诉我们，真理的获得需要我们具有见微知著的本领，追根求源的态度，锲而不舍的精神。不仅这三个故事中的科学家如此，其他科学家也是如此。他们总是要不断发现问题并逐步地解决问题，最终将"？"拉直成"！"。

——真理诞生于一百个问号之后。你能理解课题的真正含义了吗？

设计意图：在学生自读、感悟的基础上，抓住文中的关键词语，感悟人物的精神品质及作者用词的准确性。适时的点拨、启发，有针对性地指导学生深入理解文本内涵。

（四）总结全文，重申观点

1. 经过事例论证，最后得出了一个什么结论呢？请你读一读最后两个自然段。

2. 自由朗读后，由一名学生读倒数第二自然段。

这一段告诉你，"发现真理"难不难？何以见得？

（"科学并不神秘，真理并不遥远"，说明要发现真理并不像我们说得那么难。只要……就，这个句子也说明发现真理其实不太难。）

3. 往下读！生读最后一个自然段。

这一段告诉你，"发现真理"容易不容易？为什么？

（不容易。因为这里说"见微知著、善于发问并不断探索的能力，不是凭空产生的"，就是发现真理的能力很难具备的。"决不是坐等可以等来的"，说明发现真理不是那么容易的，是要付出努力的。）

4. 对比这两段话，你们发现了什么？

（这两段话的意思是矛盾的，一段说发现真理并不难，一段说发现真理并不易。）

5. 作者最后下了这样一个看似自相矛盾的结论，他想干什么呀？

（科学发现并不难，也不易，关键在于见微知著，善于发问，不断探索，善于独立思考，具有锲而不舍的精神。）

6. 作者怎样将看似自相矛盾的结论很自然地写在一起？（用了一个过渡句：当然，见微知著、善于发问并不断探索的能力，不是凭空产生的。）

（五）总结全文，归纳要点（课件展示）

中心思想：《真理诞生于一百个问号之后》主要是用事实论证了只要善于观察，不断发问，不断解决疑问，锲而不舍地追根求源，找到答案，就能在现实生活中发现真理这一论断。

写作特点：这篇文章作者先提出观点（真理诞生于一百个问号之后）；然后再进行了事例论证（洗澡水的漩涡，紫罗兰花的变色，睡觉时眼睛的转动）；最后又总结观点（只要见微知著、善于发问、不断探索，就能发现真理）。

提出观点→事例论证→总结观点。

设计意图：既有对本节课内容的总结，又为初中的学习做了铺垫。

（六）老师寄语，激发兴趣

同学们，只要你善于从司空见惯的事情中见微知著，具有科学研究的敏感性，善于发问，锲而不舍地追根求源，你就能发现真理。

让我们努力去做一个有准备的人，一个善于独立思考的人，一个具有锲而不舍精神的人！

让我们每一个人都走在发现真理的路上！

【设计意图】：一段充满激情的演讲，进一步地深化了学生对文本的理解，激发了学生对真理的渴望。

（七）借鉴本文，学以致用

说说你发现的本文的写作特点。

1. 先提出观点，然后举出具体的事例去证实，最后重申观点，做出总结。（议论文的一般写法）

2. 选取两个或两个以上的事例时要有过渡语。"无独有偶""最有趣的……"都是过渡语，承上启下。

3. 仿照课文的写法写一段话，用具体的事实说明一个观点。

材料：功夫不负有心人　虚心使人进步，骄傲使人落后　团结就是力量

4. 成语，不一定都是四个字的，如本文出现的"打破砂锅问到底"就是一个七字成语，你能找些这样的成语吗？

三字的：

五字的：

六字的：

七字的：

八字的：

【设计意图】文以载道，学以致用。让学生把学到的用具体典型的事例说明观点的方法，运用于写作中，既加深了学生对所学课文的理解，又培养了学生的写作能力。

（八）拓展阅读，提高升华。（课件展示）

1. 在科学发展史上，还有哪些事例能够证明"真理诞生于一百个问号之后"呢？请课后搜集有关故事，并思考这些真实的事例给我们的启示。

2. 心动不如行动。选择一个你在生活中发现的问题尝试做一做研究，看能不能最终解决你的疑问。

3. 经常看看中央 10 套科教频道的《我爱发明》。

【设计意图】：语文的外延与生活的外延相等。通过文本与实际生活的联系让学生明白发现真理的易与难，树立正确的科学观，激发学生对发现真理的兴趣，增强发现真理的信心和勇气，鼓励学生扩大阅读量，激发学生爱科学、学科学的兴趣，弘扬科学精神。

作业的布置是对课文内容的拓展，更突出与文本的联系性，体现了趣味性、生活性。

附：板书设计

真理诞生于一百个问号之后

叶永烈

见微知著　善于发问

?──────────────────!

不断探索　追根求源

教学反思：略

十、《短文两篇》教学设计

《谈读书》

教学目标：

1. 理清本文论证思路；掌握其论证方法（举例论证、道理论证、比喻论证等）。

2. 理解并积累文中出现的关于论述"读书"的精辟的句子。

3. 认识读书的益处；养成良好的读书习惯。

教学重点：

理清本文论证思路；掌握其论证方法（举例论证、道理论证、比喻论证等）。

教学难点：

论证思路的理清。

教学方法：

讨论探究法。

课时安排：

一课时。

教学过程与步骤：

（一）导入新课

有人说，现在已经进入多媒体时代，各种各样的媒体已将丰富多彩的知识形象地呈现在人们眼前，读图已经成为时尚。有人认为，多媒体形象地展示知识，虽然快捷且生动，但也造成了全民整体阅读水平的下降，因此要回归读书，尤其是中学生要多读书，读好书。那么，我们为什么要读书？怎样读书？今天，我们带着这两个问题，一起来聆听几百年前先哲的高论。

（二）简介作者

培根（1561—1626），英国哲学家、作家，出生贵族家庭。少年时代已才华出众，12岁进剑桥大学。1596年受聘为女王的特别法律顾问，后受牵连而脱离政治生涯，专心从事学术研究，写出了一批在近代文化思想史上具有重大影响的著作，被黑格尔赞作"充满最美妙、最聪明的议论"。1626 年他在进行一次科学实验时，受寒致病，不治身亡。代表作有《培根论人生》。

（三）朗读课文，整体感知

1. 熟悉课文。

① 教师范读课文，学生整体感知课文。

② 学生参照课下注释默读课文，加深对课文的理解。

2. 积累词语。

① 给下列字注音

怡　　诘　　黠　　滞　　嚼　　睾

② 解释下列词语

怡情　　　诘难　　　狡黠　　　滞碍

寻章摘句　　　味同嚼蜡　　　吹毛求疵

3. 请按下面三个层意给文章划分层次。

①读书的正确目的。

②读书的方法。

③读书能塑造人的性格和弥补精神上的缺陷。

第一层：从开头到"全凭观察得之"。

第二层：从"读书时不可存心诘难作者"到"始能无知而显有知"。

第三层：从"读书使人明智"到结束。

4. 内容探究。

学生交流读课文的感受。

预设 1：这篇文章论述的内容相当广泛，写了有关读书的很多方面内容，概括起来，就是谈了读书的功用。

预设 2：文中谈到了读书的作用。如："读书足以怡情，足以博彩，足以长才"。

预设 3：文中谈到了读书对人的性情的潜移默化。如："读书使人明智，读诗使人清秀，数学使人周密，科学使人深刻，伦理学使人庄重，逻辑修辞之学使人善辩。"

预设 4：文中谈到了读书方法。如："书有可浅尝者，有可吞食者，少数则需咀

嚼消化。"

教师总结：这是一篇随笔。作者从多方面入手，谈了读书的目的、方法、态度以及读书对人的影响等。

5. 聚焦论证方法，体会表达效果。

①学生讨论，明确：本文主要运用了比喻论证法和对比论证法。

让学生找出比喻论证的句子，体会其表达效果。

例1："盖天生才干犹如自然花草，读书然后知如何修剪移接。"

（用"自然花草"比喻"人的天性"，"修剪移接"比喻"求知"，用比喻是为了论证"读书对人的天赋的作用"，使论述的道理通俗易懂，论述语言形象生动。）

例2：否则书经提炼犹如水经蒸馏，味同嚼蜡矣。

（以"蒸馏过的水"比喻"一本经提炼的书"，使读者懂得读书不能只读别人的笔记摘要，生动形象。）

（比喻论证：使论说的道理通俗易懂，语言生动形象。）

②找出对比论证的句子，体会其表达效果。

例1：文章的第一层，主要阐述读书的目的，先从正面来说，有三种不同的目的：怡情、博彩和长才。然后从反面指出读书中的三种偏向。

（正反对比，观点鲜明。相互补充，论证严密。把读书的目的论述得清楚明白。）

例2：文章的第三层，也是先从正面说明读书可以塑造人的性格；再从反面说读书可以弥补精神上的缺陷。

（正反结合，对比鲜明，论证全面、有力。）

6. 联系实际，体验反思。

本文对读书进行了深入的论述，观点鲜明，论断精辟，警句迭出。对作者的读书观你有什么看法？

（引发学生思考，学生纷纷发言。）

（四）拓展延伸

说说下列比喻论证可以论证什么内容？

1. 人生不是一支短短的蜡烛，而是一支由我们暂时拿着的火炬。我们一定要把它燃得十分光明灿烂，然后交给下一代的人们。（萧伯纳）

2. 急求速成是必须谨慎的，须知狼吞虎咽将令人消化不良。（培根）

附：板书设计

谈 读 书

培 根

一、读书的目的—— 比喻论证

谈读书　　二、读书的方法—— 举例论证

三、读书的作用—— 对比论证

《不求甚解 》

教学目标：

1. 学习驳论文知识；学习本文的驳论方法。

2. 感知《不求甚解》的内容；反省自己读书的态度、方法。

教学重点：

1. 对"不求甚解"读书方法的理解。

2. 驳论文知识。

教学难点：

驳论文知识。

教学方法：

讨论探究法。

教学过程与步骤：

（一）导入新课

"行万里路，读万卷书"。九年寒窗，伴着馥郁的书香，我们一天天长大了。请你坦诚地告诉大家：你喜欢书吗？读书的过程你有哪些感悟？

（二）资料助读

（多媒体出示）

1. "不求甚解"出处：

出自陶渊明《五柳先生传》："好读书，不求甚解。"原意是读书只领会要旨，不过于在字句上花工夫，属褒义。

今多谓学习或工作的态度不认真，不求深入理解，浅尝辄止，含贬义。

2. 作者简介：

邓拓，原名邓子健，邓云特，笔名马南邨、向阳生等。新中国成立后历任《人民日报》总编辑、社长，"文化大革命"一开始即遭迫害，1966 年 5 月 18 日含冤去世，主要著作有《中国救荒史》《燕山夜话》《论中国历史的几个问题》等，并与吴晗、廖沫沙合写《三家村札记》，1944 年主持编辑了第一部《毛泽东选集》。

（三）简介驳论文的知识

1. 议论文的论证方式

立论　　驳论

2. 驳论：指就一定的事件或问题发表议论，批驳错误的反动的见解和主张。侧重于驳论的议论文是驳论文。

3. 批驳的方法：直接批驳和间接批驳。

①驳论点：抓住对方论点中的错误进行批驳。

②驳论据：指出对方论据中论据的虚伪、错误而证明其论点的荒谬性。

③驳论证：通过批驳对方的论证驳倒对方的论点，指出对方的论据与论点之间内在逻辑关系错位、混乱或不对称，揭穿其论据不能证明论点或论点不能从论据中推出的逻辑错误，达到驳倒其论点的目的。

4. 一般论证思路：先树起批驳的靶子，即摆出对方论点，然后针对性地采用直接（驳论点、驳论据、驳论证）或间接的方式（证明自己观点正确）进行批驳。

（四）整体感知（逐段概括意思）

教师范读课文，学生整体感知课文。

学生默读课文，逐段概括意思。

第一段：摆出要批驳的靶子："对任何问题不求甚解都是不对的"

第二段：从"不求甚解"的出处入手，说明人们曲解了"不求甚解"的意思。

第三段：全面分析陶渊明的读书态度。

第四段：读书重在会意，指出"不求甚解"有两层含义。

第五段：提倡虚心的"不求甚解"的读书态度。

第六段：介绍古今名人就是以"不求甚解"的态度读书的。

第七段：全面解释"不求甚解"。

第八段：引用陆象山的语录进一步说明"不求甚解"所蕴含的道理。

第九段：从读书经验阐述"不求甚解"与反复阅读的关系，说明由"不求甚解"到真正弄懂之必然。

（五）解析论证思路

首先，作者摆出了要批驳的靶子："对任何问题不求甚解都是不好的"；

其次，介绍"不求甚解"的出处并分析其真正含义；

然后，从正反两方面举例（诸葛亮、普列汉诺夫），论证读书的要诀在于虚心、会意；

接着，全面解释"不求甚解"，先从反面否定，又从正面引用陆象山的语录论证；

最后，总结全文，强调重要的书要从"不求甚解"到反复阅读到真正弄懂。

（六）师生共研

教师提问，学生讨论回答。

1. 作者认为正确的读书态度是什么？

虚心、读活、多读、勤读

2. 作者选了哪些事例？起什么作用？

事例1：列宁批评普列汉诺夫

事例2：诸葛亮的读书方法

事例3：引用陆家山的话

作用：三处例证、引证，或外或中，或今或古，或正或误，信手拈来，自由骋笔，又恰到好处。选例典型，论说周到。

3. 你知道的读书方法有哪些？

大体上分两类：（1）略通其意的读书方法：包括泛读、略读、速读、通读、跳读、序列读等；（2）精读方法：包括品读、析读、写读、圈读、再读、选读等。

（七）对比总结

《短文两篇》都是围绕着读书的话题来谈的，都给人深刻的启示。《谈读书》是培根的一篇著名的随笔，围绕读书，论述了知识的价值，求知的目的、态度、方法等内容。《不求甚解》是邓拓先生的一篇杂文，阐述了读书的要诀全在于会意，读书要虚心，重要的书要反复读。读这两篇文章，都给人以知识，给人以智慧，给人以力量，给人以读书的方法。

两篇短文虽短，但思路清晰、有理有据、论证严密，论证方法灵活多样，是学

生学习议论文的范本。从论证方式上来说，前者属于正论文，后者属于驳论文。通过学习，明确了议论文的两种议论方式。

（八）拓展延伸

学习了两位名家关于读书的文章，使我们受到很好的教育。其中关于读书的名言警句，也使我们很受启发。老师在这里又给大家补充了一些，下节课，我们要开展一次"语文综合实践活动"，活动的主题是"聆听先哲教诲，感悟读书真谛"。活动的形式是"读书名言警句接力赛"。

出示如下要求：

【活动目的】

1. 锻炼思维，陶冶情操。

2. 增加语言积累，提高表达能力。

3. 激发学习兴趣，培养合作精神。

【活动准备】

1. 成立"读书名言警句接力赛"筹备小组。

2. 小组成员在组长的带领下事先进行选拔赛，选出最优秀者代表小组参赛。

3. 在课余加强对读书名言警句的搜集、整理、背诵、感悟，且归纳分类。

附：板书设计

不求甚解

邓拓

	树靶子		
	引出处		例证
不求甚解	释新意	驳论	引证
	援例子		对比论证
	引语录		
	结上文		

附：补充内容

（1）名言警句：

腹有诗书气自华

好（hǎo）读书时不好（hào）读书，好（hào）读书时不好（hǎo）读书。

书山有路勤为径，学海无涯苦作舟。

书到用时方恨少。

读书破万卷，下笔如有神。

读万卷书，行万里路。

书犹药也，善读之可以医愚。（刘向）

书卷多情似故人，晨昏忧乐每相亲。（于谦）

书籍是青年人不可分离的生命伴侣和导师。（高尔基）

理想的书籍是智慧的钥匙。（列夫·托尔斯泰）

书籍是全世界的营养品。生活里没有书籍，就好像大地没有阳光；智慧里没有书籍，就好像鸟儿没有翅膀。（莎士比亚）

书籍——当代真正的大学。（卡莱尔）

（2）名人论读书：

周恩来：为中华之崛起而读书！

李清照的读书方法：兴味到时拿起书就读。

朱熹谈读书时要注意三到：心到、眼到、口到。

孔子的"学思结合法"：学而不思则罔，思而不学则殆。

书籍是人类知识的总结，书籍是全世界的营养品。——莎士比亚

书籍是人类进步的阶梯。书籍一面启示着我的智慧和心灵，一面帮着我在一片烂泥塘里站了起来，如果不是书籍的话，我就会沉没在这片烂泥塘里，我就要被愚蠢和下流淹死。——高尔基

一本新书像一艘船，带领我们从狭隘的地方，驶向生活的无限广阔的海洋。——凯勒

书就是社会，一本好书就是一个好社会，它能够陶冶人的感情和气质，使之高尚。——皮果夫

不好的书也像不好的朋友那样，可能会把你戕害。——菲尔丁

任何时候我也不会满足，越是多读书，就越是深刻地感到不满足，越感到自己知识贫乏。——马克思

读一本好书，就是和许多高尚的人谈话。——歌德

旧书不厌百回读，熟读深思子自知。——苏轼

阅读的最大理由是想摆脱平庸。早一天就多一份人生的精彩，迟一天就多一天平庸的困扰。——余秋雨

一个人身处逆境的时候，在书中能够得到安慰，书是一生最好的朋友。——金庸

在人生转折和变移的关键时刻，书是路标。——陆天明

在书中可以读到一种人生观，一种对生命的感悟与思考。——白岩松

读书是幸福的，有福的人才读书。——贾平凹

如果把生活比喻为创作的土壤，那么阅读就像阳光。——池莉

（3）名人读书的趣事：

韦编三绝、头悬梁锥刺股、囊萤映雪、凿壁偷光

● 鲁迅嚼辣椒驱寒

鲁迅先生从小认真学习。少年时，在江南水师学堂读书，第一学期成绩优异，学校奖一枚金质奖章．他立即拿到南京鼓楼街头卖掉，然后买了几本书，又买了一串红辣椒。每当晚上寒冷夜读难耐时，他便摘下一颗辣椒，放在嘴里嚼着，直辣得额头冒汗。他就用这种办法驱寒坚持读书。由于苦读书，后来终于成为我国著名的文学家。

● 王亚南苦读成才

王亚南睡三脚床。王亚南小时候胸有大志，酷爱读书。他在读中学时，为了争取更多的时间读书，特意把自己睡的木板床的一条腿锯短半尺，成为三脚床。每天读到深夜，疲劳时上床去睡一觉后迷糊中一翻身，床向短脚方向倾斜过去，他一下子被惊醒过来，便立刻下床，伏案夜读。天天如此，从未间断。结果他年年都取得优异的成绩，被誉为班内的三杰之一。他由于少年时勤奋刻苦读书，后来，终于成为我国杰出的经济学家。

● 唐宋八大家之一的苏东坡，年轻时自认为已无书不读，便大书一联："识遍天下字，读尽人间书。"后经一老翁指点，遂改成："发奋识遍天下字，立志读尽人间书。"

● 郭沫若曾写过一副读书联："读不在三更五鼓，功只怕一曝十寒。"意思是说，读书要靠平时下功夫，不能一心血来潮就加班加点搞出成绩。要想获得成功，必须锲而不舍，持之以恒，决不能时而勤奋时而懈怠，三天打鱼两天晒网。

● 华罗庚把读书过程归结为"由厚到薄""由薄到厚"两个阶段。当你对书的内容真正有了透彻的了解，抓住了全书的要点，掌握了全书的精神实质后，读书就由厚变薄了，愈是懂得透彻，就愈有薄的感觉。如果在读书过程中，你对各章节又作深入的探讨，在每页上加添注解，补充参考资料，那么，书又会愈读愈厚。因此，读书就是由厚到薄，又由薄到厚的双向过程。

教学反思：

《短文两篇》都是围绕着读书的话题来谈的，两篇都阐述了自己的读书观。观点鲜明，论断精辟，警句迭出，给学生以深刻的启迪，正如学生所说的那样："这些精辟的语言能给人以启迪。""能在这些名言的激励下，健康快乐地成长。"初中学生也知道不少这样的名言，但是搜集这些名言，并使这些名言在自己现在和将来的学习、生活和事业中发挥积极的作用，初中学生还没有这方面的主动意识。正是在这种情况下，我在教学《短文两篇》后，又设计了一堂综合实践活动，目的是引导学生搜集读书名言、学习读书名言，激励自己，把这些名言作为自己前进向上的动力。

这一堂综合实践活动，设计在学习课文之后，是对课文学习的自然延伸和拓展，是对课文的又一次深化学习，与课文学习成为一个整体。同时，学习整理这些名言警句，可以使学生在知识和能力方面得到扩展和提高；在过程和方法方面得到锻炼；在情感、态度和价值观方面受到熏陶。

十一、《乡愁》教学设计

教学目标：

1. 体会《乡愁》诗的意境和感情。

2. 赏析诗中递进组合的四个意象，理解诗意由乡愁到家国之思的升华。

3. 学习作者以有形之物表现无形之情感的诗歌创作方法。

教学重点：

1. 通过比较，体会《乡愁》诗的意境和感情。

2. 理解本诗诗意由乡愁到家国之思的升华。

教学难点：

"乡愁"诗的特点。以有形之物表现无形之情感的诗歌创作方法。

教学方法：

1. 朗读法。

2. 合作探究法。

3. 拓展延伸法。

课时安排：

一课时。

课前准备：

1. 多媒体课件。

2. 配乐朗诵的乐曲——马思聪的《思乡曲》。

3. 课文配乐朗诵。

教学过程与步骤：

（一）创境导入，板书课题

一个深秋的夜晚，夜深了，一轮明月升上了天空，如水的月光推开了门窗，洒进了屋里，一位老先生倚窗而立，时而低头沉思，时而抬头眺望，一股思乡之情如潮水般地涌出，一首诗从他的心中流淌出来：（播放课文配乐朗诵）小时候，乡愁是一张小小的邮票……

一段音乐，裹着几幅思乡的画面，缓缓地来到了我们眼前，我们深深地陷入思乡的情怀中。画面中的那位老先生就是台湾乡愁诗人余光中。（板书：余光中）台湾海峡——一道天然的海湾，隔断了海峡两岸同胞回乡的脚步，却锁不住他们浓浓的乡思，或许是一朵浮云、一幅画面，或许是一段乐曲、一句乡音，都能串成一首优美的诗情。今天我们就来欣赏台湾诗人余光中先生的诗《乡愁》。（板书：乡愁）

（二）走进作者，了解作品

（出示课件：余光中简介）

余光中，1928 年出生于南京，在南京度过少年时期，19 岁考入金陵大学，1948 年随父母迁到香港，第二年赴台，就读于台湾大学外文系 ，毕业后赴美国进修获硕士学位 。后来回到台湾任大学教授，现在是台湾中山大学文学院院长 。

（出示课件：主要作品及特点）

主要作品有《乡愁》《白玉苦瓜》《等你，在雨中》等，诗集《灵河》《石室之死》等，诗论集《诗人之境》《诗的创作与鉴赏》等。其中《乡愁》一诗，因为形象而深刻地抒发了游子思乡的殷切感情，而受到人们的喜爱和赞赏。代表作《乡愁》《乡愁四韵》《春天，遂想起》，被称为乡愁诗人。

他的诗，兼取中国古典文学与外国现代文学之精神，创作手法新颖灵活，比喻奇特，描写精神深刻，抒情细腻缠绵，一咏三叹，含蓄隽永，意味深长，韵律优美，节奏感强。被尊为台湾诗坛祭酒。他的诗论文章，视野开阔，富有开拓探索的犀利朝气，强调作家的民族感和责任感，善于从语言的角度把握诗的品格和价值，自成一家。

（三）初读课文，整体感知

1. 配上著名音乐家马思聪的《思乡曲》，教师作示范朗读，要求学生边听边用笔划分诗的节奏。

对照屏幕上诗的节奏划分，看看自己划分的对错。（出示课件）

乡　愁

小时候
乡愁/是一枚/小小的/邮票
我/在这头
母亲/在那头
长大后
乡愁/是一张/窄窄的/船票
我/在这头
新娘/在那头
后来啊
乡愁/是一方/矮矮的/坟墓
我/在外头
母亲/在里头
而现在
乡愁/是一湾/浅浅的/海峡
我/在这头
大陆/在那头

2. 学生自由朗读，要注意节奏，带有感情。

3. 请两位同学试着朗读。纠正不正确的部分。

4. 听录音，感受一下诗的感情基调和诗的朗读节奏。

明确：这首诗的感情基调是——深沉的，深沉中又略带哀伤，所以朗读时的速度就是——缓慢的。

5. 学生小声朗读，边读边标出重音（"·"）。

老师巡回指导有疑难的同学，并指导大家朗读：

第一、二节，语速慢，读出思念之情。

第三节，注意"啊"的变调，应读为轻声，读出适当的颤音（生死离别）。

第四节，音调上扬，要有荡气回肠的感觉，"在那头"要一字一顿。

6. 请学生个别朗读，要求有感情地朗读。

7. 齐读。

（四）精读课文，分析欣赏

诗歌的语言无时不在敲打着我们的心灵，让我们进一步走进诗歌，欣赏诗意。

1. 在诗人漫长的生活经历中，那对故乡绵绵的思念一直萦绕在诗人的心头，这一点，可以从哪些词语看出来？

"小时候""长大后""后来啊""而现在"，四个时间序词，代表了四个人生阶段。诗人以时间的变化来组诗，四个时间序词也概括了诗人的整个人生，也就是浓浓的乡愁牵动了诗人的一生。（板书：小时候、长大后、后来、现在）

2. 诗人要把思乡这种看不见也摸不着的抽象的情感具体地表达出来，作者是怎样做到的？借助了一些形象的事物，也就是借助了意象，什么是意象？意象就是诗中的形象。找一找，这首诗借助什么样的意象表达这份浓浓的思乡之情？

"邮票""船票""坟墓""海峡"，这四个意象，分别是人生四个阶段"乡愁"的对应物。（板书：邮票、船票、坟墓、海峡）

3. 这四种对象前表修饰、限制的形容词和数量词有什么特点？它们共同突出了这四样东西的什么特征？在诗中有什么表达效果？

"一枚""一张""一方""一湾"四个数量词和"小小的""窄窄的""矮矮的""浅浅的"四个形容词。这些词都以一种看似轻描淡写的方式，把乡愁浓缩于四个面积小、程度轻的对象之上，恰恰反衬出诗人内心深处浓烈的思乡情感。（板书：小

小、窄窄、矮矮、浅浅)

小时候，诗人少小离家，与母亲书信往来，这种母子之情（板书：母子之情）寄托在小小的邮票上。长大后，为生活而奔波，与爱人聚聚离离，船票成了寄托夫妻恋情（板书：夫妻恋情）的媒介。到后来，一方矮矮的坟墓，将"我"与母亲永远分开了（板书：生死别情）！而现在，一湾浅浅的海峡将"我"与祖国大陆隔开。个人的故乡之思上升到了群体的家国之思（板书：家国思情）。全诗在此戛然而止，留下长长的余味。

4. 诗歌的第四节对诗意的升华有怎样重要的作用？

如果去掉第四节，充其量只是一首普普通通的思念故乡的诗；有了第四节，前三节就成了铺垫，这一节画龙点睛，乡愁的诗意升华为国愁和民愁了。

（五）总结全文，归纳要点

这是一首抒情诗，作者借邮票、船票、坟墓、海峡把抽象的乡愁具体化、实物化，变成具体可感的东西，表达了作者渴望与亲人团聚，渴望祖国早日统一结束分离之苦的强烈愿望。

在表达手法上，诗人选取人生的四个阶段以四组具体形象作依托表达家国之思，将"乡愁"这种抽象的情感（板书：抽象），转化成了具体可感的有形的东西（板书：有形），增加作品的艺术感染力。

余光中的《乡愁》是一首游子思乡的深情恋歌。它以独创的意象、精巧的构思、完美的形式，表现了一个深刻的主题。具有强烈的现实感和时代感，在给我们强烈的情感震撼的同时，也给我们极强的审美感受。

有人提出"热爱祖国必先热爱家乡"，请同学们思考我们该如何从热爱家乡做起。

读一首诗，不但要去品味，要去体验，去想象，还要去创作。让我们放飞想象，就"乡愁是……"这个话题书写自己离家时或远去童年时的真切感受。比如说：乡愁是悠悠涟漪，让心湖在碧波荡漾；乡愁是夕阳下的沙滩，脚印串串，笑声片片；乡愁是大山里的回音，是天空中的风筝……

（六）拓展延伸，比较阅读

（1）课前我们搜集的古人思乡名句大多是故乡之思，而余中光通过家乡、新娘、母亲之思作铺垫，集中表达了自己以及整个群体的家国之思，诗的境界达到了前所未有的高度。

（2）在表达手法上，余中光选取人生的四个阶段以四组具象作依托表达家国之思。现在我们再看一首台湾当代女诗人席慕蓉的《乡愁》，说说它与课文在表达手法上各有什么不同，表达效果上有怎样的不同。（出示课件：台湾当代女诗人席慕蓉的《乡愁》）

乡愁

乡愁是小河挂在树梢上的弯月
乡愁是隔壁坐在门坎边的老奶奶的微笑
乡愁是破晓前东家西家的鸡鸣狗叫
乡愁是回家时在脚下欢舞的石子

乡愁是母亲端上桌的大菜
乡愁是妈妈怀里撒娇的憨痴
乡愁是父亲故作高声的干咳
乡愁是姐妹围炉夜话的无间
乡愁是没钱坐飞机时坐火车
乡愁是没钱坐火车时坐汽车
乡愁是没钱坐汽车时坐马车
乡愁是没钱坐马车时的脚下的血泡

于是，乡愁化作了油锅里的家乡菜
于是，乡愁常驻梦里做座上宾
于是，乡愁融进了歌厅里的《橄榄树》
于是，乡愁变成了在异乡听到家乡话的神经质
听说过民间赶尸的传说吗？
一点都不吓人
那是漂泊到极限的灵魂的乡愁

对比思考：

1. 余光中的《乡愁》和席慕蓉的《乡愁》分别用了哪些形象表现乡愁？

2. 两首诗表达效果上有什么不同？

教师点拨：

这两首诗有着相似的写作背景。余光中和席慕蓉的祖籍和出生地均在大陆，后来居住在台湾。

两位诗人都钟情于中国古典文化，承继传统文化中乡愁的永恒主题都写出了新意。

不同之处在于，余光中的乡愁选择了"邮票""船票""坟墓"和"海峡"，用由小到大、由昔到今的思路连缀起来，使整首诗构成了一种真诚柔和的基调，将作者对往昔岁月的追忆和挥之不尽的乡愁之心表现得深刻生动、淋漓尽致。席慕蓉的故乡在蒙古草原，她的《乡愁》选择了"弯月""微笑""鸡鸣狗叫""石子"等一系列的形象，缠绵悱恻，意境深幽，比喻新异。更为奇异的是，乡愁犹如缠绵的影子，永远伴随着游子的脚步，永不淡漠。

在表达效果上，两首诗同样具有很强的感染力，余中光的诗一咏三叹，凝练真挚，席慕蓉的诗则铺陈细腻。让我们再来朗读一遍余光中的《乡愁》，再次感受它的魅力！

全班起立，朗诵《乡愁》。

附：板书设计：

乡 愁

余光中

	小时候	邮票（小小）	——母子之情（深广）	
有形	长大后	船票（窄窄）	——夫妻恋情（热烈）	无形
	后 来	坟墓（矮矮）	——生死别情（悲痛）	
	现 在	海峡（浅浅）	——家国思情（深广）	

教学反思：

"乡愁"是一种欲说还休、难以言尽的情感，它亘古不息，源远流长。余光中的这首《乡愁》诗，无论是内容还是形式，都具有特殊的神韵和魅力。吟诵这首深情的恋歌，我们掂量出了诗人家国意识的分量。对于涉世未深的中学生来说，他们既没有"少小离家老大回，乡音无改两鬓衰"的生活经历，又没有"日暮乡关何处是，

烟波江上使人愁"的情感体验，所以教学本文，只有反复诵读、细心揣摩，再结合自己的知识积累，才可能较好地理解本诗的深刻内涵。

　　基于这样的认识，我们在课前安排了让学生搜集古人思乡名句，作为理解《乡愁》的铺垫；在课中把古人思乡名句表达的情感与余中光《乡愁》所表达情感及境界加以对比，达到加深对余中光诗意理解的目的。这是一种前拓展，也是一种对比。通过拓展、对比，实现迁移和升华。在对本诗的学习后，学生对本诗有了一定的理解，为完成对诗的艺术特色的理解，我又拿出席慕蓉的同题诗《乡愁》，和余光中的《乡愁》诗进行对比阅读。这种对比阅读，也是一种拓展延伸。两诗都用了能勾起人"怀乡"之情的一系列形象，都用了打比喻的表现形式，都表达了对故乡的那么一种刻骨铭心的思念，但表现形式呈现出凝练与铺陈的明显不同。通过这种拓展延伸的对比阅读，使学生认识到本诗的艺术特色，再次深入感悟此诗的意境，达到了对本诗的深入理解。

　　这两种拓展，形式不同。但都和课文的教学自然融为一体，都服务于课文的学习，都有助于学生对本诗的深入理解。由此可见，拓展这一思维环节地位、作用是非常明显的，它是人将知识转化为能力，内化为人的素质的关键环节。拓展前有学习，后有创造，起一个承前启后的作用，是一个由量变到质变，直至飞跃的中间地带。一个人学习了"一"，通过拓展，"一生二""二生三""三生万物"，形成对事物本质的规律性认识，而后在此基础上进行新的创造、新的生成。

我的教育小故事

一、要给他一片扬帆的海洋

任教第一天的第一节课，我发现我们班有一个非常胆小的男孩。他坐在教室后排靠墙的地方，始终不敢正视老师，只是趁我不注意的时候，偷偷地看我。下课时我特别留意了他：高高的个子，瘦瘦的身材，背略有点驼，白白的脸上镶嵌着一双小眼睛；衣服很破旧，上衣胳膊肘和裤子的膝盖处各有两块大补丁；他很不随和，大家玩耍时他总是独自站在不远处看，偶尔露出点儿笑容，那也只是眉宇间的一动；间或有同学的玩具滚到他脚下，他也只是小心翼翼地捡起来不快不慢地送过去，然后又退回原地。上下课进出教室的时候，他往往被这个同学挤一下、那个同学推一下，甚至个别调皮同学无缘无故地对他戳一拳踹一脚，他也一声不吭。这个学生为什么是这样子呢？我在心中问自己。于是，我向前任老师了解他的学习情况，向同学们了解他的家庭情况，并第一个对他做了家访。原来，他家是外地人，近几年才落户到曲沃，既没有亲戚也没有同乡。家境很贫困，兄妹五人，就靠父亲一人绵薄的收入维持生活。小时候他是一个很活泼的孩子，七岁那年得了脑膜炎留了点儿后遗症。二年级在一次玩耍中又被小伙伴用砖砸伤了脑袋，住院治疗了一个多月。复学后，听课注意力不集中，作业总是不会做，常常受到讥笑。前一段时间，他的父亲又因故自杀了。幼小的心灵连遭打击，从此便沉寂懦弱起来。

得知这些情况，我的心情十分沉重。怎样才能帮助他走出阴影，抬起头，挺起胸，找到自尊，找回自信，活出自我呢？

一个星期六的下午，我领着学生去县图书馆读书，意外发现了一篇题为《头鱼》的文章。文章写道：这是一条不起眼的鱼，很小很孤单。主人喂食时它总也抢不到，最多只能吃些别的鱼剩下的残渣碎末。平时它常孤零零地在鱼群外游荡，似乎谁都可以欺负它。万幸的是，终于有一天主人发现它是如此可怜，打那以后，喂食时都先在它身边撒些饵料。不想这一些微不足道的举动，竟改变了小鱼的命运，还创造了一个奇迹。因为聪明的鱼儿们渐渐地发现：只要在小鱼的周边就一定能得到食物。于是一星期以后一个颇为壮观的场面出现了：一条不起眼的小鱼，领着一个偌大的鱼群在水中游来游去。这条小鱼儿竟然成了"头鱼"。从此它再也不会以自卑的神色黯然地徘徊在池边、角落，而是摇头摆尾、神气活现地做着"领头鱼"，俨然开始统帅起了整个鱼群。

这篇文章对我触动很大，读完一遍，我屏住气又读了一遍。是啊，主人的做法不仅能改变小鱼的"孤单"命运，而且完全可以把任何一条鱼都培养成"头鱼"或"统帅"。同样道理，如果我对那名学生多一些关注，多一些爱护，也一定能让他走出困境，走向光明。

从此以后，在课堂上，我有意识地多注意他，趁他看我时，对他展示深情的微笑；做作业时我常常站在他的身边辅导，作业一塌糊涂时我不批评，而是轻声细语耐心地一遍又一遍地慢慢为他讲解，直到做对为止；课下只要看见他，我主动向他打招呼，抚摸他的头，问长问短；有同学歧视和欺负他时，我准是第一时间出现并为他撑腰……渐渐地，他有了变化，上课能集中精力了，课上敢抬头看老师了，有些时候，还表现出想回答问题的意愿。对他的变化我暗自欣喜，曾多次有意识针对他的可能而设计问题，并鼓励他大胆回答。一次参加劳动，他表现得非常能干，我特别地表扬他。一天，低年级一名学生摔伤了，他把那名同学背回了家，我知道后号召全班同学向他学习，并反映给校长，在全校表扬他。自此之后他只要看见我，远远地就要大喊："张老师好！"

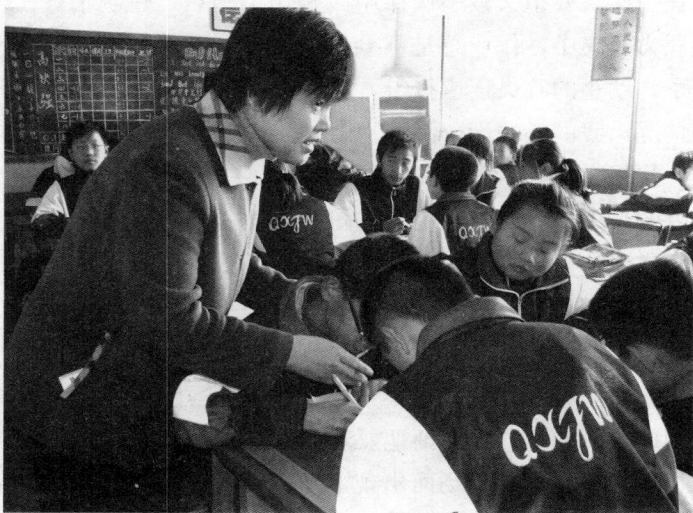

课堂上

一天，我为他买了新书包、文具盒和一支钢笔、三本练字本。下午活动时，我把他叫到办公室，这样对他说："老师很喜欢你，想和你交个朋友，以后老师就是你的姐姐，你就是老师的小弟弟，好吗？"我抚摸着他的头，把礼物递到他的手中。他满含热泪抽泣着，却一言不发。我说："你家的情况姐姐都知道，人这一生，会有许多来自内部或外部的打击，但这些打击究竟会对你产生怎样的影响，最终决定权在你手中。世上没有绝望的处境，只有对处境绝望的人，困境能毁灭人，也能成就人，成功就是在困境中奋起。要勇敢地面对人生的磨难，把今天的困境变成明天的财富。你要和同学们相处，在相处中发现自己的长处，展示自己的长处，创造属于自己的一片天空。不要像梅花鹿那样只自卑自己的细腿，而忘了那对美丽的角。姐姐给你写了个字帖，有空时照着练字。"我把预先写好的字帖打开，一字一句慢慢地读给他听：

我们靠自己

小蜗牛问妈妈：为什么我们从生下来，就要背负这个又硬又重的壳呢？

妈妈：因为我们的身体没有骨骼的支撑，只能爬，又爬不快。所以要这个壳的保护！

小蜗牛：毛虫妹妹没有骨头，也爬不快，为什么她却不用背这个又硬又重的壳呢？

妈妈：因为毛虫妹妹能变成蝴蝶，天空会保护她啊。

小蜗牛：可是蚯蚓弟弟也没骨头爬不快，也不会变成蝴蝶，他为什么不背这个又硬又重的壳呢？

妈妈：因为蚯蚓弟弟会钻土，大地会保护他啊。

小蜗牛哭了起来：天空不保护我们，大地也不保护我们，我们好可怜啊！

蜗牛妈妈对他说："我们不可怜，我们有壳啊！我们不靠天，也不靠地，我们靠自己。"

我经常关注他练字的情况，除了用"红圈"肯定他写得好的那些字以外，每次都要求他把字帖的内容念给我，讲给我。他写完了整整两个本子。一天，书写比赛，我让大家都写这篇，他的书写被评第一，张贴在墙壁上供大家欣赏。冬天，他主动负责管炉火，每天早起晚归，将炉火烧得旺旺的，满教室里总是暖烘烘的，同学们坐在这样的教室里学习，自然不断向他投下赞许的目光。夏天，他提前到校，给教室洒水降温，等到同学们到校，教室里已经凉爽了，同学们给他竖起拇指。六一儿童节，全班推选五好学生，需要计票员，同学们一致推荐他。

这名学生我带了三年，他升初中时我也调到初中任教，分班时我特意让学校领导把他分到我当班主任的班里，并让他担任了班干部。他不仅爱说话了，更可喜的是同学们经常围着他转，他也把同学们的一些意愿及时地反映给我，还能针对性地拿出些意见，学习成绩也直线上升。

我分明发现，一对自信的翅膀已带着他翱翔了。

原来，你给学生一次机会，他会回报给你无数惊喜；原来，你给学生一片自信的海洋，他自会扬帆起航。

当老师与学生敞开心扉，当老师与学生真情涌动，教育便富有了生机。给学生一个机会，他可能创造辉煌；给自己一个机会，你可能看到奇迹的发生。老师以一份童心、爱心与耐心，可以使铁树开花，顽石说话。

童年是学生生命进程的重要一站，童心是学生心路历程的关键时期。老师啊，请您用"呵护"这把钥匙打开学生生命的启程之门吧！

二、让学生自己走出来

在我任小学三年级班主任的一天，一名学生反映他新买的钢笔丢了，事情发生在课间十分钟。顺手牵羊、小偷小摸，这可不是个好习惯。用什么办法来解决这一问题并在全班起到警示和引导作用呢？是直接找嫌疑学生谈话，还是让学生群体监督？我思来想去，决定让学生自己走出来，承认错误。

上课了，我像平时一样，微笑着向大家问好。"今天这节课，我们与班会调整一下，老师给大家讲故事。"一提到讲故事，学生们兴致就来了。我先讲了《周处除三害》，接着讲了《偷盗者的最后请求——再吃妈妈一口奶》，然后又讲了《亡羊补牢，为时未晚》，最后讲了《楚庄王一鸣惊人》的故事。通过知错能改、知错不改到及时改错和改错后仍能大有作为的几个故事，来引导学生认识"浪子回头金不换"和"知错能改善莫大焉"的道理。最后，我引述了"富贵不能淫、贫贱不能移、威武不能屈"的古训，紧接着引出了今天教室里丢钢笔这件事。

　　我告诉大家："今天某某同学的钢笔不见了。这支钢笔没有丢，是一位同学暂时借去用了，很快就会还回来的。现在这位同学很想把钢笔拿出来还过去，只是他不愿意干扰大家上课，他会用另一种巧妙的方式告诉老师，他是暂时借用一下的。"说到这里，我让全体学生闭紧眼睛，双臂放在桌子上，趴在双臂上休息三分钟。利用这个时间，我轻声说："这位同学，请你以举一下手的方式告诉老师，你是借用他的钢笔的，老师会为你保密。"

　　只见一只小手笔挺地举了起来，这是一位女学生，她举了足有 30 秒钟。我欣喜地说："放下手吧！老师看见了。老师为你的坦率高兴！老师祝贺你，你今天最大的收获是自己战胜了自己！"三分钟后，同学们抬头挺胸坐了起来，我把钢笔还给了那位同学，大家都以一种敬佩的眼光看着我。此时，我把两句话写在了黑板上："所有的胜利与征服自己的胜利比起来，都是微不足道的；所有的失败与失去自己的失败比起来，更是微不足道的。"

　　我任五年级班主任时，一个夏天的午后，有两个学生向我报告，中午放学时放在教室的书包不见了。我仔细观察了现场，然后把全班学生分为六个小组，给他们讲了两个侦探故事和察看要领，让他们人人参与观察和分析。每个小组都争相比赛，看谁能先找到蛛丝马迹，最后大家从窗台的脚印上推断是两个穿布鞋且鞋上有泥巴的男生所为。拿书包的两个学生已经坐不住了，看见此情此景，我为我没有教育好每位学生感到十分愧疚。至此，我告诉大家，书包不久就会回到原来的地方。同学们诧异地问，谁是小偷？我笑着说，没有小偷，是两位同学配合老师给大家做了一次学做警察的游戏。下课后，那两个同学将书包主动地交给了我。我耐心细致地引导这两位学生，让他们深刻意识到自己的错误，并鼓励他们放下包袱好好学习。

　　几十年过去了，那位拿钢笔的女孩一直和我保持着密切的联系，期间，因为婚姻问题她与她的父母多次发生尖锐冲突，她总是首先向我倾诉，要我去做她父母的工作。那两位拿书包的学生，每每见到我总是在很远的地方就亲切地喊老师，他们堂堂正正做人，踏踏实实做事，生活得很幸福。

　　要尊重孩子们出错的权力，尊重学生的差异。怎样才能将孩子们曾经的错误变成未来的财富，首先要有对学生的爱，但缺乏智慧的爱是苍白的，而爱的智慧则来源于爱的真诚！

三、让学生带着欢乐回家

　　放学铃响过，同学们要按照家庭住址的方向，分东、西、南、北四路纵队站好，一队队依次离校。按照以往的惯例，哪队先走，由班长按照站队又快又齐的标准来决定。最近有学生反映班长的决定有时"不公平"，先走的并非是站队又快又齐的，虽然先后不差多点时间，但后走的学生心里不痛快。这不行，要变不痛快为痛快，要让学生带着欢乐回家。

　　四路纵队正在排列，我说话了："同学们，从今天开始，哪队先走由你们自己决定。决定的方式是竞争，我建议用'猜拳'的方式来决定，但不是队与队猜，而是你们与我猜，你们看好不好？""好！"异口同声。我接着说："具体方法是各队推荐一人与老师猜，胜者先走，败给老师者下轮再战，胜不了不能走。""老师，半路能换人吗？"中间一队的小不点儿问道。"能换，换几人都可，但每次只能一人迎战。"我大声回答着。

　　只见各队立刻移动起来，凑在一起选"良将"。又有同学问："老师，胜了的先不走，在这儿观会儿战可以吗？""这是你们的自由！"

　　各队"良将"选好了，我问："哪队先战？"无一队应答。"将士们，连战的勇气都没有，何以能胜？"我"嘲讽"着。一语激起千层浪，"我队来！""我队战！""我队先战！"各队"良将"争先恐后出列迎战。

　　"猜宝猜！"师生脸对脸，拳对拳，高声呐喊，我锤子，他剪刀，学生队战败。又一队迎战，"猜宝猜！"我剪刀，他包袱，学生队又败。下一队应战，"猜宝猜！"我包袱，他锤子，学生队再败。"最后一队应战！"我大声喊着。

　　这队应战学生急忙钻进队列里，连连喊着"另派人，另派人，我不是对手，我不是对手！别白白失去机会。"我笑着问大家："这叫什么？""临阵脱逃！""缩头乌龟！"学生们笑着答着。我把这名学生从队列里拉出来说："唐雎不辱使命，既然大家选了你，你就只能进不能退，你怕什么？不就是一个老师吗？战术上重视敌人，战略上藐视敌人，你把我看成你的同学、朋友、小伙伴，来，大胆地猜，有自信就能胜利！"在大家的簇拥下，他握紧了拳头，我们同时喊猜令"猜宝猜！"我锤子，

他锤子，"平"大家高声叫着。我用眼神鼓励他并喊着"再来!"老师和学生拳对拳，眼对眼，屏住气，同时喊"猜宝猜!"我剪子，他锤子，"哦! 赢了!"同学们欢呼着，四路纵队都大声欢呼着，好像赢了的不是这一队，而是全体学生。就这样，一队队在欢呼声中离开了学校。

教育无处不在。学生是最富有生机的力量，老师，请放下您的"身段"，加入到这最富有生机的力量之中吧!

四、劳动前的插曲

麦子熟了，辛勤的农民伯伯用镰刀一把一把地收割完麦子，接下来就是一年一度的学生拾麦周。炎炎烈日下，我带领学生排着整齐的队伍行进在去麦田的道路上，一路上，学生放歌高唱，嘹亮的歌声在田间回荡。

到麦地了，烈日依旧当头，再加上一路走来，学生们也有点儿累了。我安顿大家在树荫下歇息，喝喝水、歇歇脚。学生们都坐下了，我站在地头，看看近处又望望远处，套种的玉米已长出半尺多高，被烈日烤的耷拉着脑袋，蜷缩着身体；不远处有三三两两的妇女提着篮子正在拾麦。此情此景，不由我想起白居易的《观刈麦》和宋朝民歌《赤日炎炎似火烧》，何不借助此情此景和学生们一起交流呢?

于是，我问学生，谁能用最精炼的语句描写眼前的景物呢? 有几个学生说："锄禾日当午，汗滴禾下土，谁知盘中餐，粒粒皆辛苦"；我肯定了他们，并鼓励大家用自己的话说出眼前的景物。学生们说："似火的太阳烤着大地，把大片大片的玉米苗都给晒蔫了!""麦子收割了，满地金色的麦茬中长着绿色的玉茭苗，好看极了!""烈日下，不远处三三两两的妇女不畏酷热在拾麦子，目的是要做到颗粒归仓。"时机成熟了! 我便站起来给大家吟诵宋朝民歌："赤日炎炎似火烧，野田禾稻半枯焦。农夫心内如汤煮，公子王孙把扇摇。"告诉大家这首民歌从不同侧面渲染天气炎热，描写了农民与公子王孙这两个悬殊的阶层完全不同的心理和形态，意思是：火红的太阳如火焰在燃烧，田野里的庄稼在烈日暴晒下，许多已经枯焦了，农夫的心情十分焦虑，像煮开了的汤水似的，而公子王孙们却没有一点儿焦虑，在那里悠闲地摇着扇子纳凉。我领诵了两遍，大家竟然能一字不差地背下来了。接着我又吟诵白居易的《观刈麦》:"田家少闲月,五月人倍忙。夜来南风起,小麦覆陇黄……"我从白居易不带任何夸张,如实描写现实生活情境的写作基本特点出发,进行一句句分析,让学生了解古代劳动人民的苦难和农民伯伯的辛劳。在田野里讲课,远没有学校教室里的声音效果,但学生们却非常安静地听着,一个个是那么认真,那么动情,我知道,这是此情此景打动了他们。

课堂提问

当学生们还沉浸在诗词的意境中时,我又提出来第二个问题:"同学们,猜一猜这块地有几亩?""5 亩","8 亩","15 亩","20 亩","30 亩",五花八门的回答显然是学生对"亩"的概念还只是停留在书本上面。我从另一个角度又提出问题:"大家看看这块地是什么形状?"好多同学站起来向四周瞭望,"长方形","多边形","三角形","梯形",在争吵中,同学们认定是一个近似的三角形。我又问:"三角形的面积怎样计算?""底乘以高除以 2",大家齐声回答。"这块地的底在哪一边?"我引导性地问着,大家站起来望了望说:"我们脚下这个边就应该是底。""高又该量到什么地方呢?"我继续问着,学生们踮起脚向远处看,还有两人爬到树上望,"那边,那边!""今天咱们就试着算算这块地的面积吧!"我说。"老师,没有尺子没法丈量底和高,"学生中有人大声叫着,其他学生也附和着,都认为这是个大问题。"可以用步子来量呀,老师这一大步是一米,你们这一大步按 60 厘米计算,"我边说边站起来大步走着给同学们作示范,并强调要直线前进,然后说:"女生丈量底,男生丈

量高，每人都要丈量，丈量结束给我报数，现在开始！"学生们立刻站起来蜂拥地奔向两条边，大步地向前走着数着，像两条靓丽的风景线在徐徐延长。丈量完毕，大家高兴地报着步数，"把步数折合成米数，""再按三角形公式算面积，"我适时的指挥着。几十名学生在田间地头用小木棒、小石块、小土块在划呀，算呀，那个用功劲儿是在学校教室里从没有过的。"现在将平方米换算成亩，一亩约等于 666.67 平方米，算算这块地大约有多少亩？现在比一比，看谁算得快算得准。"学生们又开始了一阵激烈的计算。"18.5 亩"，"18.5 亩"，"18.5 亩"……学生们高兴地一一报着得数。"胜利了！胜利了！"同学们蹦着，跳着，欢呼着，这不是一般的高兴，是真正掌握了知识的高兴，是运用知识解决了问题的高兴，是把知识变成能力的高兴。欢呼声中，我喊了声"拾麦穗了！"同学们像小老虎一样冲向了麦地。

　　知识来源于生活，情感来源于体验。学习也是为了更好的生活，让学生在生活中学习、在生活中体验，使他们现在的学习和体验成为今后创造美好未来的不竭动力！

五、我的最后一堂课

　　我心爱的学生小学就要毕业了，明天是我给他们上的最后一堂课，也是毕业前最后一次总复习。回想和同学们相处的日日夜夜，我彻夜难眠。三年来，我为他们的进步付出了辛勤的努力，他们则以丰富多彩的进步给了我丰硕的回报，明天我一定要拿出浑身解数给他们上好这最后一堂课，要为我们相处的日日月月画上一个圆满的句号。

　　夜已经很深了，我还没有想好这堂课该怎么上。此时此刻，我艰难曲折的求学经历浮现在眼前：无尽努力，无尽打击，热情的帮助，亲切的教诲都如在昨天。我突然决定，明天的总复习不上了，这最后一课，我要打破学生平静的学习生活，给他们注入最需要的活力！

　　天一亮，我就向我曾经工作过的大队修配厂跑去。在这里，我曾经跟着师傅们做实验，在一次次失败与成功中鏖战，激起了我探索知识兴趣；在这里，是我求学连遭打击，也是师傅们爱徒如子，毫无保留，甘作人梯，点点滴滴的教诲，手把手的指导"圣地"。我向师傅们说明了我要借东西给学生上课的来意，师傅们连声赞许，并让师弟将东西备好送到了学校。

上课铃响了，我带着和以往不一样的心情快步走进教室。"同学们，今天这节课我们不复习了，老师要换个方式和你们共同度过。"接着，我拿起来两块长方形的铅块问大家"你们知道这是什么金属吗？"说着随手递给前排两个同学，示意他们拿给同学们辨认。"好像是铁，""是新的铁，""是还没有生锈的铁，"学生们边看边议论着。我又拿起两块与铅块相同体积的铁块问大家："这是什么金属？"又随手递给前排两位同学示意让大家辨认。"这个是铁，""是铁，没问题，"大家肯定地回答着。"同时拿两块比比大小，在手里掂掂份量，看看有什么不同，"我指挥着大家。"两块一般大，""这块更重点儿，"学生们不时地报告着。我告诉大家："重的那块是铅，另一块是铁，相同的体积，谁的密度大，谁的质量就大，铁的密度 7.9 克/立方厘米，铅的密度 11.3437 克/立方厘米，所以相同体积，铅块比铁块重。""密度，密度，"学生中有人重复着这两个字，的确，"密度"这个概念对这么小的学生来说，还是第一次听到。

我接着说："我们经常能看到，书中描写人物心情很沉重时这样写：我的心情像铅块一样沉重。这就是把难以感知的心情比喻为有形的铅块，以强化读者的感受。""哦！"同学们会心地点着头。

"铅和铁的密度不一样，它们的硬度一样吗？你们有什么办法分辨出来吗？"我引导着。有学生立刻掏出小刀分别在两块金属上刮着，切着，好多同学马上离开座位挤过去观察，紧接着七嘴八舌地报告着："铅软，铅软，能切下沫沫，铁硬，切不下。""那削铁如泥又怎样讲呢？"我又抛出一个问题，"老师，那是大砍刀削的，""是磨的特别快的大砍刀削的，"，两个学生一前一后补充说道。我笑着说："你们真聪明！削铁如泥是对宝剑锋利程度的一个夸张的形容，表示刀剑切削铁器像切泥一样的容易，形容兵刃极其锋利。现在，请你们把铅块和铁块分别在纸上划一下，看是什么结果？"刚回到座位上的学生又立刻聚集在了一起，小眼睛紧紧地盯着，"报告老师，铅能划下黑印，铁不能，还把纸给划破了。"我拿出一支铅笔，"同学们，这就是为什么我们用的这个笔叫铅笔，而不叫铁笔的原因！在很早以前，人们发现铅这种较软的金属能划下黑印，就把它做成铅棒用来画记号，后来，人们发现了石墨比铅棒还好用，而且铅对人的身体是有害的，就不再用铅棒，而用石墨作笔芯了，

但铅笔这个名称却被沿用下来了。"我举着铅笔高声地说。教室里一阵咯咯吧吧的声音，学生们忙着掏出自己的铅笔在手中看，在纸上划，边看边划边点头，好像明白了一个什么大道理似的。

我从学生中收回了铅块铁块，我高高举起铅块问大家："你们还见过比铅更软的金属吗？"同学们默不作声。我告诉大家："比铅软的金属还有很多，有的在常态下甚至是液体，比如我们经常使有的体温表，里面装的水银就是一种金属。有一种金属，用小刀子能轻而易举把它切开，不夸张地说真是削铁如泥，这种金属叫钠。"有同学说"不可能吧？""有可能，你们上学到初中就可以看到。只不过它要浸泡在煤油之中，如果拿出来它会和空气中的一些成份起反应；如果放在水里，它会浮在水的表面与水发生剧烈反应生成我们常见的烧碱"同学们感到很惊奇。我接着说"不要觉得钠离我们很遥远，其实钠这种元素我们一时一刻也离不了，食盐学名就叫氯化钠，谁能不吃盐呢？"同学们已经按捺不住了，我告诉他们"你们身边的物质有千千万万种，和你们的生活都有密切的联系，许多事情我也不知道，但是，只要你能想到，终久一天你会弄明白的。那么，你想到了什么能告诉老师吗？"

同学们开始提问题了。"老师，课本的纸是用什么做的？""糨糊为什么能把课本一页一页粘到一块？"我回答了同学们的提问，在讲到为什么能粘到一块时，我告诉学生是分子间引力作用的结果，突然，一个学生举手提问："老师，两块铜能粘在一起吗？"我反问道："两块玻璃能粘在一起吗？两块冰能粘在一起吗？它们粘在一起的性质和课本一样吗？老师等着你们的回答。"……

这堂课我是这样结束的：同学们，大自然等待你们探索的奥秘太多太多了，你们一定要从小打好这个基础，准备向科学进军，向宇宙进发。今天是老师给大家上的最后一堂课，老师也和你们一样走过了小学阶段，但老师没有你们这样幸运，老师为了上学，承受了许多许多的委屈，但还是把学上下来了。你们记住：小学毕业一定要上初中上高中上大学，不论遇到什么困难都绝对不要放弃求学，那里是广阔的海洋，是湛蓝的天空，你们去翱翔，去探索吧！

注：这堂课发生在 1976 年夏季，那时国家还没有提出普及九年义务教育的要求，不少学生小学毕业后会因家庭困难或家长重视不够而弃学。

维护孩子们上学的权力是老师的天职，和孩子共同造就维权意识则需要智慧。这一智慧不是别的什么，而是要激发出孩子们强烈的求知欲望、探索欲望。火箭一经启动发射，有什么力量可以将它再拉回来吗？

六、请在乎您的身影

一天上午，课间活动时间，我路过教室门口，很自然的向教室里扫了一眼，见一个学生站在过道抬头向窗户上望着什么，因为上课铃马上就要响了，我瞥了一下就走过去了。

下课了，我有意识走到教室门口向里望了一望，又看见那位学生站在过道，歪着头很认真地向窗户方向仰望。那位学生叫吕跃红。我想走过去看个究竟，但跃红认真专注的神情使我停住了脚步，我不忍心打扰这名沉浸在兴致中的学生。

他在看什么？我猜想，可能是看壁虎吃蚊子？也许是看蜘蛛"摆起八卦阵，单捉飞来将"吧。

出于对学生的关爱和好奇，下午利用体育课的时间，我走进教室，站在跃红站过的地方，学着他的样子向窗户上观看，没有壁虎，也没发现蜘蛛，难道有学生在上面写些什么？

我怕看不仔细，于是站在学生课桌凳上仔细观看——什么也没看见。于是我放宽视野，向上看，向下看，向左看，向右看，还是没有发现什么。

第二天，课间活动时间，我特意走进教室，吕跃红仍站在那个地方观看，只是没先前那么专注了。我走过去和他并肩站在一起，他看见我，腼腆地向我问好，我问他看什么，他不好意思的回答："没什么，随便看看。"我抚摸着他的头，对他说："我怎么没发现什么？"

这时，他搓了搓手，不好意思地说："窗户纸上有篇文章，写得很好！"噢，原来是这样！那时经费紧张，窗户纸要从向学生收取的班费中支出，我不愿再收班费，就用旧报纸糊了窗户。我被学生这种好学精神深深感动了。

班会上，我表扬了吕跃红同学的好学精神，并当着全体学生的面，拿出小刀，亲自站在课桌凳上，小心翼翼地将那张窗户纸割下来，交到了吕跃红手中。我郑重告诉大家："未来的文豪正在我们班成长！"

这件事给跃红和班里的学生留下了深刻的印象。几年后，跃红大学毕业回到了

曲沃，他经常写些东西发表在报纸杂志上，成了当地的有名的"笔杆子"。政府各部门都争相调他去机关工作，但他放弃了在常人看来很有发展前途的机会，毅然选择了教学，成了很受学生欢迎的名师。许多年以后，同学们相聚，他拿出从窗户上割下来的那张旧报纸，对我说："老师，是这张旧报纸成就了我，是您站在课桌上给我割报纸的身影在激励着我，我甘愿做一名老师，我无悔！"

"学高为师，身正为范"老师的一言一行无不成为学生的楷模。请珍惜您的身影，让您真诚的身影化作学生发展的动力！

七、没有预设的生成该不该张扬？

学习《大自然的语言》一课，在讨论课后问题时，有位学生突然问道："老师，这两天晚上总是有只鸟在叫，不知表示的是什么语言？"一石激起千层浪，教室立刻热闹起来，学生们纷纷说道："是的，我也听见了！""我也听见了！""是布谷鸟在叫！""不对，是猫头鹰的叫声！""错了，是鸽子在叫！""不对，是啄木鸟的叫声"，学生们互相说着、争着、吵着，教室里乱成一团。

这是我备课没有预设到的，它生成了，怎么办？是压抑还是张扬？这时我想起了一位大师的话"在激烈碰撞中产生的知识火花最有价值"。确实，已经三天了，每晚10点左右有只啄木鸟在不停地叫，一直叫到11点多，细听叫声有点凄惨。我认为可能是配偶遇难了，它在寻找或思念配偶。但我不能把我的猜想当作结论直接告给学生，我觉得让学生学会在探究中自己获取答案，在探究过程中体验快乐更富有意义。于是，我刻意不作声，让学生尽情争论。学生们人人参与，争得面红耳赤，大有争不出个所以然决不罢休之势。争论的焦点归结有二：一是什么鸟？二是为什么夜深了还在叫？

我看时机已成熟，示意大家静下来，说："同学们知道观察生活了，很好！鸟叫声老师也听到了。谁能学一学听到的声音？""都都都——都""不对，不像！""嘟嘟嘟——嘟""不对！好像有点空旷的味道。""唝唝唝——唝""还不对，声音中虚外实""硗硗硗——硗"，大家纷纷学叫着，但没有一个学生的叫声使大家满意。

这时，我说："口技演员学鸟叫那么逼真，冰冻三尺非一日之寒啊，如果今晚还叫，就仔细听，认真模仿，然后再练习学鸟叫吧！看来咱们班里要出一名口技演员了！到底是什么鸟，我们是否可以用排除法来确定呢？谁能学一学猫头鹰的叫声？"学生们边举手边学叫着"咕咕喵——""咕咕喵——"，在学叫声中排除了猫头鹰。"是布谷鸟吗？谁来学布谷鸟叫？"我继续引导着，大家边举手边学叫着，我点了一个学困生的名，他站起来捏着鼻子学叫着"布谷——布谷"，学叫得很像，大家鼓起热烈的掌声，在掌声和笑声中又排除了布谷鸟。

"谁来学学鸽子的叫声？"好多学生都捏着鼻子学起来："咕咕——咕""咕咕咕——咕"，教室里明显有两种声音。"到底鸽子如何叫？"大家又争辩起来，教室又像炸开了锅。我看见每个学生都不服输的劲儿，心中阵阵暗喜。这时一名学生提议："今天回家都特别留心一下鸽子的叫声，明天决胜负！"在大家的一致同意下，这场争论结束了。我问："昨晚听到的是刚才那两种声音吗？"大家思考了片刻，回答"不是。"鸽子又被排除了。那剩下就是啄木鸟了。

"啄木鸟的生活习性怎样？啄木鸟为什么夜晚叫？请各位同学课后仔细观察，再查一查资料，经过认真思考，将您的所得整理出来，在作文课上我们进行展示和讨论。我觉得对啄木鸟了解的越全面越有利于解决问题。大家同意吗？""同意！"我将这两个问题留到了课后。

该上作文课了，同学们摩拳擦掌，踊跃发言。

学生王文红首先发言："啄木鸟是'森林卫士''树木医生'。有极为高超的捕虫本领，它的嘴强直而尖，不仅能啄开树皮，而且也能啄开坚硬的木质部分，很像木工用的凿子，它的舌细长而柔软，能长长地伸出嘴的外面，还有一对很长的舌角骨，围在头骨的外面，起到特殊的弹簧作用，舌骨角的曲张，可以使舌头伸缩自如，舌尖角质化，有成排的倒须钩和粘液，非常适合钩取树干上的昆虫及幼虫。"

学生董贻涛索性读起了他搜集的资料：森林不仅有肥沃的土壤、多变的地形和复杂的气候条件，而且滋育着从低等到高等的丰盛的植物类群，以及从昆虫到鸟、兽等多种多样的森林野生动物，形成一个复杂的自然综合体。但是森林中鞘翅目的象甲、伪步行甲、天牛幼虫、金龟甲，鳞翅目的逼债蛾、螟蛾，以及花蜡象、臭蜡象、蝗虫、蚂蚁、蛴螬等害虫都是林木的大敌。大片的茂密森林，如果发生严重虫害，将会带来极大的损失。采用飞机喷洒化学农药灭虫的方法，不仅花费巨大，而

且会对环境造成污染。隐藏在树皮下，甚至钻入木质部的害虫，特别是小囊虫、天牛幼虫、蛴螬、白蚁等，用人工防治是很难奏效的。啄木鸟却有极为高超的捕虫本领，能把隐藏在树皮下的小虫子给勾出来吃掉。

"每天清晨，啄木鸟就开始用嘴敲击树干，在寂静的林中发出'笃，笃……'的声音，如果发现树干的某处有虫，就紧紧地攀在树上，头和嘴与树干几乎垂直，先将树皮啄破，将害虫用舌头一一钩出来吃掉，将虫卵也用粘液粘出。"学生张悦敏积极补充。

"啄木鸟可聪明哩！当遇到虫子躲藏在树干深部的通道中时，它还会巧施'击鼓驱虫'的妙计，用嘴在通道处敲击，发出特异的、使害虫产生恐惧的击鼓声，使害虫在声波的刺激下，晕头转向，四处窜动，往往企图逃出洞口，而恰好被等在这里的啄木鸟擒而食之。它们一般要把整株树的小囊虫彻底消灭才转移到另一棵树上，碰到虫害严重的树，就会在这棵树上连续工作上几天，直到全部清除害虫为止。"学生张宣功也发表了他的见解。

紧接着，学生马瑞明、周小壮纷纷补充说："啄木鸟在全世界共有210种，我国有29种。啄木鸟大多在树上，也有一种不会攀树，专吃地上的蚂蚁。""啄木鸟每天敲击树木约为500～600次，啄木的速度极快，几乎是音速的两倍，这样它的头部则不可避免地要受到非常剧烈的震动，但它既不会得脑震荡，也不会头痛。原来在啄木鸟的头上至少有三层防震装置。"

学生们你一言我一语，争先恐后展示自己的发现，在肯定、点评同学们发言之后，我引导大家思考这一问题："啄木鸟清晨就出来工作，晚上累了该好好休息了，为什么那只啄木鸟在夜深人静的时候还一个劲地鸣叫？"

学生们沉思了良久，有人说："它的孩子没回家，它在找孩子吧？"有人说："是不是它配偶病了，它在呼唤医生？"还有学生说："是不是配偶死了，它不知道，在寻找？""会不会是它配偶被人捉住了，它在哀求？""一定是配偶遇难了，它在思念！""会不会是它的巢穴被人毁了，无家可归""会不会是在向人类发出什么信息？""也许是只不守规矩的鸟，夜晚出来求爱吧？"……

水到渠成了，于是，我让学生把自己的猜想和想象写出来。

一个学生这样开头：夜深了，劳累了一天的人们该进入梦乡了，可一阵啄木鸟的叫声，把他们刚要闭合的眼睛又叫张开了。仔细听，声声凄凉，声声悲壮。四天了，这只啄木鸟总在一个劲地叫，它到底遇到什么了？

一个学生这样结尾："笃笃笃——笃""笃笃笃——笃"寂静的夜晚回荡着啄木鸟的叫声，声声都那么凄凉，那么悲惨，好像在呼喊着："回来吧——孩子""回来吧——孩子"

一个学生结尾写道："五天以后，再没有听到这只啄木鸟的叫声。是找着失散的亲人，高兴地团聚去了，还是在极度失望中伤心地死掉了？人类啊，保护我们的朋友吧！"

一堂没有预设的生成，我就这样和同学们一起完成了。

让学生发现问题、提出问题、并通过探究的方式解决问题是培养学生主动学习能力和习惯的真谛。良师之道必从珍惜学生提出问题始。

教育的契机需要我们仔细把握，只要真诚的关注生活，你就会发现处处是教育的课堂，处处有教育的时机。

大教育家张伯苓说，要教出"活孩子"而不是"死孩子"。教师的职责就是给知识注入生命。

八、专业成长，从写"小不点案例"开始

我在下乡听课、参加校本教研、搞讲座等一些教科研活动时，常常举一些短小精悍的教学案例来启发教师做一个研究者、创新者。然而，总有些教师说：教科研是专职教研员的事，是专家学者的事，我们教师只要把学教好就行了。

我告诉他们：我不这么认为。你拿起笔来，课堂上的一个闪光点，一个失误点，师生一个特有的动作，备课中产生的一个灵感，一个久久挥之不去的困惑等，都可以写成一个"小不点案例"。

我曾经问大家："你们看过小说吗？小说有长篇小说，有中篇小说，有短篇小说，有微型小说，有一句话小说。那么写长篇小说的叫长篇小说作家，写中篇小说的叫中篇小说作家，写短篇小说的叫短篇小说作家，写一句话小说的叫一句话小说作家。推而广之：教学案例有长篇的、有中篇的、有短篇的、有一句话的，我们量力而行，写不了长的，还写不了短的吗？写不了短的，还写不了一句话的吗？"在我

看来，一句精彩的话，就是一个精彩的"小不点案例"，你也就"精彩"地研究了一次。

我在听课活动中，老师的言行常常触发我的灵感，我就立即动笔写，三分钟、五分钟或十分钟、二十分钟，一个精彩的案例就诞生了。对这些灵感之作，我有时"敝帚自珍"，闲来无事，翻翻看看，也别有一番情趣；有时"自己的孩子自己爱"，丑也罢，俊也罢，毕竟是自己生下的，用欣赏的眼光来看，也是一种快乐；有时"好媳妇不怕见公婆"，拿出来发表，让大家分享一下胜利的果实，也是一种幸福。

我认为："小不点案例"是我们一线教师的一种特产，所谓特产，就是教师自己特有的产品。别人是生产不出来的。有案例为证：有一次，一位小学低段老师在教学生学写生字时，一个经常出差错的学生终于也会默写"农村"的"农"了，这位老师没有让同学们为他鼓掌，也没有让学生喊"棒棒棒！你真棒！"而是紧紧地握住这个学生的小手，深情地说："你好！你成功了！我也成功了！"

这位老师在课后反思中这样写道："手也是一种非常重要而又非常实用的课程资源。"我认为这个老师反思的一句话就是一个很好的"一句话案例"，就是一个非常好的"小不点案例"，尽管只有一句话，但它是发自老师内心深处的感触，这是从他心灵深处迸发的教育智慧之花。

我认为，"小不点案例"具备拓展的三大优点：

其一，"投资"小，见效快。写一个"小不点案例"少则几分钟，多则十分钟、二十分钟。不需要申报，不需要开题，不需要经费。灵感来了，用很短的时间就生产出一个产品，自然就产生一种成就感、自豪感，一个"小不点案例"就是一个小发明。这是不动笔的人一辈子也感受不到的。而读自己"小不点案例"的人，用的时间短，收效快，资源共享，两全其美。

其二，很实用，易操作。好的"小不点案例"有实用价值，教师人人喜欢，用在自己的实际工作中也便于操作，使自己少走弯路，符合"又好又快"科学发展观。看了就用，用了就好，好了再看，看了再用……进入了一个良性循环的状态之中。实际上，教师在使用这些"小不点案例"的过程中，往往又会触发灵感，举一反三，又产生了新的"小不点案例"。

其三，都能写，都会写。"小不点案例"教师人人都能写，写得多了，自然就会冲破"教科研是专家学者的事"的思想束缚；写得多了，思考得多了，自己就会把"教书匠"的帽子甩到太平洋里去，"我就是研究者，我就是专家、学者"的自信心便会水到渠成、油然而生。

伟大的教育家无一不是从研究具体的教育现象起步的，一定不可小觑一线教师点点滴滴的教育教学研究。千百万的教师进入这种研究，就可能成就千百万的教育家。时代正在呼唤着千百万的教育家！

九、从"大风吹不动小花"想到的

星期一，我们教研室的老师们听了一节语文课，授课的内容是小学二年级语文《雷雨》。听后，我感触很深，其中有这么一个环节给我留下了深刻的印象：

老师出示课件：天上布满了乌云，地上有大树，有房屋，有小花，突然，闪电雷鸣，大雨倾盆，大树被刮得一歪一歪的。

师：好大的雷啊，好大的雨啊，好大的风啊。风都把大树刮歪了。

【显然，老师是想通过精彩的画面和解说突出课文主题"雷雨"，给学生一个雷大，雨大，风大的印象。】突然一个学生说话了。

生：我质疑！雷大，雨大，风大，树都歪了，树下的小花为什么一动不动呢？

【老师看了一下课件，有点惶惶然。我们听课的老师让学生这么一问，为之一振，是啊，这是课堂生成的新问题，如果学生不质疑这个问题，老师可能就进行下一个教学环节了。我们和学生一样在等待老师回答这个问题】

师：是吗？你观察的真细致。

【又有学生说话了】

生：我认为也应该让风把小花吹歪了。

【学生指出了老师的失误。】

生：老师，难道大风吹不倒小花吗？

生：对，小花也应该是歪的。

【学生七嘴八舌地说小花应该是歪着的。老师有点出乎预料。】

师：同学们说得对，小花应该是歪的。是老师的失误，老师一时粗心，没让风

把小花吹歪。

【学生敢于质疑老师,这是学生积极参与学习的最好实例,我们就是要学生主动地做课堂的主人。】

课堂是学生探究知识,学习发展的平台,是师生之间交往、互动的舞台,是学生的天堂,是知识的海洋。

"大风吹不动小花?"学生的质疑耐人寻味,"学起于思,思源于疑"。质疑是创新的过程,也是创新的动力。学生的质疑给我们制作课件的老师提了个醒。我们应该牢牢记住:多媒体课件不是一种时髦。它不是教师语言演示的替代品,不是花里胡哨的动画片,是实实在在为课堂教学服务的工具,是教学的辅助手段,起补充、扩展、延伸的作用。

随着社会的发展和科学技术的进步,现代化教学手段日新月异,利用多媒体手段进行教学在各级学校得到了普遍运用。课件制作是进行多媒体教学中的重要环节,是教育现代化的时代发展需求。随着时代的进步,课堂教学也在发生着重大变革。老师之所以使用现代化教学手段,其目的就是要提高课堂教学效率。课件应该是用来突出一堂课的重点,突破一堂课的难点,对课堂教学起到化难为易、化繁为简、变苦学为乐学等作用,决不能为有课件而制作课件,决不能因为为了体现使用了多媒体教学手段而使用课件教学。众所周知,一部好的课件能够带来良好的教学效果,节约大量教学资源。既省时间又能取得良好的效果,学生感兴趣,学生乐学,好学。然而,"别把豆包不当干粮",老师的一点疏忽,躲不过几十双亮晶晶的眼睛。学生有学生的知识基础,学生有学生的思维方式,学生有学生的观察切入点,老师失误了,他们马上就知道。老师引导的是"风把树吹歪了",学生观察的是"小花为什么一动不动",可见制作课件的重要性,老师的思维是不能强加给学生的。

这个案例,提醒制作课件的老师,在课件制作的过程中,不仅要注重新颖与生动,更要严把它的科学性和图文表达的规范性。在提倡使用现代化教学手段的大环境下,尤其要注意这方面的问题。

愿"大风吹不动小花吗"稚嫩的质疑时时回荡在我们耳边!

十、陪试岗教师成长

曲沃县是首批进入国家级课程改革实验的 38 个实验区之一，实验伊始，恰逢小学学制要由五年制向六年制过渡，县政府为解决教师短缺问题，一次性招聘了三百多名教师，分三年转正，这批教师全部充实到小学一线，我们称之为"试岗教师"。

试岗教师们都怀着一个梦想，愿自己能在课堂教学探索的空间里成为一颗耀眼的星星。我也代表县教研室承诺：陪试岗教师一起成长。

对试岗教师，我们利用寒暑假，请教育部课题组成员从理论上进行培训，请教材编写人员从课标和教材方面进行辅导，请特级教师从教学方法方面进行示范，县教研室教研员蹲到各学校听课指导，这使试岗教师在理论和业务上从一开始就有了全新的武装。

一个星期二的上午，我们教研室一行人下乡听课，我们先听了试岗教师朱丽清的语文课，又听了试岗教师盖吉荣的数学课。

朱丽清讲的是《威尼斯的小艇》。朱老师这节课很精彩，在教学组织中，"动"与"静"交互使用，课堂即活跃又扎实。

一、"动"中之"大动"与"小动"：

1. "大动"：齐读、抢答、小组成员都参加板演、讲解等。

师：大家已经预习了课文，老师十分想听听同学们预习的好不好，我们齐读一下课文。

生：【拿出十二分的劲头读课文】

师：真好，再齐读一下 3、4 自然段吧。

生：【读 3、4 自然段】

点评："老师十分想听听同学们预习的好不好"，朱老师一开始就用赏识的"酵母"把学生的展示欲望调动起来了。我看出学生是拿出十二分的劲头读课文，以满足老师的期望。朱老师接着让学生读 3、4 自然段，这是课文的重点段，关键段。老师"导"得好，在有效的时间里要完成更多的任务，"导"起着举足轻重的作用。课堂的时间如战场的时间一样，每一分钟都是十分珍贵的。

师：【老师出示课件】老师出了几个题目，要求同学们上讲台板演并讲解。请各小组组长选择你们喜欢的题目并安排你组的同学上讲台板演和讲解，展示一下你们的才华。［各小组认领自己喜欢的题目，小组长安排轮流板演的同学。］

生：【几乎所有的同学都参与了板演展示】

点评：由于老师精心设计了问题，学生展示起来有的放矢。特别是小组长的安排，真是井井有条，某某同学主笔，某某同学协助，某某同学检查，某某同学完善。人人参与，个个活动。学生的讲解可谓精彩纷呈，不时引起一阵赞美的掌声。

2. "小动"：小动具体体现在：个别提问，"对学"交流。

生：老师，我认为课文写了威尼斯的小艇"飞一般的倒退"不可能，因为毕竟是倒退嘛。

师：你提的这个问题很好，谁来解释一下？

生：【纷纷议论，其中一位站起来说】这就是技术娴熟的表现。

点评：学生提出的这个问题确实好，好就好在没有亲身经历，但能想象出小艇倒退的样子，并提出自己的看法。可见学生是认真品读了课文。老师用赏识的目光期盼着，巧妙地把问题抛给了学生，因为学生是课堂的主人，"主人"解读，顺理成章，并且是解读得很到位。

二、"静"中之"声静"。

"声静"：默读、自我书写。

师：同学们，现在通过默读体会威尼斯的场景，一边默读一边思考，作者为什么这样描写威尼斯的场景？

生：学生静静地默读。

师：请发挥你的想象力，模仿课文描写一段场景。

生：学生提起了笔，很快投入了写作。

点评：刚才还是电闪雷鸣，立刻变成了万籁俱寂。学生进入了丰富的形象思维境界。真是"声静心不静"，此处无声胜有声。

总评：课堂的内涵是丰富多彩的，朱老师不断地用"赏识"这个旗帜开路，可谓：一路通，路路通。"动"是一种形式，"静"也是一种形式，动静有机结合，赏识前行，相得益彰，使高效课堂更加高效。

我把这次听课感想与特级教师、优秀教研员张承继进行了交流，并写成短评，发表在《曲沃教研》上，供全县教师学习借鉴。

朱老师看了我的点评，写了如下感悟寄给了我：

张老师：

您好！

读了您的点评，我很激动，但又深感不安。我的课真的没有您说的那样好。我知道，这是您在鼓励我达到这样的水平，我一定会努力的。

下面是我对《威尼斯的小艇》教学的反思。请您指正。

《威尼斯的小艇》一课讲完后，我很长时间都沉浸在课堂上学生的精彩表现中，同时我也对课堂中存在的问题进行了仔细梳理。

1. 在展示交流每个问题时，小组成员全员参与，对问题的讲解不仅说出自己组的观点、理解，而且能让其他组也发表自己的看法，使得观点更完善。课堂上学生真正行动起来了，气氛很活跃。但是我没想到的是：同学们在讲"威尼斯的小艇有什么特点？"这一问题时，学生的讲解出乎我的预料。我预设的答案只在课文第二段，只要学生讲出小艇长、窄、深、两头向上翘、行动轻快灵活就可以了，而学生你一句我一句，竟然在全文中寻找特点。既浪费了时间又抓不住重点。这说明我在设计问题时考虑不周到，提出问题时语言不严谨。如果我先让学生读第二段，再提出问题，那既节约时间又能抓住重点，该多好啊！

2. 在让各小组认领题目时，由于对认领顺序缺乏引导，结果把难题留给了人数最少的一组，想调整但几次都没成功，显得不够尊重学生，有挫伤学生积极性之嫌。这说明备课还是不够充分。

3. 在学生回答问题时注重了全员参与，忽视了相同的理解可以不重复这个问题，造成了时间的浪费。影响了教学进度。

4. 语文课重在读书，本节课做得不够。

5. 课堂教学改革要像绣花一样精心，仔细琢磨如何真正让所有的同学都脑动、手动、口动。这方面还应再加强。

朱丽清

盖吉荣讲的是《圆的面积》。听课后感触颇深，和特级教师、优秀教研员张承继交换意见，都有同感，我两商量以鼓励为主后，把感受总结了三点：

1. 框架布局合理，预习递进有序。

盖老师设计的"新知我先学"可谓别具一格，循序渐进，符合学生的思维规律。第一步：独学我能行。"好的开头是成功的一半"，这里盖老师精心安排了适合各个层面学生学习的内容，一下就把学生的心抓住了。第二步：动手我最棒。学生的特点是好动，老师就是让学生在动手实践的过程中加深印象。第三步：规律我发现。老师不包办代替，放手让学生发现，让学生体验成功的快乐。第四步：知识我总结。学生的智慧是无穷无尽的，老师充分发挥小组交流的优势，把更多的机会给了学生。第五步：新知我会用。学贵在用，在当堂检测的时候，让学生及时运用已知内容，延伸到各个层面，第六步：学完我评价。学生的进步希望得到老师的赞赏，然而，老师在这里让学生评价学生，学生欣赏学生，让学生鼓励学生。

2. 点拨及时到位，参与科学有序。

课堂是体现教师教学的平台，盖老师的特点是"不到上坡不推车，不见大鱼不撒网"，总是到关键的时候老师才出手点拨。学生在老师的主导下，参与井井有条，表达头头是道，争先恐后而不一哄而上，文明谦让而不消极怠学。

3. 重点难点分明，文本渗透有序。

盖老师这节课讲的是《圆的面积》，课型是"自学跟踪＋合作展示"，盖老师把重点、难点以"新知我先学"的形式抛给了学生，然后环环紧扣，层层剥皮，步步引深，形成了盖老师的"重点充分交流，难点巧妙点拨"的课堂教学特色。

我把我的评课总结放在了网上，并以电子邮件形式发给盖老师一封。盖老师及时回复我如下：

张老师：

您好！

非常感谢您能从百忙中抽出时间听我的课，评我的课，当我怀着一颗激动的心读完您的评价，在感叹您文采斐然的同时，禁不住又一次肃然起敬，在此，请允许我从心底里说声"张老师，太感谢您了！"

您对我的课评价太高了，让我觉得有点飘飘然，其实，我还没有达到您说的高度，离您的期望还有很大的差距，不过，我会向您指出方向去努力，去探索，去奋斗。

每节课讲下来，我都会有很多收获，自我感觉是前进了一步。当然，自己也能发现许多问题，很多今后需要改正或改进的地方。就像您所说，"只要讲课，主动反思，每讲一节课都会有很大的提高。"特别是您的画龙点睛的点拨，使我恍然大悟，茅塞顿开，的确如此。我深深地品味到"点拨"的重要性。

我还有一个最大的体会：及时的反思是进步的捷径。每次讲完课我都认真地反思，认真地听各位听课老师的评课，从中找出问题和差距，虽然苦点，累点，但我觉得值，快乐、幸福的砝码大于苦和累。

我没有语文老师的优美语句和华丽的词藻，说的都是老实话、心里话。再次向您说声"谢谢！"。

盖吉荣

"桐花万里丹山路，雏凤清于老凤声。"青年教师是祖国教育的未来，是教育创新的生力军。发现他们的创造，肯定他们的创新，鼓励他们的探索，是每一个教育管理者的基本职责。

社会反响

一、权威评价

1. 把素质教育内化的教学方式和教育理念
——读《张桂蕊与语文拓展式教学》有感
全国教育学会会长　顾明远

《张桂蕊与语文拓展式教学》是由一线基层教育工作者经过 35 年的不懈探索和实践，总结出来的教育教学读物。这一读物的出版发行，使语文学术界的百花园里又绽放出一朵奇葩。

本书从作者出生起笔，写到良好的家庭教育和优秀的师长影响，在长期的熏陶中，张桂蕊从小就树立了当一名优秀教师的梦想。为了这一梦想，作者坚忍不拔，直与天地争春回，她用不争的事实告诉人们：坚定不移的自信，是达到成功所必需的和最主要的因素。"教田里的思考者"，用一个个小故事生动地记叙了作者业务成长的一步步历程和拓展教学由感性到理性的一次次蜕变。书中用大篇幅阐释了作者的教育理想、教育追求、教育创新、教育教学行为，为教师们提供了很好的借鉴。张桂蕊老师不仅为语文教育教学做出了巨大贡献，更为治学和做事业的年轻同志树立了典范。

语文拓展式教学，是一种真正把素质教育内化的教学方式和理念。

判断一种教学模式和方法，不能仅仅听其声明，而要辨其实质。

语文拓展式教学，是用"拓展"的理念和方式来改进语文教学工作，确定新的教育措施，帮助教师和学生增强知识获得的自觉性，培养发散式思维。其精髓在于突出教师和学生的主动精神。

具体到每一名学生而言，通过拓展，学生能够发现自我发展的特殊领域，更全面地认识自己，积极地自我调节和改进。如果每个学生都能得到最适宜的充分发展，素质教育的目标自然也就能够更为圆满地实现。

对于教师而言，则通过拓展来对学生进行"诊断"。语文拓展式教学，看似发散，实则系统。通过对外界信息的搜集、辨别和一系列的直接感官刺激，教师能够更为准确、全面地确定受教育者的实际发展情况，从而做出精细分析，并使教师依据这些分析"对没有命中的目标再射一箭"，有效地防止学生发展过程中的缺陷积累。

此外，拓展式语文教学还有一个好处——可以促进课程、教材、办学条件和学校管理等各种教育因素的改进。

需要注意的是，教育是一种使受教育者超越自我的过程，每一个教育目标、教育方案都应促进学生的某些变化，语文拓展式教学的最终目的还在于促进学生的个性全面发展。如此一来，要想实现语文拓展式教学的合理有效，教师则至少要达到如下两个层次的要求：

第一，对拓展过程中的有关事实把握必须全面、真实、准确，合乎实际。教师要能够引导学生，对拓展中获得的不尽一致甚至相互矛盾的信息，能够通过深入的调查研究得到客观和合乎逻辑与实际的解释。

第二，合理的拓展应该是有效的——在开展语文拓展式教学的过程中，教师的引导应从贴近学生的心理特点出发，使其乐于接受。

语文拓展式教学是一种宝贵的实践。它以培养人的基本素质为出发点，着眼整体、强调实践、承认差异。它的产生基于两个教育理念：一是用发展的眼光看学生；二是要让教育走出课堂，更加开放。

人的先天禀赋不同，周围环境和受教育程度不同，其特点、水平和潜能将存在差异。语文拓展式教学虽然强调尊重学生的个体差异，却并不主张孤立发展学生某个单项素质。它是从整体视角考查，在综合运用各种手段和方法的同时因材施教，使每个学生在基本素质全面发展的同时，发展自己的个性。

"拓展"可以被称作"加油站"，目的是促进学生在原有水平上不断发展。其前提是，教师在开展教学之前，要发现和发展学生多方面的潜能，要了解学生发展中的需求，倡导肯定性评价，帮助学生认识自我，建立自信。

人的素质除具有相对的稳定性，还具有发展变化的性质。素质形成的过程，已经构成了一个实践活动。采用语文拓展式教学，有利于调动学生发挥主动性创造性，不断丰富其素质内涵，逐步提高其素质水平。

最重要的是，在注重挖掘学生潜能的同时，通过开展各种实践活动，语文拓展式教学还得以使学生的人文思想得到不断加强，学生有更多机会去领略人文精神。

比如责任意识、和谐意识、协同精神等。

　　这种教学方式不拘一格，灵活多变，甚至可以将自然环境运用到语文教学过程中，直接影响学生生理和心理活动的状态。在合适的时机，无论是一面墙壁、一处景点，或是一株树木、一片绿地，都能和谐一致，共同发挥多方面的教育作用。

　　以上，正是读过这本书的收益所在。

2009 年 6 月 14 日

2. 独到的语文教育理念和语文教学实践
——评《张桂蕊与语文拓展式教学》

中央教育科学研究所副所长　田慧生

　　在近年来有关报刊的宣传报道中，我逐渐知道了张桂蕊老师，并被她执著追求、大胆创新的先进事迹所吸引。张桂蕊是一位从实践中成长起来的优秀语文教师。她从小学民办教师起步，凭着顽强的好学精神，刻苦钻研理论，大胆改革实践，一步步进入了优秀教师的行列。她不仅用自己的行动为低学历、低起点的人树立了榜样，而且为中国语文教育探索并创立了新的教学模式——语文拓展式教学。

　　语文拓展式教学是张桂蕊 35 年来，本着"在实践中探索，在探索中实践"的原则，开展的一项教学改革实验。这项研究在教学理念的丰富及完善，教学模式的创设和构建，教学方法、教学手段的提高和改进诸方面，取得了较为显著的成效。这本书全面概括总结了这项研究成果，相信它的面世会给我们带来诸多的启示。

　　本书还翔实记载了张桂蕊成长的足迹，"碎了一地的梦"和"直与天地争春回"感人至深，"山大压不住泉水"反映了张桂蕊坚韧刚毅、不向命运低头的精神。正是有这种精神，才使她在 35 年的工作中自强不息，百折不回，终有所成。

　　书中全方位阐释了张桂蕊独到的语文教育理念和语文教育实践。其中"教育的精髓在于发展，其终极目的是要实现学生的自我发展。学生从接受教育之初，便开始了传承过去，发展现在，创造未来""教师的能耐在于让学生从老师的精神家园中寻找到优良的种子和足够的养料，去开垦出自己的精神家园，而不是在老师的精神家园中迷失自我""教师要成为学生人生之舟的导航，而不要成为学生人生之舟的舵手""每一个学生都可以获得成功。每一个学生都可以是一幅生动的画卷""以课堂教学为轴心，向学生生活的各个领域开拓、延伸""将鲜活的生活引进课堂，将有限的课堂延伸到生活中""课堂知识拓展目的是让学生的语文思维活起来，真正把语文课构建成为联结课文和生活的桥梁，实现课内和课外的沟通"等教育主张让人耳目一新，反映了作者对教育特别是语文教育深刻的理解和把握。

语文拓展式教学，是一种真正把素质教育内化的教学方式和理念。拓展之本意，在于培养学生的创新精神和实践能力，而这恰恰也正是素质教育的重点。明确这一点，对于理解语文拓展式教学至关重要。

"拓展"强调促进学生的个性发展，关注其终身发展，从这点来讲，其与"大教育"的观念有着共同之处。具体来讲，将"拓展"引入语文教学，能够为学生酿造如下氛围：

第一，拓展为学生的创新思维提供了丰富的问题情境。学生现有知识和能力不足以应付实践过程中的新问题的情境，人的思维正是在问题情境中得到激发的。

第二，拓展为学生的心智操作提供了交流机会。人的思维对获得的种种信息进行分析、综合、比较、分类、抽象、概括、具体化等，这些"心智操作"能力要在交流过程中得到训练，交流需要表达，表达促进思维。

第三，拓展的多样化和丰富性，能有效地调节大脑功能，充分挖掘大脑潜力。此外，拓展还能够激发学生的好奇心、求知欲和热爱科学的热情，磨炼学生坚忍不拔的意志，这些都是创新精神的重要组成部分。

可以想象的是，语文拓展式教学如果与不同地区、不同学校，乃至不同学科的具体实际相结合，以及通过不同教师的实际运用，都会表现出多种多样的教育形态。而通过"拓展"的种种实践，我们至少可以获得以下两点启示：

首先，"拓展"强调通过主动性的教育和学习，在重视学生先天素质的基础上进行后天培养。其中包括对学生生理与心理、智力与非智力、认知与人格等因素全面和谐的引导，强调学生积极性、主动性、创造性的发挥。

其次，多样性总是优于单一性，可以尽量避免单一和僵化。每个人的认识能力总是有局限性的，对一种事物的认识可以从不同的角度得出不同的结果，并促使人

类认识的不断深化和不断完善。只有在倡导多样性、比较性的气氛中，创造潜力才能充分发挥出来，从而达到认识的不断深化。

需要指出的是，语文拓展式教学中所说的"拓展"，首先是一种保护，其次才是引导。它的前提是主张"要像呵护荷叶上滚动的露珠一样"，保护好学生的包括好奇心在内的各种天性，其次才是积极地加以引导。

语文拓展式教学是来自基层教改的一项优秀成果，是在语文课堂中落实素质教育的一次成功实践。相信随着本书的出版，这项优秀成果可以在更大范围形成影响，可以让更多的孩子从中受益。

3. 创新性人才成长培养中的教学创新

——对《张桂蕊与语文拓展式教学》的评论

上海市教育评估院副院长、研究员、博士　李亚东

建设创新型国家关键在人才，人才培养的重任在教育，创设一个有利于创新性人才成长培养模式和教学方式，是中小学教育教学改革的核心，也是教育工作者的历史使命。当然，探索者需要有胆识和毅力，开拓者更需要有远见和热情。本书作者以讲故事的方式，娓娓道出了语文拓展式教学思想的形成过程，展示了多种多样拓展式教学方法及其内涵实质。这是作者30多年不懈追求的结果，也是对语文教学改革的一大贡献。

课堂不是机械传递知识的简单工具，对于语文课堂而言尤其如此。语文拓展式教学摒弃了一些旧有教育模式的"标准化"的框框，它可以把语文课堂搬到田野里，搬到老红军的家里……激发学生兴趣，活跃学生的思维，对于学生的启迪意义是深远的。

书中提到的拓展方式多种多样，包括课堂向课后拓展、课前延伸拓展、由教师引导下的被动拓展发展为学生主动拓展，以及比较式、鉴赏式、主题式、体验式、思辨式、续补式、发散式、信件式、素描式拓展等。在发挥语文熏陶感染作用的同时，尊重学生在学习过程中的独特体验。这种语文教学方式，在于保护学生的积极求异性，使其多角度、多起点、多层次、多原则、多结果思考问题；培养学生敏锐的洞察力，使其不断地将观察到的事物与已有知识相联系、相比较，获得新发现；

珍惜学生丰富的想象力，让语文焕发出生命活力，把课堂教学真正变成了一个师生互动、生生互动、共同发展的过程。

语文拓展式教学是一种促进学生学习过程中变化和发展、培养学生语文情感与态度的教学，它强调的是课堂教学中的情意过程、学生在语文学习中的多样化认知过程，更有教师的因材施教过程。从教师单方面的一维，变成师生之间的二维，再到学生、老师、学生之间的三维。这种教学模式的目的，不仅仅是为了考查学生达到学习目标的程度，更为了检验和改进学生的语文学习和教师的教学，改善课程设计，完善教学过程。

4. 具有独到见解和敢于追求创新的教育管理者
——我认识的张桂蕊
宁夏回族自治区教育厅 马彦平

和宁夏回族自治区灵武市马彦平局长，内蒙古自治区乌海市海勃湾区李玉平主任在一起

我从事教育工作近 30 年，但对教育进行深度思考，教育观念发生转变，理念快速提升是近十年的事，这其中有一个主要原因是得益于近十年来我国的新一轮基础教育课程改革，在这一广阔的平台上我有幸结识了国内一批在教育领域极具影响力的专家学者，他们其中有不少人堪称新时期共和国的人民教育家。他们站在追求实现每一个孩子的全面发展，追求实现中华民族伟大复兴的战略高度，思考和实践着什么是教育？教育的本质是什么？教育的目的是什么？21 世纪的中国需要什么样的教育？教育要培养什么样的人？怎样培养人？等一系列重大问题。是他们的教育行动与思考深深地震撼着我的心灵。山西省曲沃县教育局的张桂蕊副局长就是其中的一位。

2001 年，国家启动了新一轮基础教育课程改革，宁夏灵武市、山西曲沃县均被列入首批国

家级课程改革实验区。在教育部召开的基础教育课程改革启动会议期间，我认识了山西省曲沃县教育局的张桂蕊副局长。虽然是第一次见面，但我们好像就有许许多多说不完的话，我们除了相互介绍各自的基本情况外，更多的是讨论了为什么要进行课程改革？课程改革要解决什么问题？我和张桂蕊局长虽然相隔千里，但是我们的交流却十分频繁，她来灵武市，我去曲沃县。每逢会议我们都相约参加，并抓紧一切可以利用的时间进行交流讨论，我们和长沙市开福区的李志宏主任往往都会有彻夜不眠的交流。2003年，灵武市和曲沃县又被定为国家中考改革的首批四个实验区，这样一来，我们学习、讨论共同话题的时间更多了，这期间，我对她的了解又深了一步。2004年首届课改初中学生毕业，在我和张桂蕊的倡导下，深圳南山区、长沙开福区、山西曲沃县、内蒙古海勃湾区和宁夏灵武市先后在灵武和太原召开研讨会，共同讨论中考改革事宜，后来在教育部有关领导、专家和山西省教科院贺斌院长的指导下，五家实验区进行了联合命题，受到了教育部的高度评价，张桂蕊发挥了举足轻重的作用。

本次课程改革与其说是教育领域的一场改革，倒不如说是一场史无前例的变革，随着课程改革的不断深入，教师的教学方式发生了、发生着转变，评价考试方式发生了、发生着转变，管理方式发生了、发生着转变，学生的学习方式发生了、发生着转变，从而推动着师生文化、课堂文化、学校文化、教育文化乃至整个社会文化发生了、发生着深刻的变革。专家型的教育局副局长张桂蕊就是这场深刻变革的参与者、实践者、组织者和有力推动者。

张桂蕊身上有着极强的文化感染力。她出身名门、教育世家。祖籍安徽亳州，先祖为汉相张良。唐贞观二十三年，先辈因适官迁居山西曲沃。之后，历代繁衍生息在这块肥沃的土地上，适官不断，从教不断。曾祖父、祖父、伯父、父亲均为当地名师，家院门匾题为"进士第"。

她的母亲屈淑芝，虽然没有高深的文化，但勤劳善良，聪颖灵秀，教子（女）有方，中华民族女性所有的传统美德都在她母亲身上体现得淋漓尽致。父亲张宗仁，自幼生活在以农为主、教医合一、书香气息浓厚的旧传统门第中，遍读古籍，有着非常扎实的古典文学功底，且受过正规的师范教育，任过教，从过政，而且因工作颇有开拓，成绩显赫，1952年到北京出席全国会议，两进中南海怀仁堂。

据张桂蕊讲，从很小的时候起，父亲就有意培养他们弟兄姊妹的语文能力。每

父母 80 岁时的合影

次出差回来，他不买好吃的，总是买一些适合他们看的连环画、故事书等，像《孔融让梨》《司马光砸缸救人》《皮球哪里去了》《天方夜谭》《十万个为什么》《东周列国志》《三国演义》。这些书，父亲买回来后，他们弟兄姊妹是抢着看，轮流看，反复看，看完后又讲给周围小朋友听。他父亲很喜欢带他们看电影，在当时的条件下，父亲把看电影作为他们长见识的方式。像《在西双版纳的密林中》《白毛女》《林海雪原》《瓦特与蒸汽机》《气候是怎样形成》等电影，他们当时都看过，有的还看过多遍。看完电影，父亲总要让他们以最简练的语言概括电影内容。讲的时候，父亲还要求他们注意语言表达，说话要完整，尽量减少语病。由于从小受到家庭良好的教育，4 岁的张桂蕊就拿着粉笔把墙、地、门做黑板，学着父亲的样子，教那些比她大的小伙伴们识字、写字。父亲还经常邀他们参与家庭大事讨论，鼓励他们建言献策、各抒己见。他们弟兄姊妹从小慢慢学会了遇事三思、辩证思考问题的方法。这些，都为她后来搞教学研究、处理工作奠定了坚实的基础（据我所知张桂蕊的哥哥张志伟是一位优秀的企业管理者，弟弟张志感也是山西省临汾市的一名优秀的教育管理者，他们被当地众多人士称为"张氏三兄妹"）。这是多么了不起的家庭文化啊，这种家庭文化无疑每时每刻都滋润着他们弟兄姊妹幼小的心灵，文化的穿透力和感染力可以跨越时间、跨越空间，通过张桂蕊去感染同事、感染学生、感染整个社会和她所处的这个时代。

　　张桂蕊有着坚韧的毅力。张桂蕊5岁上小学，9岁那年，以全县第一的成绩考入高小（当时小学分初级部和高级部，初级部是一至四年级，高级部是五、六年级）。正当她沉浸在学习的快乐之中时，"十年浩劫"开始了，再加上母亲久病不愈，家庭生活困难，家务劳动没人承担，弟弟无人照顾，12岁的张桂蕊被迫辍学，离开了敬爱的老师、亲爱的同学，离开了她实现人生理想的殿堂——课堂，她泪眼模糊，看得到的只是碎了一地的梦。张桂蕊说："我人离开了学校，心却还在教室里。看见哥哥弟弟们，还有同龄人都背着书包，高高兴兴地上学，羡慕死了。我也想背起书包上学！我也渴望读书！看见哥哥弟弟们写作业，我就想摸笔写字；他们发新书了，我赶忙小心翼翼地帮他们给新书包上书皮。我拿着包好书皮的新课本，一遍一遍地抚摸着，情不自禁地把书紧紧地搂在胸前。书本，实在是太吸引我了！学校，也实在令我眷恋！"是啊，经过严寒的人，最知道春的温暖；失去机会的人，最知道机会的宝贵。

　　张桂蕊辍学在家的几年里，每天要干的活就是做饭、喂猪、照顾弟弟、煎药、消毒碗筷和晒被子，要到医院给母亲送饭。精心照料着母亲，并在母亲的指导下学做针线活，拆洗被褥，缝补衣服，拾掇鞋底，学习裁剪，偶尔也代表家长，参加生产队的一些会议和活动。在那个众所周知的年代，张桂蕊不仅仅承担了繁重的家务劳动，而且还承受了尊严和心灵上的摧残，她被红卫兵划定为"地、富、反、坏、右"的"狗崽子"。在她姥姥去世的那天，红卫兵给她家大门贴了封条，把她送到了一间没有窗户的黑屋子里，和她们队当时所定的"地、富、反、坏、右"等"黑五类"分子关在一起。

　　也许是上苍可怜她的母亲，也许是她的行为感动了上苍，母亲的身体竟然奇迹般地好起来了，17岁的她此时才得以走出家门，和同龄人一起到农田参加生产劳动。她干遍了农村里所有的农活，在修配厂干活期间，她尝试过各种岗位：在加工车间轧过面条，打过棉籽油、豆油，在铸工车间翻过砂，做过模型，抬着300多斤重、刚出炉的火红的钢水，浇铸机盘、锅篦、轴承和精密齿轮，在机工车间加工过零件，在机电车间装过电动机、修过鼓风机。1970年，国家规定可推荐优秀工农兵上大学，但她仍被各种不是理由的理由拒之门外。上大学的希望彻底破灭了。

　　她陷入绝望之中，躺在床上，两天两夜滴水未进，一语未讲。父亲在她床头放了个纸条，她打开一看，上面写着："世上没有绝望的处境，只有对处境绝望的人！

挫折能毁灭人生也能成就人生！成功就是从挫折中奋起！"哥哥在她床头放了一本书，并有意翻开扉页，大大的几行字映入她的眼帘："勇敢直面人生的一切磨难，果敢地扼住命运的咽喉，把今天的挫折变成明天人生的财富！"利斯·布朗曾说："生活有时会把你击倒在地，但是你必须拥有信仰，以便经受打击，以便使自己知道未来不会和过去一样。还有更伟大的事在等待你。而你必须用信仰战胜挑战性的时刻。即使你被打倒了，你也要用背着地，因为你能向上看，你就能站起来！"

苦难，是生活的教科书。它可以摧毁一个人的身体，但也可以砥砺一个人的精神。如果说这几年她停学在家，没有学到系统的文化知识。但这些经历，在她以后的成长中，起到了至关重要的作用，因为她从生活中学到了许多书本上没有的知识：坚强、忍耐、自信、奋进不屈。

她从身边学起，她从实践中学起。她在学习中等待，在等待中学习。终于等到了有一天——县办师范招生。从此，张桂蕊的历史翻开了新的一页。

张桂蕊具有强烈的责任心和使命感，她懂得什么是教育，教育的目的是什么，教育应该培养什么样的人，怎样培养人？

自当老师的第一天起，张桂蕊就视教育为生命，视学校为家庭，视学生为弟妹，用自己宽广的胸怀、一身的正气，拒绝平庸，追求卓越，凭借三尺讲台、一方空间，修炼高尚人格，开发生命智慧。她深深爱着孩子，有跟孩子们在一起的内在需要，有深入到儿童精神世界中并了解和把握每个学生的个性和特色的能力。是的，张桂蕊懂得，教师全部教育技巧的核心就是爱学生，这是一切教育的出发点和归宿：教师要把手心里的每一个孩子细细端详，精心雕琢，尽心培养。

在她当老师的 13 年里，她经常把课堂搬到了校外，启发学生发现问题，自己动手解决问题；她把课堂搬进了田野，带孩子们一同欣赏春天里小草偷偷钻出田野时的嫩绿，土块下、石头旁小草伸长脖子使劲生长的样子，杏花、桃花、梨花竞相开放的景色，寻找花丛中的蜜蜂和蝴蝶，秋天来了，她带着学生们捡落叶做标本。冬天，站在漫天飞雪的旷野上，她给同学们朗诵《沁园春·雪》，讲解雨、雪的形成，让同学们用小手接住飘落的雪花，观察雪花各式各样的形状，欣赏雪花装点的壮美景色，感受诗人的博大情怀；她把课堂搬进了老红军的家，让红军老爷爷给同学们讲战争故事，让同学们亲手抚摸他在战争中留下的伤疤和残缺的肢体，体会和平幸福生活的来之不易；她把课堂搬进游戏里、故事中；她把课堂搬进活动里、劳

坐在草地上读书

动中。

　　为了激发学生自觉走进广阔的语文世界，她大胆采用比较式拓展、鉴赏式拓展、主题式拓展、体验式拓展、思辨式拓展、续补式拓展、发散式拓展、信件式拓展、素描式拓展等拓展式语文教学法。那是因为她深知，缺乏尊重和智慧的爱是苍白的。作为一名教师，当你用学生的眼睛、学生的情感、学生的心理，构筑自己的内心世界时，你才能真正走进学生的内心，认识学生，捕捉到藏在学生心底，影响其整个人生的梦想和追求！

　　学生的世界里没有虚伪，你付出了真诚，便能收获更多真诚的回报。

　　张桂蕊由一个乡村民办教师成长为一位教学能手、一位名师、一位全国优秀教师、一位特级教师、一位新时期的教育家，她特别懂得尊重和被尊重对每一个人乃至整个社会是多么的重要，恰恰是生活教育了她，她在生活中寻找自我，她在努力地去尊重他人、尊重社会，以赢得这个社会和他人的尊重。

　　国家课程教学实验进行以来，张桂蕊经常和我讨论这样一个问题：中华民族历史悠久，中华文化博大精深，怎么就缺乏了创新精神和实践能力呢？在我和她的多次讨论沟通后达成了一个共识，我们认为：一方面，中华民族优秀的文化在传承过程中发生了断裂；另一方面，中华文化的传承不能与时俱进，尤其是教育文化，严重地落后于人类社会的发展。我们的青少年儿童长期处在被动的学习状态之中，学生学习的主动权一代又一代地被剥夺了，孩子们与生俱来的探究品质、兴趣等，均在这样一个教育文化背景下逐渐消失了，教育的价值取向被扭曲了。一句话，我们根本没有弄清楚什么是教育。

什么是教育？早在 100 多年前，美国教育家杜威的回答是：教育即生活；教育即生长；教育即经验的持续不断的改造。这是杜威不同于其他教育家的一种崭新的教育观。教育即生活，关注什么的生活才是美好的，才是值得向往的？教育怎样为创造美好生活尽力？教育怎样对待社会生活中的不足与弊端？教育本身怎样才能成为美好生活的典范？杜威认为教育是生活的过程，学校生活是社会生活的一种形式。首先，学校生活应与儿童自己的生活相契合，满足儿童的需要和兴趣，使校园成为儿童的乐园而不是囚笼和监牢，使儿童在现实的学校生活中得到乐趣；其次，学校生活应与学校以外的社会生活相契合，适应现代社会变化的趋势并成为推动社会发展的重要力量，校园不应是世外桃源而应积极参与社会生活，使学校生活成为儿童生活和社会生活的契合点。教育即生长，是针对教育时弊而提出的，当时美国的教育无视儿童的天性，消极地对待儿童，不考虑儿童的需要和兴趣，以外在的动机强迫儿童记诵文字符号，以成人的标准去要求儿童，让现实的儿童为遥不可测的未来做准备，全然不顾儿童的自身感受和期待。教育即经验的持续不断的改造，是在说经验不只是知识的积累，而是构成人的身心的各种因素的全面改变、全面发展、全面生长。学生从经验中学、从做中学就不仅仅是学知识，经验成为儿童各方面发展和生长的载体，在经验过程中，儿童不仅获得知识，而且形成能力，养成品德。

张桂蕊具有自己的教育思想，有对教育的独立见解，有对教育理想的不懈追求。她的教育思想是深刻的、系统的、自觉的、富有创见的，她的教育信念是坚定的。

张桂蕊不仅有思想，更有实践，她是有思想的实践家。在实践中她不断深化教育思想，不断丰富教育智慧，不断提高教育艺术；她善于把知识的传授与人的发展结合起来，善于把个人的发展与集体的发展结合起来，善于把学生的发展与教师的发展结合起来。把抽象的理论、先进的理念融入每一个具体的教育细节。

张桂蕊的思想是不断创新、与时俱进的。她善于发现新情况、新问题、新趋势，善于捕捉新机遇，采取新措施，建立新机制。特别是她敢于超越自己，不断更新教育思想，不断确立发展的新目标。

张桂蕊具有伟大的人格。她对教育的挚爱是无私的，是深厚的；她的教育思想是现实的，是充满智慧的；她的教育信仰是坚定的、有力的；她对教育的追求是执著的、有成果的。她不是在孤军奋战，不是一个人单打独斗，而是一个先行者、示范者、发动者，一个领跑人，是带领群体前进的领袖，是引导群体发展的协调人。

张桂蕊不仅仅是一名优秀教师，她爱学生，有良好师德，是优秀的教学方面的专家，对教学内容领悟得很深刻，对学生有充分了解，并能够把两者很好结合。重要的是她关心的是教什么，为什么教，她所影响的是一个时代的人。她经常在思考社会发展走向，把握学科发展的走向，把握学术发展的前沿，了解人的发展需求、社会发展的需要。

这，就是我认识的张桂蕊。

5. 大语文观的成功实践
——对《张桂蕊与语文拓展式教学》的评价
山西省人大常委会副主任　安焕晓

这本书像基础教育课程改革百花园中的一朵奇葩，令人赏心悦目。以语文拓展式教学为主题的自成一体的专著，以及一篇篇耐人寻味的教育教学思考、一个个鲜活生动的教育教学故事，无不凝聚着作者对学生的挚爱、对事业的忠诚和对理想的追求。循着一名普通教师到县教研员，再到教育局副局长的足迹，我们会欣喜地看到作者从教田里的思考者到教科研专业工作者，再到教育教学改革的领跑者的精彩历程，我们会高兴地看到山西省又一位教育家成长起来。

作者积极探索和推动新课程改革，勇于突破传统课程模式的束缚，在国家课程、地方课程、校本课程三位一体的课程体系实施中做了许多有益的探索；作者注重学科间知识的整合与开发，围绕知识与能力、过程与方法、情感态度价值观三维目标，突出立德树人的教育功能，突出学生实践能力与创新意识的培养。课堂是教育教学改革的主战场，作者致力于课堂教学模式的改革与创新，紧紧抓住学生学习方式转

和安焕晓主任在一起

变这一核心，追求由传统的被动学习方式向主动学习方式转变；追求学习过程中使学生由过去的对老师的心智依赖向心智独立转变；在教学环节或学习程序上追求由过去的先教后学向先学后教、学导同步转变；在学习导入上，注重学生课前质疑，追求由"无门槛"进课堂向"有门槛"进课堂转变；在学生学习的具体方法上，追求由过去的课堂上单一的听中学、练中学向说中学、写中学、做中学、生活中学等多样化学习方式转变。一句话，作者孜孜以求地探寻由低效学习向高效学习、由低效课堂向高效课堂、由过分强调知识传授向全面育人转变。作者这样的追求处处闪现先进教育思想理论指导的力量，因此，她把以学生为主体的教学观念，探究、发现、合作式的学习方式融汇于课堂之中，将语文的工具性、人文性、教育性、综合性、实践性贯通于教学过程，成为"得法于课内，得益于课外"大语文观的成功实践。

这本书，以作者讲故事的方式，娓娓道出了语文拓展式教学方法、教学思想的诞生过程和实质内涵。语文拓展式教学，既体现出了语文学科的特点，更重点突出了教学的"情意过程"。它的最大特点在于能够紧抓学生心理，从教学气氛、学习兴趣、自信心、情感态度等方面，营造出活跃丰富的语文学习氛围。

语文拓展式教学，以引导、启发、质疑、点拨为主要方法，拓展学习时空，开拓学习思路，扩大学习视野，通过联想、比较、分析、归纳，提升思维能力，激发

学习兴趣。学生在学习过程中，通过认识了解社会发展、历史文化、人物事件等，丰富学生的文化积累，养成良好的语文学习习惯，增强语文应用能力、语文素养和审美能力，锻炼发展学生口语交际和读写能力、创新思维和创新精神，培养学生学会学习及独立自主解决问题；陶冶情操，培养学生爱家乡、爱祖国、爱人民的情感态度价值观，及热爱生活、关爱弱者的良好品质。

实施语文拓展式教学，教师应当时时把握和思考如下问题：是否营造了一个平等、民主、和谐的师生关系、生生关系；教师是否鼓励学生发现问题、提出问题，学生是否敢于质疑、大胆尝试、乐于交流与合作；教师能否充分地调动学生的学习积极性，使全体学生都能够主动、有效地投入到语文活动之中；学生是否对语文有好奇心与求知欲；教师能否让学生在语文学习中获得成功的体验，学生能否在学习过程中建立自信心、获得情感体验等，这些都是实施语文拓展式教学前提或基本要求。语文拓展式教学不仅仅是知识的拓展、时空的拓展、方法的拓展，也不只是有目的链接相关知识，联系历史今天未来，追求灵活多样的教学方法，调动学习主动性积极性，更重要的是情感拓展、思想拓展、思路拓展。情感的拓展，以师生情感世界的融通感染学生内心世界；思想的拓展，把课文思想性延伸到社会生活，学习做人做事；思路的拓展，学习掌握科学的思维方法，发展学生思维和创新精神。这种拓展，源于教师的自信和对学生的信任。

语文拓展式教学的目的不是要刻意追求语文知识的系统和完整，而是将语文作为一种母语教育课程。作为母语教育课程，学生学习的资源和实践机会无处不在，无时不有，引导学生更多地直接接触语文材料，在大量的语文实践中掌握运用语文的规律。学生的最大收益在于良好语文素养的奠定，这种模式为学生全面发展、终身学习和发展奠定了扎实的语文基础。

6. 基础教育课程改革和中考改革的领跑者
——对《张桂蕊与语文拓展式教学》的评价
山西省教育厅副厅长 张卓玉

张桂蕊局长是一名优秀的基层教育工作者，语文特级教师，全国优秀教师，基础教育课程改革和中考改革的领跑者。在长达三十多年的教学教研生涯中，她用自己的实践和思考，摸索出一套拓展式语文教学方法和思想，这本书由此才得以呈现于读者面前。我有幸提前看到书稿，有幸提前分享桂蕊局长的故事和思想。

我和桂蕊局长相识多年。多年来，由于对教育事业有着同样的热爱、同样的忠诚，我们经历过愉快而有成效的合作。不过，多年来，我只知道桂蕊局长出生于教育世家，只知道她曾经是一位优秀的教师；读过书稿，我从她不屈不挠的成长、发展经历中更了解了她的性格、她的思想。

张卓玉厅长在曲沃里村中学边调研边指导我工作

教育事业对从业者有着种种特别的要求。首先是对这一事业的热爱。从桂蕊局长的经历看出，她对教育的热爱几乎是与生俱有的。正是这份执著成就了她的事业、她的人生。其次，教育事业需要永恒的探索。在这个领域，没有最好，只有更好。桂蕊局长从教师，到教研室主任，到教育局局长，始终在探索着，思考着，改进着。她付出了，她理当收获。

这里，我简单地谈谈我对语文拓展式教学的理解和看法。

语文拓展式教学，概括来讲，是一种促进学生学习过程中变化和发展、培养学生语文情感与态度的教学。它强调的是课堂教学中的情意过程、学生在语文学习中的多样化认知过程，更有教师的因材施教过程。

书中提到的拓展方式多种多样，包括课堂向课后拓展、课前延伸拓展、由教师引导下的被动拓展发展为学生主动拓展、比较式、鉴赏式、主题式、体验式、思辨式、续补式、发散式、信件式、素描式拓展等。在发挥语文熏陶感染作用的同时，尊重学生在学习过程中的独特体验。

语文课程饱含丰富的人文内涵，对人类精神领域的影响深广，而学生对语文材料的反应又往往是多元的，语文拓展式教学将两者有机地结合起来，使语文教学不再是简单地读课文、教理论。

从教师层面来讲，语文拓展式教学要求教师在语文课程学习中既要关注学生的学习结果，更要关注他们的学习过程；既要关注学生语文学习的水平，更要关注他们在语文活动中所表现出来的情感与态度，从而对教学质量自身的提高提出了更高

的要求。

从学生层面来讲，语文拓展式教学既能反映学生语文学习的成就和进步，激励学生的语文学习，又能"诊断"学生在学习语文中存在的困难，及时调整和改善教学过程，帮助学生认识到自己在学习策略、思维或习惯上的长处和不足，使学生形成正确的学习预期，较好地培养其学生对语文积极的态度、情感和价值观，帮助学生认识自我，树立信心。

二、同事与学生眼中的张桂蕊

1. 涌动的生命　不息的乐章
——我心目中的张桂蕊同志

曲沃县教育局教研室副主任　佐海龙

我第一次听到"张桂蕊"这个名字，还是在我 1980 年上高中的时候。当时和同学在一块闲谈时，他们提到了他们西南街中学的语文老师张桂蕊，说她的语文课上得多么多么的精彩，教学是多么多么的认真，对待学生是多么多么的好……总之是一百个好。我当时是多么的羡慕这些同学，他们能遇到这样好的语文老师，真是一生的幸运。同时，我也十分仰慕这位老师，心想哪怕能见她一面也好！

1988 年 8 月，我临汾师专中文系毕了业，回到曲沃被分配到北董中学教语文。这时候，我从同行嘴里又听到了"张桂蕊"这个名字，也听到了她的语文"拓展式教学"。当时，张桂蕊老师已是全县赫赫有名、全市小有名气的人了。她在语文教学实践中研究和运用"拓展式教学"，取得了很大成绩。目前，这一实验成果已向全县中小学推广了。一年前，张老师也从西南街中学调到县教育局教研室担任语文教研员了。这时候，我对张老师更是仰慕得不得了：全县语文教研员，那是全县语文教师的教师，况且，她的语文"拓展式教学"研究更是引人注目。于是，我想见她一面的愿望就更强烈了。

1988 年 9 月的一天下午，我偶然听说全县初三语文教师正在下裴中学搞教学研讨。我想，这次研讨会张老师肯定会参加。于是，我这个初二的语文老师也慕名而去了。

我匆匆赶到了下裴中学，研讨会已进行了一半。进了教室时，看到一位女老师正坐在讲台上读当年的中考优秀作文。我记得非常清楚，她当时读的那篇作文题目是《风铃》。她用曲沃普通话读着，语调缓慢、一字一板、吐字清晰、发音有力。她一边读着，一边还讲解着这篇中考优秀作文的特点。我注视着她：三十五六岁的样子，齐耳短发，面容清瘦，给人以干净利落的印象。一问同桌的老师，她，就是张桂蕊老师！她非常健谈，谈起全县的语文教学来是滔滔不绝，既有她学习的体会，也有她研究的心得。那些关于语文教学的新名词、新提法，不时从她嘴里"冒"出来，使我感到很新鲜。这次，就算是我"认识"了张老师，可张老师还不认识我。

半年后，张老师也认识了我。

那是她下乡来听课。学校推荐我来上课。我上的这一课是朱自清的《背影》。我走上教学岗位后，还没有人听过我的课，也没有人对我的教学进行过指导。张老师是第一个听我课的人，也是对我的教学进行指导的第一人。那一天中午，我在紧张不安中上完了这一课。下课后，张老师面带笑容走向我，她说："你的课讲得很好，课文理解也很到位。只是因为有点紧张，影响了你的情绪。"张老师和蔼的笑容、亲切的言语，一下子拉近了我和她之间的距离。她接着又说："教学设计是死的，学生的情况却是千变万化的，你要根据课堂中学生的变化随时调整你的教学设计，这就形成了丰富多彩变化无穷的课堂教学，这就是所谓的'教学有法，教无定法'的道理。"接下来，她又和我谈起了我的教学设计和课堂教学来。她没有指出我这堂课在教材处理和教学设计中存在的问题，而是从侧面来说假如让她来上这一堂课，她是怎么处理教材的，她是怎么讲的。在讨论的同时，她还运用当时盛行的目标教学理论来印证自己的说法。她独到的见解使我不停地点头，其独特的评课方式也令我非常佩服。这种评课不是像有的教研员那样，居高临下，空洞说教，而是用谈心的方式和教师进行平等交流，使我感到耳目一新。这些鲜活的"说教"不是我从书本中能学到的，也不是从大学课堂上能学到的，这是她十几年教学研究所得。我从和她的交流中也开始悟出了一些语文教学的"门道"。我当了教研员后沿用了她当时对我的评课方式，也是深受全县语文教师欢迎的。这次交流，我对她更敬佩了。

从此以后，我和她渐渐熟悉起来，和她的交往也多起来了。我在教学中有什么

困惑，有什么想法，都随时请教她。当时信息交流没有现在这样方便，没有手机，电话也不普及，想请教她什么，得骑三十里路的自行车到县城去找她。我每次见到她，她都是那样的热情。教学上的难题、困惑，她都是认真地帮我解决。她还把有关语文教学方面的书籍借给我，供我学习。

尤其是我带了初三语文后，求教她的机会更多了。每次中考研讨会，我都会认真地听她的讲座；而她也经常让我发言，还多次派我到省、市参加各种教学研讨会。我知道，她这是在有意培养我。这期间，她把她的语文"拓展式教学"介绍给我，让我在教学中运用，引领我怎样在实践中搞研究。我写的教育教学方面的论文，她给我一遍一遍地认真修改，并把修改好的论文推荐到省市教育刊物上发表。同时，她还多次听我的课。每次听完课后，她都给我认真评课。当然，这些评课就没有先前那么"客气"了，她会毫不留情地指出我教学中存在的问题，并耐心地从教学方法上进行指导。每一次听她的评课，我在语文教学上都会前进一大步。我逐渐由"初出茅庐"毫不入语文教学之"道"的青年教师，成长为全县语文教师中的佼佼者，最后成长为中学语文教研员，成为全县语文教师的领跑者。这一切，都应该归功于张桂蕊老师对我的引领、指导和帮助，是她，把我引上了语文研究之路。我从心底里感激她，我为能碰到这样好的师长而感到无比幸运。

1993年，曲沃成为全省第一个县级教科所试点，她被任命为县教科所所长，1995年，她又被任命为县教研室主任，教师节又被评为"全国优秀教师"，《山西教育》第11期以封面人物刊登了她的照片。同年她以"三优"的成绩晋升中学高级教师，次年又被评为"中学语文特级教师"。

她当教研室主任后，接她语文教研员职务的是县城一位语文老师。1997年8月，这位教研员被调离教研室到教办担任主任了，语文教研员这个位置暂时空缺了。

一天，张老师捎信让我到教育局去见她。她见到我的第一句话就是："海龙，现在把你调到教研室担任中学语文教研员，你有啥意见？"这对我来说是"天上掉馅饼"的喜事，是我连想都不敢想的好事。再说，和张老师在一起工作，以后可以随时求教，对我的专业成长更有利了。你说，我能有啥意见？于是，我痛快地答应了。从此，我从北董中学一名普通的语文教师成为曲沃县教育局教研室中学语文教研员了。

　　职务上的变化，并不能代表角色上的变化。为了使我尽快完成由教师向教研员的角色转变，张老师又担负起培养我成为合格语文教研员的任务。她告诉我一名教研员应具备的基本素质。我记得非常清楚的是她跟我说过的一句话，作为一名教研员要"内强素质，外树形象"。"内强素质"就是要多读书，多学习，勤研究，勤总结，全面充实自己。"外树形象"就是要从点滴做起，从自己的一言一行做起，树立廉洁奉公、业务精通、深入基层、服务教师的优秀教研员形象，积极地投入到学习、工作中去。她教我如何听课，如何评课，如何和教师交流。为了尽快使我得到提高，一段时间里，她亲自带我实地听课、评课。听完课后，让我先评课，她后评课，指导我评课的要点和方法。

　　我县语文教研员还有一个职责，就是撰写教研室的各种材料。我担任中学语文教研员后，也接下了这个任务，张老师又指导我撰写各种材料的要领技巧。我现在在撰写材料方面有点名气，和张老师在这方面对我的精心培养密不可分。

　　正是在她的精心指导和大力帮助下，在很短时间，我由一个中学语文教师转变为一个合格的中学语文教研员了。并在以后的几年里，在语文教学和研究方面取得了很大进步。

　　后来，我才知道，张老师在她当教研员期间，不仅帮扶过我，还帮扶过好几个。只要是她发现了的教学中的好"苗子"，她都会热情地帮扶，促你健康成长。她当教研室主任后，更是如此，每个新来的教研员，她都要手把手地"带"你一程，待你业务熟练后，再放手让你大胆地开展工作。她，就是这样一个人，为人热情、豁达，乐于帮助人。

　　当时的曲沃教研室，是全市教研室中人数最多、研究实力最强的。教研员有将近二十人，老教研员有五十来岁，新教研员三十来岁，当时的张老师，也有四十五六岁吧！张老师很讲民主，她虽是教研室主任，但教研室的大小工作，都和同志们一块商量。她和我们一块办公，一块下乡。闲余时间，她还和我们拉家常，说笑话。老教研员直言不讳地直喊张老师为"桂蕊"，年轻教研员都亲切地称她是"大姐"。教研员工作、生活中的困难，都会求她去帮忙，她也乐意去帮这个忙。谁家有红、白喜事，她总是第一个领着同志们前去帮衬。总之，在她的领导下，我们教研室是一个团结、和谐的集体，大家关系融洽，工作努力，都感到跟着她一块工作，特别地顺心、开心。

当时，我们教研室已开展的教改实验有七项，分别是：小学语文"注音识字，提前读写"实验；小学自然"探究研讨法"实验；中学"JIP"实验；中学数学"自学提纲辅导法"实验；高中"教学—育人—生产"三结合实验；中小学目标教学实验；中小学整体改革实验。这些实验由点到面，呈滚动式在全县发展。其中，"JIP"教改实验的"五项效应"和"十六字教学原则"在全县影响最深、最广。这项实验搞得最好的、在全省影响最大的当属我们曲沃县城关镇的三所中学，尤其是城关二中。当时省里主抓这个实验的是省教研室的白鸿胜老先生。白先生定期到曲沃来指导实验，教研员和教师定期到外地去培训。

我调到教研室的那年11月份，省里决定在我县召开全省"JIP"教改实验现场会。那一阶段，教研室的中心工作就是准备这个会。这个时候，我见到的是一个风风火火、忙而不乱的张桂蕊。我感到她浑身有使不完的劲，有时到学校指导工作，有时在局里研究工作。晚上，她也不得闲，还要撰写经验报告，准备各种资料。总之，她一天从早到晚忙得不亦乐乎。她思维敏捷，干事麻利，什么工作经她一安排，都显得井井有条。诸如会议接待、会场布置、资料发放等，她都考虑得周周全全，安排得细细致致，使这个大型会议从准备到结束，没有出现一点纰漏。在这个会上，张桂蕊同志作了精彩的经验介绍，我县五名教师作了精彩的观摩课，会议取得了预期效果。这方面的工作显示了她特有的细心和认真，也显示了她出色的领导和组织才能。

张老师是三个孩子的母亲。丈夫在劳动局上班，也担任着重要的领导工作。两边的老人也都健在。三个孩子依次上高中、初中、小学。他们一个个都很有出息，最后都考上了大学。现在，一个个又都走上了工作岗位，在工作上表现得又都是那么的出色。我真是很惊讶，她工作没有耽误一点儿，还经常出外学习、开会。她是怎样培养和教育孩子的呢？又是怎样挤出时间搞教学研究的呢？当我有一次和她谈起这件事时，她对我说："你想，我哪有时间管孩子呢？只是我从小就培养他们的自立能力和互助能力，个人的事个人做，大的帮小的，小的敬大的。他们从小都很懂事，也都很上进。至于我是怎样挤出时间进行研究的，我那是在利用晚上的时间、出外开会休息时间来学习的。"我想，无声的教育比婆婆妈妈的说教好上一百倍，她的孩子也肯定从母亲的身上学到了勤奋、上进的好品质。母亲，就是他们最好的老师，是他们学习的榜样，也是我们学习的榜样！

三个孩子均已大学毕业，走上了工作岗位

　　是的，张桂蕊同志勤奋、上进，永不满足，永不言败，勇于创新、敢于探索的品质和精神永远值得我学习。她少年坎坷，青年又遇到了许多挫折。生活像一本教科书，给了她意志的砥砺，给了她上进的力量，她从夹缝中艰难地生长、成长起来了，具备了越挫越勇、永不言败的性格。这种性格表现在工作上，就是自加压力、永不服输的精神。

　　她自定课题，开展了语文"拓展式教学"的研究和实践。这项实验花费了她二十多年的时间。在担任中学教师时，她是在教学之余加强研究、积极实践的。到了教研室后，她眼界更宽广了，教学思想更成熟了，再加上有教育名家的指点、帮助，教研室多人的合作攻关，她的语文"拓展式教学"理论终于自成一家，得到世人认可，取得了学术研究上的成就。之后，她又进行了"目标教学"实验，为全市编写了《初级中学目标教学实验辅助用书》，供全市中小学使用，深受好评。当了教研室主任后，又引进了多项实验，带头研究。1997年，她以个人名义申报的《以课堂教学为突破口，构建素质教育的新框架》被定为山西省"九五"规划重点课题，她也被聘为"山西省教育科研规划领导组'教育发展战略'"组成员。此后，她还作为山西省唯一的代表，赴京参加了苏霍姆林斯基诞辰80周年国际学术研讨会。在她的积极带动下，多项实验在我县扎根，开花，我县在课堂教学方面都取得了丰硕的成果。

1998 年 2 月，张老师开始担任曲沃县教育局副局长，但仍兼着县教科所所长、教研室主任的职务。她负责着全县的教科研、基础教育和招生工作。虽说职位高了，工作忙了，年龄也大了（当时她已接近五十岁）。但她深入一线开展教研的次数一直不减，抓教学改革的力度一直不减，对语文教学研究的热情一直不减。

2001 年，曲沃县率先在全国开展了基础教育课程改革实验。张桂蕊同志作为主管业务的副局长，又身兼着县教研室主任、教科所所长这些职务，全县中小学实施课改、搞好实验的任务自然落到了她的身上。

一丝不苟

她当仁不让，勇挑重担。实验之初，她和县领导、局班子成员研究实验方案，确定改革步骤，负责宣传动员，指导培训实验教师。还经常到县委、市、省、教育部汇报实验进程。同时，她和教研员一块参加培训，一块经受着头脑风暴。

她没日没夜地忙着，身体日渐消瘦，大家都心疼地对她说："大姐，工作悠着点，千万要注意身体啊！"她笑笑对我们说："人活着，得有点精神；人死了，得给世人留点什么。苦点、累点，能算什么？"说完，还是一如既往地拼命工作。我从她的话里，感受到了一份责任，感受到的一股力量。这责任和力量，正是她永不疲倦、永远上进的动力源泉。

"万事开头难"，实验初期，社会上包括一部分学校老师对课改抱着"怀疑""观望"的态度。这段时间，张老师的压力是非常大的，因为课改实验是她主抓的，实验失败，自己无形成了曲沃的罪人。在此情况下，她越挫越勇的性格使她没有丝毫妥协，"改革必须成功，不准失败"，在这一信念的支撑下，她以更大的精力投入到课改实验之中。不过，面对当时的形势，她的头脑更冷静了，她不断反思这一阶段的行为，发现自己的头脑有点过热。她认识到，教育涉及千家万户，有"牵一发而动全身"的特点，所以，搞改革一要大胆，二要谨慎。她梳理了目前在课改中必须解决的三个问题。第一是怎样统一全县中小学教师的思想，使他们提高对课改的认识。因为课改实验能否顺利实施，观念认识能否到位是基础。第二是怎样使实验教师尽快接受新理念，激情进入课改。因为教师是课程改革的实施者，是决定实验成

败的关键。第三是怎样正确认识综合科目的开设。

找准了问题的症结，她大刀阔斧地在全县采取了一系列措施。

首先，她不遗余力深入全县各教办、中小学，围绕三个问题，对教办主任、中小学校长、教研员、实验教师开展了三个"百分之百"活动。同时，她又在曲沃电视台作专题讲座，宣传课改意义；走上街头，散发课改宣传资料，回答群众关心的问题；召开各方面人士座谈会，围绕课改有关问题开展专题座谈讨论。一个理解课改、关心课改、支持课改的良好氛围终于在全县逐步形成了。

其次，她在实验教师中进行了"头脑风暴"式的培训。她亲自上台，讲解课改新理念。她还邀请许多专家来曲沃，给教师做培训。

对于综合科目的选择，她采取了另外一种方法，即引领全县教师进行了激烈辩论。在辩论中达成共识：应当把"综合"科目的实验作为提升教育水平、提高教师素质的重要契机，而不应当降低实验要求。为此，小学一年级的艺术、体育与健康、品德与生活；小学三年级的科学；中学的科学、历史与社会、体育与健康等综合课程实验在全县起始年级顺利地开展起来了。

在这一阶段，我又感受到了张桂蕊同志性格和工作作风方面的另外一些特点：她大胆泼辣，雷厉风行，敢说敢做，敢做敢当。在改革关头，毫不妥协，毫不退步，显示了她非凡的魄力和胆识。

2002年、2003年，全省、全市的课改实验现场会都在我们曲沃召开。两次会议上，张桂蕊同志都代表曲沃作了经验介绍，受到与会同志的热烈好评。她还在许多全国性的课改会议上，作了曲沃县课改实验的经验介绍。我县关于课改实验的经验由此向全市、全省、全国推广。她当时所做的许多工作，都取得了明显的效果。这些都证明，她当时所采取的措施是正确的。

2003年，教育部领导直接"点将"，要曲沃和其他三个国家级实验区"四马当先"，率先在全国开展"初中学业评价与高中招生改革"这一实验，这对曲沃教育人和张桂蕊来说，面临着一个新的机遇和更大的挑战。张桂蕊同志满怀信心知难而进，把课改实验的着眼点转向了"考改推动课改"这一层面上，她大胆在中考改革中实施了四项改革，为全国开了中考改革的先河，促使我县课改实验向纵深发展。

2004年、2005年，教育部又为我县大开绿灯，允许我们在中考招生中实行"三单"政策，张桂蕊同志身体力行，积极推进中考命题形式上的改革，探讨和其他国

家级实验区进行联合命题的新形式，在这一方面，也为全国其他实验区提供了经验。

　　"走前人未走过的路"，这是张桂蕊同志一贯奉行的格言。只要是认准的路，她会毫不犹豫地走下去。即使遇到再大的困难，她也会毫不妥协。

　　2008 年，张桂蕊同志光荣地退休了，她从曲沃县教育局领导岗位上光荣地退下来了。但她退职不退岗，"老骥伏枥，志在千里"，她还以一个教育工作者和老教研员的身份继续进行着她的语文"拓展式教学"的研究。2008 年《人民教育》第 18 期以《在奋进中享受人生》为标题报道了她，2011 年，教育部组织就她的语文拓展式教学出了专

在奋进中享受人生

退休后，作为省专家组成员不断到各市县检查指导工作

著，书名是《张桂蕊与语文拓展式教学》。她对我们说："不做领导了，心更静了，时间更多了，更有精力进行研究了。"就在她退下来不久，山西省教育厅聘任她为中小学教师继续教育工作指导委员会成员、基础教育课程改革专家、基础教育专家组成员，她经常到全省各地进行检查指导，督查验收教育教学工作。

　　多年来，张桂蕊同志编写了多本教育教学用书，撰写并发表了多篇教育教学改革论文，为曲沃的基础教育做出了贡献。国家、省、市各级报纸杂志也多次报道了

她的优秀事迹。但她从不居功自傲，从不邀功请赏，她还是那么的谦虚，还是那么的认真，还是那么的上进……她在我们眼里，永远是那么的年轻有为，永远是那么的精力充沛，永远是那么的斗志昂扬……

以上所记，即为我眼中的张桂蕊同志。

2. 魄力·魅力
——我心目中的张桂蕊老师

山西省曲沃中学办公室主任　吕跃红

张桂蕊老师是我初中时的班主任、语文老师。

在我的心目中，张老师是一个有魄力、有魅力的老师。

这些年来，尽管我和张老师不是常在一起，但我们却时常保持着联系。张老师在县教育局分管教育教学、科研教研，还有招生和教师进修工作，尤其是课程改革和中考改革后，她时不时地向我了解高中语文教学和语文教研的情况，为她的调研工作获取第一手的资料。每每张老师在谈她的教研工作的时候，都是直入主题，有啥问啥，直到把问题搞清楚，搞细致，搞透彻，每回询问完问题后，她总会叮嘱我注意身体，好好工作，真让我感到张老师无论何时何地都在关注着我的成长。

说实在的，张老师的工作和我的工作这么多年来看上去没有多少直接的关系，我们之间工作上的交集也没到多厚的程度，可是，我总觉得张老师身上的那股力量时常在我的身上涌动，在她身上体现出来的那种气质和精神，无论什么时候、什么地点、什么人一提到"张桂蕊"三个字，一提到她的课程改革、中考改革和她的语文教育教学教研，我就会脱口而出一句话"那是一个有胆识的女人，在她的身上，有一股子劲，是谁也不可能具备的"，听了此评价，没有人会质疑，全都认可，有时还会反问："你怎么知道？"而我会自豪的回答："那是我的老师，我比谁都了解她。"

前几年，曲沃县是首批国家级课程改革实验县，又是首批国家中考改革四个试点县之一，张桂蕊老师担此重任，连续六年，把曲沃县的课程改革和中考改革，搞得有板有眼、有声有色。尽管当时有不少人对课改提出质疑，有的甚至把矛头直指张老师，但张老师总能力排众议，认准方向，直奔目标，全然没有一点犹豫退缩之心。直到这两届学生升入高中，参加高考，取得优异成绩，事实充分证明课改不仅

没有失败，反而卓有成效，张老师这才稍稍松了口气。也难怪，那几年张老师为什么总是有事没事往曲沃中学跑，有事没事找我询问升入高中的课改学生的情况，现在我才真弄明白了：她是追踪调研她的课改成果啊。

前不久，偶然听说张桂蕊老师退休离开了她从事了几十年的教育教学教研岗位，我的心里悄然渗出一股说不出的滋味。——那可是她热爱，追求，为之探索，为之奋斗了一辈子的事业啊！

一次偶然机会，我碰到张老师，她还是那么精神饱满，她的神态还是那么自信豁达，她的眼睛还是那么炯炯有神，根本就不像五十多岁的人。闲谈中我问及她退休的事，张老师很坦然很爽朗地说："到年龄了，该退了，让年轻人上，让年轻人把担子担起来，他们成熟得快。咱老了，跟不上趟了，好多时候总感到力不从心，我相信年轻人会干得比我更好。"之后，张老师仍是一如既往地问我工作情况，鼓励我把工作做好，把身体弄好，把生活安排好。然后，说还有什么事要做，仍是那么匆忙地离去了。

就是那一次，望着张老师匆忙的背影，我原地驻足好半天，对张老师的敬畏之情又一次油然而生。

说实在话，自我 1970 年上学到 1986 年大学毕业，上学期间结识的老师几乎数不清，记不清了，唯独上初中时的语文老师兼班主任张老师给我的印象是最深的；再有，自 1986 年我大学毕业分配到曲沃中学任教至今二十多年，身边的老师一个一个都不能说不是好样的，尤其是女教师，可是在她们身上我总觉得缺失某种东西。这回和张老师的又一次偶尔碰见，她的话音，她的神态，还有她的那个总是匆忙的身影，我突然明白张老师身上体现出的那种魄力是一般人所不具备的。

不由得，我回想起上初中时师从张老师的情形。

1976 年我就读于曲沃县西南街七年制中学，那时候，我生性调皮，懒散，爱耍小聪明，对上学不感兴趣，上课总爱做小动作，也爱起哄，有时还爱和老师兜圈子，时常惹得老师拧着我的耳朵直接从教室送到我父亲的办公室，那时也没少挨父亲的训、骂、打。1978 年初中毕业考高中，因为没有打好底子，没考上。父亲没办法，让我复读再考高中，便把我送到张老师的班。那时张老师是 27 班班主任兼语文老师。父亲把我送到张老师办公室时，张老师正在批改学生作业，见到我，便放下手中的笔，站起来，对我父亲说："吕老师，把跃红交给我，我了解他，他很聪明，将来定有大出息。"然后就把我父亲支走，让我坐下来，用一种期盼和鼓励的眼光看着我说："跃红，别再让你父亲操心了，长点出息，你是你家弟兄姊妹里最聪明的，别把小聪明总是用在贪玩上，把它用在学习上，将来你一定会出人头地"，说完便直接把我领进教室，向同学们介绍说："咱班又来一个新同学，名字叫'吕跃红，'"说着张老师一转身在黑板上很潇洒地把我的名字大大地写在黑板上，然后一转身，"我相信，我们班的每一个同学将来都能把自己的名字写得大大的，叫得响响的，让所有的人都知道咱自己。大家理解我的意思吗？"当时，又紧张、又慌乱、又不好意思的我还没有回过神，就听到整个班的同学齐刷刷地说："理解，我们都要成为名人。"猛地一下，我被这27班同学高涨的热情给唬住了，看看激情振奋的同学们，再看看讲台上的张老师充满信心和鼓舞激励的目光，一股从未有过的热流汹涌在我的心头。

与学生一起读书

从那一刻起，我便深深地被张老师的这种爽直干练震慑了。

我真没想到，就这么一个清瘦干练的女人，竟有这样的魄力让那一群还不知道上学到底是为啥的孩子们言听计从，整天围着她的"指挥棒"转来转去。

之后，我才弄明白：张老师的语文课讲得十分好，她在讲课时总是声情并茂，绘声绘色，尤其是她的嗓音，洪亮有激情，并富有号召力和感染力，还有她讲课时的神态、动作，能抓住所有学生的心。她在讲课时，时而踱步在讲台上，时而立足

学生身旁，尤其是她会在某一个上课做小动作、走神、不认真听的学生旁边，一边讲课，一边故意放缓放低声音，就像是给这个同学专门辅导一样。到了该板书的时候，她便轻盈匆快地步上讲台，在黑板上写下一手漂亮潇洒的字，很遒劲，很醒目。别说同学们上张老师的课能认真积极活跃，就连我这个上课屁股总也坐不安稳的小调皮鬼，自第一节课后便深深喜欢上了语文课，喜欢上了张老师。那时候，我总是盼着上语文课，盼着能看见张老师。人最怕心中有了偶像，一旦有了，就像着了迷似的，尤其是对一个小孩子。

在我的印象当中，张老师是一个最善于留心和审视有特长的学生的老师，只要发现某个学生在某一方面有特长，有潜力，她便会激励他，引导他努力往这一方向发展，直到这个同学经过努力，有了成功感、成就感，张老师便觉得达到了自己育人的目的。

自打师从张老师后，我在张老师的潜移默化的影响下，不自觉地变得爱读书了，爱剪贴了，爱记东西，爱背东西，爱写作文了，爱和班里的同学竞争比赛了。学习上有了一种前所未有的冲劲，变得让所有的老师都在我父亲面前夸我，包括校长。那时候，我上学有很好的便利条件，学校里的好多报纸、杂志，因为是我父亲负责分发，我常常会把好的文章偷偷地剪下来，贴到《红旗》杂志上，起初这样做是一种兴趣，而这种兴趣又是从张老师那里"偷"来的——一次我在张老师办公室无意中发现了张老师的剪贴，上面画满了红红绿绿的圈圈和杠杠，便悄然产生了模仿剪贴的念头，之后，便把这些剪贴当成宝贝，爱不释手，常贴、常看、常记、常背，时常还模仿着好文章、好段落写点东西，写作水平一下子比一般同学高了好多，每每在张老师布置作文作业后，很快我的作文就出来了，每次都得到张老师的表扬，更多的时候，张老师把我的作文用蜡版一字一字地刻下来，然后印出来，发放给全班同学，作为范文读给大家听，有时还让我读给大家听，然后让大家共同给我点评。同时，张老师还号召全班同学向我学习，还把我的剪贴展示给大家看，一时间，语文学习活动小组蓬勃开展，在学校里大有声势。

想想那时候，张老师的语文教学的情形，不由得让我想到了《校园先锋》中的那位女主角教师。

就是在那时，张老师便成了点亮我发展方向的火炬手。一直到现在，我不敢说我有多厚的写作功底，但我可以说我对写点东西有着极高的兴趣，多少年来，我什么习惯可能都没养成，但读书摘抄时而写点东西的习惯我养成了，还时不时地在各类报刊上发表点东西，这不能不归功于张老师。

这些年来我教语文课，更深切感受到那时候张老师讲授语文，不只是把课本知识教给我们，更多的是用开导式、启发式、联想式教学激活我们的思维，让我们把目光转到生活中来，在生活中领悟语文的乐趣。记得那时，只要课文内容涉及我们所能触及的生活实际，张老师便引导我们边实践边学习，让我们在生活实践中感悟语文的魅力。更多的时候，张老师检查落实看我们谁积累的东西多，谁记得多，谁写得多。在检查背诵课文时，张老师总是站在教室的门口，让同学们自己来背，有多少背多少，同学们都是争先恐后，有时候实在轮不过来，张老师便让同学们在摘抄本上默写，那时候，我记得我们班的每一个同学都有自己的优美语段摘抄本和默写本。

在我的心目当中，张老师是一个言必信、行必果的老师。只要是她打算做的事，在筹划好之后，便立即付诸行动，绝不瞻前顾后，拖泥带水。这大概就是我所认为的她的魄力所在，说话永远是干脆利落，做事永远是干练豁达。她在语文教学上是这样，她在语文教研工作岗位上也是这样。

记得那一年张老师因工作需要调到县教育局任教研室主任，重抓教研工作。张老师重整旗鼓，重组教研人员，把教学一线的骨干教师抽调到她的身边，最后缺少一名高中教师，她首先想到了在高中教学一线工作了十多年的我，便征求我的意见，问我愿不愿意调到教研室工作，因为她跟前缺少的就是高中这一块。这几乎成了她的心病，隔三岔五询问我考虑得怎样了，还说已和局长谈好，只要我一句话，我立刻就可以到局里上班。

说实在话，那些年能从学校调到局里上班是多少人梦寐以求的、可望而不可及的事，可是我却始终拿不定主意。不是我不想调动工作，也不是我不想和张老师共同并肩作战，更主要的是我多年来深受张老师的影响，站在讲台上，让我的学生们把学习语文当作一种生活的乐趣，我的学生就像当年张老师的学生崇拜她一样的崇拜着我，张老师身上体现的那种魅力正在我的身上延伸和拓展，使我难舍学生和语文教学。最后，我终于拿定主意，怀着忐忑不安的心情买了些营养品专程到张老师家致谢——如果这也算送礼的话，那我可以明明白白地说，这是我有生以来第一回送礼——说来让人感到不可思议，别人送礼是请求帮忙，而我给张老师送"礼"，只

是想谢谢张老师对我的关爱和对我的企盼，让她另找高中教研员和局长说一声我不去局里，我要留在教学岗位上。

起初我看见张老师很是失望，便想再解释些什么，可没容我说什么，张老师就果断地说："跃红，说实话，我想调你到局里，是我对你父亲许下的承诺，你父亲临终时给我交代，让我有机会关照你，我觉得我现在有机会把你调到局里，局里也需要你这样的人。在我跟前，我能看着你更好地成长。既然你现在主意已定，那我就也不多说啥了。这样也好，你在高中教学一线上对你的发展更有利，可能，对我也未必不是好事，往后教研工作上如有什么搞不清、摸不透的，还有你在，教学一线上的情况，你了解的肯定比我清、比我透，到时候我向你请教，你也能给我提供最真实的资料，这样也好。"张老师就是这么一个善解人意的老师，从她的眼睛，从她的话语，从她的表情中，你一定能感受到她那种果敢。

之后，张老师专心搞她的教研工作，我专心地干我的高中语文教学工作，只是偶尔相遇的时候，张老师除了关心我的工作、学习、身体、家庭、生活的事之后，便扯一扯她的工作和她的教研实践。更多的是聊课改学生高中阶段的学习和高考情况，有一点，只要一提到课改她的话题就多起来，这让人感到她有一种成就感和幸福感。

基于我对张老师的了解，我敢说张老师又是一个心中不藏事的人。敢想，敢说，敢做，敢承担一切责任，尤其是，无论语文教学，还是教育教研，她不是只把眼前的事做了做好就行了，更多的时候，她更关注事情之后的发展的具体情况，就用她的话来说，"做人做事，不单是为眼下，为某个人，而是为将来，为大多数。作为一个教师，不单是把课本上的知识传给学生就够了，更重要的是要让学生从课本中跳出来，投身到生活的大海中，去驾驭生活，教师要为学生的一切负责。"

难怪，张老师的语文教学，从那个年代就开始把教学和生活联系起来；难怪，张老师的教学调研，不单局限在事情的表面、眼下，更重要的关注到事情的本质和事态发展趋势；难怪，连续六年的卓有成效的课程改革、中考改革，使得张老师变得更加理性，更加沉稳，更加有胆识。

看着现在的张老师，仍和几十年前一样，真的没什么变化，只是岁月在她的脸上刻下了些许皱纹，除此而外，她还是那样的清瘦利落，还是那样的干练豁达，还是那样的自信乐观，还是那样匆匆忙忙，和她在一起，总感到她的身上有一股说不出的魄力，有一种让人备受感染的魅力，让人顿生敬畏。

一句话，有知识，有常识，有见识，有胆识，形容张老师一点儿也不为过。

3. 遥远的记忆　幸福的回忆
——我眼中的张桂蕊老师

北京粉末冶金工业编辑部　荆慧

张桂蕊老师是我初中时的班主任，她教我们语文。

白衬衣，蓝裤子，脑后两个齐刷刷的小辫子。这，既是当年那个特定时代女教师的典型形象，又是年轻、活泼、勤奋、上进的张老师的显著特征。

我上初一时，张老师就担任我们的班主任，带我们语文课。当时我们年龄小，大概只有十三四岁，都是一些不大的孩子。班里男孩子居多，这些孩子都是"半大小子，气死老子"，懵懂少年玩性大，不知道学习，有时还故意和老师作对似的，经常逃学，不是去上树掏鸟，就是下河洗澡。有几次，张老师一人到处找他们，找到他们后，并不用"打骂"实施惩罚，也不告知家长，而是给他们讲道理，

当年的张桂蕊

讲"少而好学"的重要性，还利用课余时间给这些调皮孩子补课。我虽是一个女孩子，但由于年龄小，有时也贪玩儿，张老师多次教育我，终于使我成为一名优秀学生。现在想想，当时真是"少年不识愁滋味"啊！

为了使我们这些不听话的孩子尽快入道，张老师真是想尽办法，费尽辛苦。她像医生给病人治病开药方一样，尝试着各种方法。"打骂"惩罚行不通；讲道理这个耳朵进，那个耳朵出，作用不明显。她就用"兴趣"教学法吸引我们，用知识来"驯化"我们。每天早上晨读时间，她就教我们朗诵古典诗词。用"百川东到海，何时复西归。少壮不努力，老大徒悲伤"一类劝学名句来感化我们；用"山际见来烟，竹中窥落日。鸟向檐上飞，云从窗里出"的优美意境来熏陶我们；用"此地别燕丹，壮士发冲冠。昔时人已没，今日水犹寒"的豪情壮志来激发我们。在语文教学中，张老师更是不时变化教学方式和方法来吸引我们。用朗诵点拨，在学生朗朗的读书声中

张老师再不失时机地精巧点拨；用自学引导，提出问题让学生自学，张老师再重点辅导。有时，张老师还和我们一块做游戏，巩固知识，如成语接龙、优美文章对接背诵等。我们最喜欢的是，张老师带领我们开展的劳动实践课。张老师把我们领到田野里，领到校办工厂里，结合我们课堂里所学的，开展劳动实践。你别说，这种以"文"化人的办法还真灵，在张老师的引导下，同学们爱好古典诗词的风气浓厚，对语文学习也有了浓厚的兴趣。同学们课外找到好多文学书籍进行阅读，沉浸在课外阅读之中，无形之中，调皮捣蛋的学生少了，知道学习的人渐渐多起来了，学习风气得到了彻底扭转。

张老师的两种课给我的印象极深，也是同学们最喜欢上的。

我送的最后一届毕业班

开始上朱自清的《春》这节课，同学们都静等着张老师来上课。张老师来到教室，突然宣布："同学们，今天春光明媚，咱们就到大自然中感受朱自清先生的《春》吧！"同学们都欢呼雀跃，高兴异常。张老师把我们领到绿茵葱葱的麦田里，坐在田埂上，观赏着周围的无限春光，品读着美丽的课文，一下子进入到朱自清先生所描写的情景之中。这节课使我们每个同学都印象深刻，直到现在，我们几个同学凑在一起，提到张老师，都还要提到这节难忘的课。

正对着我们西南街中学校门口，巍然耸立着一座有着几百年历史的西寺塔。这座塔宋朝时修建，元末明初时由于地震，塔被震裂。塔顶震塌但整个塔身仍是岿然不动，直到现在，虽经历了多少年的风风雨雨，依然保持着当年的风姿。

一天，在我们学习了《中国石拱桥》后，张老师把我们带到了西寺塔下，请当地的老人为我们讲解西寺塔的历史，让我们观察西寺塔的结构。最后，让我们想办法测量西寺塔的高度。这真给我们出了一个难题。西寺塔高几十米，没有攀缘而上的入口和把手，更没有这么高的梯子。怎么办？同学们动开了脑筋，纷纷想办法。最后，不知是哪一位同学想到了这样一个办法：把十几根竹竿绑起来，直到和塔一般高，然后再放下，测量竹竿的高度。张老师启发我们，利用日影来测量，这样，就轻而易举地把塔的高度给测量出来了。张老师就是这样，她运用启发式教学，让每个同学都养成了认真动脑筋思考问题的好习惯。这一习惯，使我们终生受用无穷。

后来我们知道张老师上学不多。倒不是张老师自己学习不好，而是因为一是她家成分太"高"；二是她母亲多病，她是家中唯一的女儿，照顾母亲成了她义不容辞的责任。但是，她从不放弃学习，通过自学及函授学习，努力向更高层次的知识殿堂迈进。于是，当时的我们便经常看到，不管是夏日的暑热还是冬日的寒冷，每天清晨，当第一个学生来到教室的时候，都会看到张老师早已来到这里。她帮我们打开门窗或是捅开炉火，然后一个人便静静地坐在讲台上看书。张老师的这种勤奋好学精神，也深深地感染着我们这些孩子们，我们从她的身上学到了勤奋，学会了珍惜时间，懂得了知识的重要。

我在班里是个学习不错的学生。但刚上初一年级的我，不太喜欢写作文，为了培养我写作文的兴趣，张老师总是不断地指点我，鼓励我，甚至会为我作文中的一句优美语言，而大加表扬，终于使我这样一个提起写作文头就疼的学生，不再恐惧写作，后来写出来的作文被当作"佳作"在课堂上范读。如今，我写作的功底都是当时张老师帮我打下的。我一辈子感谢她！

还有一件事我已经记得不很清楚了，但它却对我影响至深。那好像是一件让我这个初一年级的孩子稍稍作难的事，我只做了一部分便产生畏难情绪。我有些气馁去给张老师汇报，本来以为她要狠狠批评我，没想到她倒表扬起我来。记得她说，首先，你知道主动汇报，这说明你做事有始有终，这一点非常好。另外，虽然没完成，但你也做了不少了，这已是很不容易了，值得表扬。不过其实，你离最后的成功只差很小的一步了，只要再坚持一下就好了。张老师说，凡事最怕的就是做不到善始善终。许多的时候，"善始"是很辛苦的，那是一个漫长艰难的过程。而"善终"就是一个点、一个成功的点。但许多人许多时候许多事情上却在走过了这个漫长艰难的过程的时候而放弃了这个成功的点。这就是功亏一篑，太可惜了！

　　少年的记忆就是这样，仿佛蒙上了太多的岁月尘土，许多的事情早已依稀模糊起来。但正因为它的蒙尘、它的依稀模糊，又仿佛像价值连城的文物古董一样，变得更加珍贵起来。张桂蕊老师对我的教诲，早已渗入我的血液和骨髓之中，它将伴随着我的一生。她对事业的热爱、对学生的疼爱，深深地影响着我和其他学生，并成为我十多年执教生涯的第一追求，特别是她那做事要"善始善终"的教导，已成为我的行为准则。晨露夕辉，师恩如山，拳拳之心，无以回报，借张老师《张桂蕊与语文拓展式教学》出版之际写出了以上的文字，聊表寸心，并祝张老师永远像我记忆中的那样年轻，幸福！

附　录

一、独立编写通过审定在本省发行使用的教材

1. 《初级中学目标教学实验辅助用书第一册》，山西高校联合出版社。
2. 《初级中学目标教学实验辅助用书第二册》，山西高校联合出版社。

二、发表于省级及以上报刊的论文

1. 《情感推动文思刍议》，发表于《小学语文教学》1991 年第 1 期。
2. 《认知领域目标教学管见》，发表于《山西教育》1991 年第 3、4 期。
3. 《谈想象思维在写作教学中的运用》，发表于《小学语文教学》1992 年第 3 期。
4. 《采取有力措施，禁止学生复读》，发表于《山西教育》1992 年第 7 期。
5. 《小学语文试题解读》，发表于《小学语文教育》1994 年第 4 期。
6. 《富裕乡村的教育如何办?》，发表于《山西教育》1994 年第 5 期。
7. 《语文教学整体改革之我见》，发表于《山西教育》1994 年第 11 期。
8. 《语文教学方法新探》，发表于《山西教育报》1995 年 5 月 14 日，总第 506 号。
9. 《强化教学改革，加强过程管理》，发表于《山西教育报》1995 年 8 月 12 日，总第 518 号。
10. 《加强教改实验，搞好教育科研》，发表于《山西教育》1997 年第 11 期。
11. 《以提高课堂教学效率为突破口，构建素质教育的基本框架》，发表于《山西教育报》1997 年。
12. 《电化教育应与教学研究工作紧密配合》，发表于《山西电教》1999 年第 1 期。
13. 《续写改写仿写之差别》，发表于《学习报》2001 年 3 月 31 日，总第 451 期。
14. 《运用"排比"要注意什么?》，发表于《学习报》2001 年 6 月 9 日，总第 461 期。
15. 《学习新天地》，发表于《试教通讯》2003 年，总第 54 期。

16. 《语文、品德与生活、艺术三科互相渗透的案例》，发表于《新课程》，2003年第 10 期。

17. 《要好好学字课堂教学实录及点评》，发表于《课程教学研究》2003 年第 2 期。

18. 《用新理念指导课堂教学》，发表于《课程教学研究》2003 年第 3 期。

19. 《二十个孩子一个妈》，发表于《实验通讯》2003 年第 3 期。

20. 《我要做个小导游》，发表于《实验通讯》2003 年第 4 期。

21. 《学生视角看课改》，发表于《综合实践教育》2003 年第 4 期。

22. 《精彩的 5 分钟空白》，发表于《实验工作通讯》2003 年第 4 期。

23. 《我爱学习》，发表于《实验通讯》2003 年第 5 期。

24. 《伊拉克小朋友你好吗》，发表于《课程教学研究》2003 年第 5 期。

25. 《课改实验课堂生字教学片段欣赏》，发表于《小学语文研究》2004 年第 2 期。

26. 《班主任成长，课改实验区教师如是说》，发表于《课程教学研究》2004 年第 9 期。

27. 《一次围绕"教案"的校本教研》，发表于《课程教学研究》2004 年第 10 期。

28. 《谈谈怎样提高语文学习效率》，发表于《山西教育》2005 年第 1 期。

29. 《在奋进中享受人生》，发表于《人民教育》2008 年第 18 期。

三、个人专著

《张桂蕊与语文拓展式教学》，教育部师范教育司组编，北京师范大学出版社。

参考文献

1. 〔美〕霍华德·加德纳（Howard Gardner）. 智能的结构：多元智能理论. 沈致隆. 译，北京：新华出版社，1999
2. 〔苏联〕苏霍姆林斯基. 帕夫雷什中学. 北京：教育科学出版社，1999
3. 钟启泉，崔允漷，张华. 为了中华民族的复兴为了每一位学生的发展. 上海：华东师范大学出版社，2001
4. 袁桂林，许丽英. 现代教育思想专题. 长春：东北师范大学出版社，2006
5. 胡百良. 我的学生观. 南京：南京师范大学出版，2005
6. 王一军. 课程意识与教学觉醒. 太原：山西教育出版社，2003
7. 巢宗祺. 关于九年义务教育课文课程的性质与理念. 武汉：湖北教育出版社，2002
8. 何克抗. 建构主义——革新传统教学的理论基础. 兰州：西北师范大学出版社，1997
9. 巢宗祺，雷实，陆志平. 语文课程标准（实验稿）解读. 北京：北京师范大学出版社，2001
10. 洪宗礼. 我的"五说"语文教育观. 北京：首都师范大学出版社，1995
11. 汤明珠. 我的语文教育观. 合肥：安徽教育出版社，2002
12. 王玉华. "节外生枝"：语文拓展教学的有效策略. 太原：山西省教育报刊社，2006
13. 姜健. 谈谈我对拓展式教学的整体认识. 武汉：湖北大学出版社，2005
14. 陈建国. 语文课堂中的拓展教学. 北京：教育科学出版社，2009